Lars-Broder Keil / Sven Felix Kellerhoff (Hrsg.)

»ICH GEHÖRE HIERHIN«

**REMIGRATION UND REEDUCATION:
WIE DER PUBLIZIST ERNST CRAMER FÜR DIE DEMOKRATISIERUNG
DEUTSCHLANDS STRITT**

Allitera Verlag

Die Orthografie in wörtlichen Zitaten wurde der aktuellen Fassung des Duden angepasst. Übersetzungen aus dem Englischen sind nicht eigens ausgewiesen.

IMPRESSUM

Originalausgabe Januar 2020, Allitera Verlag
Ein Verlag der Buch&media GmbH
© 2020 Buch&media GmbH
Printed in Europe · ISBN 978-3-96233-210-5

Projektleitung: Lars-Broder Keil
Redaktion: Sven Felix Kellerhoff, Annalena Piper, Leonore Piper
Produktmanagement: Dietlind Pedarnig
Korrektorat: Carola Holzer
Umschlaggestaltung & Layout: Johanna Conrad
Satz: Franziska Gumpp
Gesetzt aus der Sanomat Sans und der Minion Pro
Umschlagmotiv: Porträt Ernst Cramers (Fotograf: Martin U.K. Lengemann)

Allitera Verlag
Merianstraße 24 · 80637 München
Fon 089 13 92 90 46 · Fax 089 13 92 90 65

Weitere Publikationen aus unserem Programm finden Sie auf www.allitera.de
Kontakt und Bestellungen unter info@allitera.de

INHALT

ERNST CRAMER – DER WELTBÜRGER

Ernst Cramer sagte mir einmal, der glücklichste Tag in seinem Leben sei der 9. November 1989 gewesen. Das große, überschwängliche Gefühl war seine Sache nicht. Und dennoch: »Ein deutsches Erlebnis, dem ich vollen Herzens zugestrebt bin.« Am nächsten Tag war er in Berlin und sah den Menschen zu, die über die Mauer stiegen. Das bewegte ihn tief: »Ich muss zugeben, mit Tränen in den Augen stand ich dabei.« Warum hat Ernst Cramer sich so gefreut? Ich glaube, weil am 9. November 1989 bewiesen war, dass Hitler und in diesem Fall auch Stalin in der deutschen Geschichte nicht das letzte Wort hatten. Weil die Demokratie den Totalitarismus damit bezwungen hatte. Das trieb Ernst Cramer an.

Dieses Movens war aus der Tragödie geboren – und prägte Ernst Cramer, seine Werte, seine Weltoffenheit, seinen Geist ein Leben lang. Ernst Cramers Bruder, sein Vater und seine Mutter wurden von Deutschen ermordet. Er selbst war im Konzentrationslager in Buchenwald und konnte dann noch nach Amerika ausreisen. Und doch blieb Ernst Cramer – 1913 geboren, deutscher Jude aus Augsburg, Kaufmannssohn – nicht in den Vereinigten Staaten. Er wurde Amerikaner und landete als US-Soldat in der Normandie. Er kämpfte gegen Nazideutschland und engagierte sich später in der Reeducation. Ernst Cramer wollte in Deutschland »wieder der Freiheit eine Gasse bauen«, wie er sagte. Er kämpfte und kehrte zurück, weil er das Deutschland seiner Kindheit liebte – und weil er an ein freies, an ein demokratisches Deutschland glaubte. Und damit wurde er zum Bewahrer unserer demokratischen, pro-westlichen Grundordnung. Auch als Journalist. Auf die Frage, wie politisch ein Verlag sein solle, antwortete Ernst Cramer: »Politik machen – nein. Politik antreiben, kritisieren, bremsen oder fördern – ja.«

Ernst Cramers Ton war ein Ton der Versöhnlichkeit. Nie des Appeasements. Stets leise. Dennoch stellte er nie in Abrede, dass es auch eine Zumutung sein musste, im Land der Täter zu leben. Er war nie ein »Yes-Man«. Er beobachtete, hörte aufmerksam zu und bildete sich eine Meinung. Zu dieser stand er entschlossen, auch wenn sie unbequem war. Deswegen baute Axel Springer auf ihn und machte ihn zu seinem engsten Mitarbeiter. Mehr als 50 Jahre lang arbeitete Ernst Cramer für das Haus Axel Springer. Er war stellvertreter Chefredakteur der »WELT«, Herausgeber der »WELT AM SONNTAG«, stellvertretender Aufsichtsratsvorsitzender, die rechte Hand des Verlegers und einer seiner Testamentsvollstrecker. Und für Friede Springer war er viele Jahre einer der wichtigsten Gesprächspartner. Die erste Reihe suchte er nicht. Er war oft in seinem Leben der Vize. Aber immer Gestalter.

Ernst Cramer hat den Wertekanon des Axel Springer Verlags mitgestaltet, verteidigt und hochgehalten. Die Präambeln, die gesellschaftspolitischen Grundwerte – die Bekämpfung jeglicher Art von Totalitarismus, die Unterstützung der deutschen Einheit, der Lebensrechte des Staates Israel, der sozialen Marktwirtschaft und später des transatlantischen Bündnisses – verkörperte und lebte er wie wenige andere. Ein Austauschprogramm, das zu Cramers 90. Geburtstag aufgelegt wurde und mit dem junge deutsche wie israelische Journalisten bis heute für zwei Monate in Gastredaktionen des jeweils anderen Landes arbeiten können, trägt seinen Namen.

Understatement und Antiautoritarismus waren Ernst Cramer zu eigen. Er kam lieber selbst zum Austausch, als den anderen zu sich kommen zu lassen. Das habe ich zunächst als Chefredakteur der »WELT« erfahren. Meine Überraschung war groß, als er sich mit mir zum ersten Mal verabredete und darauf bestand, zu mir zu kommen und nicht umgekehrt: »Sie sind Chefredakteur und haben wenig Zeit.« Das beeindruckte mich. Seit ich Vorstandsvorsitzender geworden war, ließ er mich bei sich antreten.

Nach Axel Springer ist Ernst Cramer »die prägendste Figur des Verlags«. Auch wenn er nicht mehr da ist, bleibt er präsent im Haus. Bis zuletzt war er jeden Tag ab zehn Uhr in seinem Büro im 18. Stock. Als Vorsitzender der Axel Springer Stiftung, vor allem aber als Ratgeber für Friede Springer, die Chefredakteure und den Vorstand. Und als gefragter Autor für die Blätter des Hauses. Seine Nüchternheit, seine Klarheit schätzten gerade auch junge Kollegen. Denn ein Zeremonienmeister alter Etikette war Ernst Cramer nie. Es ging um die Sache, nie um Eitelkeiten.

Im Jahr 2005 rief er mich zu sich und hatte ein überraschendes Anliegen: »Ich mache mir Sorgen«, sagte er, wie immer ohne Dialekt, aber mit augsburgisch gerolltem R: »Der Verlag muss mehr für das Internet tun.« Einige Monate später saß ich wieder in seinem Büro und entdeckte einen Computerbildschirm neben seiner Triumph-Schreibmaschine, Modell »Matura Super«, auf der er immer noch seine Artikel tippte. Mit 92 Jahren begann Ernst Cramer zu googeln. Für Neuerungen war er immer offen gewesen. In den 1960ern war er Beauftragter für elektronische Medien bei Axel Springer. Er wies damals darauf hin, dass es einmal einen »Computer-Brockhaus« geben würde.

Ernst Cramer und ich hatten über Jahre hinweg monatliche Jours fixes. Ein solcher Termin war auch unsere letzte Begegnung. »Es ist schön, dass Sie da sind.« Das war der letzte Satz, den ich zu ihm gesagt habe. Wir redeten über die Zeitungen des Hauses, über die Axel Springer Stiftung und über seinen bevorstehenden 97. Geburtstag am 28. Januar 2010. Wie immer weigerte er sich, diesen Geburtstag zu feiern. Zum ersten Mal erwähnte Ernst Cramer seinen 100. Geburtstag, den er gern erleben würde.

Dann sagte er: »Aber Mathias, Sie wissen schon, in meinem Alter kann es jederzeit zu Ende sein.«

Ernst Cramers Weg, sein Rück-Weg nach Deutschland, ist für viele deutsche Juden seiner Generation Vorbild. Wie Ernst Cramer immer wieder Brücken von Deutschland in die USA und nach Israel gebaut hat. Wie er dem Hause Axel Springer als erster Mitarbeiter diente. Das bleibt unvergessen. Das ist sein Lebenswerk. Sein Schicksal hat Ernst Cramer zu einem Weltbürger gemacht.

Mathias Döpfner

ZU DIESEM BUCH

Mehr als 70 Jahre lang hat Ernst Cramer publiziert. Sein Nachlass umfasst Hunderte Ordner, Kartons und Aktenbündel. Das vorliegende Buch soll einen Einblick in dieses überreiche Material bieten, fokussiert auf zwei der wesentlichen Themen, die sein Leben bestimmt haben: Remigration, also Vertreibung aus seiner Heimat Deutschland und die Rückkehr hierher, sowie Reeducation, also die Überwindung des Zivilisationsbruches der nationalsozialistischen Zeit durch Wiederaufbau von Demokratie und Rechtsstaat.

Der Originalton Ernst Cramers, eingerückt und in eigener Schrift gesetzt, wird begleitet und ergänzt durch erzählende und überleitende Passagen, in denen vielfach weitere Cramer-Texte paraphrasiert, aber auch für heutige Leser notwendige Zusatzinformationen und Hintergründe gegeben werden.

Der Band zum zehnten Todestag Cramers stützt sich auf umfangreiche Archivrecherchen. Entscheidend war die systematische Durchsicht des Nachlasses. Wahre Fundstücke enthielten aber auch Bestände in Privatbesitz, Akten der US-Militärregierung in Bayern im Hauptstaatsarchiv München, Unterlagen der Axel Springer Stiftung Berlin, des Leo-Baeck-Institutes New York und der Arolsen Archives, des Internationalen Zentrum für NS-Verfolgung in Bad Arolsen. Viele der verwendeten Dokumente, Manuskripte, Brief und Erinnerungen werden hier erstmals veröffentlicht. Gleiches trifft auf die Fotos zu.

Von besonderer Bedeutung sind bei einem Journalisten natürlich seine veröffentlichten Artikel. Seine ersten verfasste Ernst Cramer als stellvertretender Chefredakteur der „Neuen Zeitung", mit denen er sich auf neues Terrain vorwagte, allerdings schon ausgestattet mit analytischem Verstand und einer klaren Sprache. Einige tausend Berichte, Reportagen und Kommentare sollten in den 52 Jahren seiner Zugehörigkeit zum Axel Springer Verlag folgen.

Viele Texte erwiesen sich bei der Lektüre als aktuell im eigentlichen Sinne des Wortes, also gebunden an die Zeit ihres Entstehens. Doch sehr oft widmete sich Ernst Cramer, manchmal nur in Nebensätzen oder kurzen Sequenzen, seinen zentralen Interessen und spiegelte darin seine Erinnerung an die NS-Diktatur, seinen Blick auf die gesellschaftliche Entwicklung in der Bundesrepublik wie auch des SED-Regimes in der

DDR. Nach der Deutschen Einheit 1990 beschäftigte ihn die Frage, ob die Ostdeutschen auf dem Weg zur Demokratie eine zweite Reeducation bräuchten. Die Auswahl in diesem Band illustriert seine Sicht auf die Welt.

Einer wissenschaftlichen Biografie über Ernst Cramer greift dieses Buch nicht vor. Es will heutige Leser erinnern an einen der großen Publizisten der Bundesrepublik; an einen Mann, der entrechtet, gequält und vertrieben wurde, der dennoch zurückkehrte und seine alte Heimat trotz allem zur neuen Heimat machte.

Lars-Broder Keil
Sven Felix Kellerhoff,
Januar 2020

BUCHENWALD

Es war vor genau 60 Jahren auf der Autobahn in der Gegend von Gotha. Zu dritt saßen wir im offenen Jeep: Colonel H., der Leiter der Abteilung für psychologische Kriegsführung im Hauptquartier der Dritten Amerikanischen Armee, der Fahrer Henry und ich. Wir kamen nicht allzu schnell vorwärts. Grund dafür waren hauptsächlich die unzählbaren Schlaglöcher, Zeugnisse sowohl der Überbenutzung der Straße durch zuerst deutsche und dann alliierte Truppen als auch der vorangegangenen Bombardierungen. Am Straßenrand lagen zerschossene und ausgebrannte Panzer und Mannschaftswagen. Immer wieder mussten wir auch die Transporter vorbeilassen, die Soldaten, Kampffahrzeuge und Munition an die Front brachten. Auch kamen uns laufend Krankenwagen entgegen, die Verwundete ins Hinterland brachten. Zweimal waren wir überdies an Häufchen bewachter deutscher Gefangener vorbeigefahren, die auf Abtransport warteten. Wir wurden hin und her gerüttelt; ich musste mich mit beiden Händen festhalten und hatte viel Zeit.

Die Erinnerungen überschlugen sich; eine drängte die andere weg. Hier war ich, ein in Deutschland geborener amerikanischer Soldat auf dem Weg zum gerade befreiten Konzentrationslager Buchenwald, in dem ich vor fünfeinhalb Jahren selbst Häftling gewesen war. Damals waren während der Novemberpogrome etwa 30 000 deutsche Juden verhaftet worden. Am Abend vor dieser Jeepfahrt – es war der 12. April 1945, und wir hatten gerade gehört, dass Präsident Franklin D. Roosevelt gestorben war – hatte mich der Colonel in unserem Eisenacher Quartier in einer alten Ziegelei zu sich gerufen. Zunächst zitierte er aus einem Bericht, der von der Aufklärungsabteilung gekommen war: »Konzentrationslager Buchenwald mit 21 400 politischen Gefangenen belegt … 3000 krank, in kritischem Zustand … Weder Arzneien noch medizinisches Material noch Desinfektionsmittel vorhanden … Die Lage ist verzweifelt …« Dann sagte er knapp: »Ich werde morgen hinfahren, um unter anderem den für die nächsten Tage geplanten Lagerbesuch des Armeekommandeurs, General George Patton, vorzubereiten«, und fuhr fort: »Wollen Sie mitkommen?« Natürlich sagte ich zu. Buchenwald! Wie würde das Lager jetzt aussehen?

Das Zurückdenken an den Herbst 1938 war übermächtig geworden. Seit dem vorigen Abend hatte es mich nicht mehr verlassen. Der Blick in die Landschaft aber verdrängte es ein wenig. Obwohl ich noch nie vorher in der Gegend war, fühlte ich mich doch zu Hause. Denn war dieses Waldland, das wir gerade durchfuhren, nicht das spirituale Herz Deutschlands, in dem Johann Sebastian Bach geboren wurde und Martin Luther die deutsche Sprache geformt hatte? War das nicht das Land, in dem Goethe, Schiller, Wieland und Herder gewirkt hatten? Bei dieser holprigen Fahrt

Das befreite NS-Konzentrations-
lager Buchenwald, April 1945

durch die Ausläufer des Thüringer Walds wurde mir wieder einmal bewusst, wie sehr ich trotz der graugrünen US-Uniform mit der deutschen Kultur verwachsen war. Wie war es dazu gekommen, dass ich als amerikanischer Sergeant durch dieses Land fuhr, das für mich jetzt Feindesland war?

Wie viele andere Menschen jüdischer »Rasse« hatten auch mich die Nazis in den 30er-Jahren zur Auswanderung gezwungen. Dass mich die USA aufnahmen, war mein Glück. Denn wäre ich in Deutschland geblieben, hätte mich wohl das gleiche Schicksal erreicht wie meine Eltern: Sie wurden deportiert und ermordet. Als Deutschland nach dem Angriff seines Verbündeten Japan auf den Flottenstützpunkt Pearl Harbor den USA den Krieg erklärte, setzte ich es durch, in die Armee aufgenommen zu werden. Ich wollte aktiv dabei sein, wenn Hitler und seine Komplizen besiegt würden, wenn Recht und Anstand in Deutschland wieder einzogen. In der Propaganda-Abteilung (Psychological Warfare) der III. Armee war ich wegen meiner deutschen Sprachkenntnisse gelandet.

Gerade in diesen Apriltagen war man auch erneut mit dem Vorschlag an mich herangetreten, nach dem Ende des Kriegs nicht gleich nach Amerika zurückzukehren, sondern in der Militärregierung tätig zu werden. Das stand im Widerspruch zu meinem Wunsch, sobald wie möglich weiterstudieren zu können. Aber daran dachte ich während dieser Jeep-Fahrt am wenigsten. Je mehr wir uns Weimar näherten, umso plastischer, ja lebendiger wurden in meinem Kopf die Bilder dessen, was sich im Herbst 1938 zugetragen hatte. Begonnen hatte das Grauen im Tunnel unter den Gleisen im Bahnhof. In einem Sonderzug waren wir – mehrere hundert Juden aus Schlesien – nach Weimar gebracht worden. Unter markerschütterndem Gebrüll wurden wir von uniformierten Wächtern aus den Abteilen gezerrt und in die Unterführung geprügelt. Dort wurde wahllos mit Stöcken, Ochsenziemern und Knüppeln auf uns eingeschlagen. Im Laufschritt wurden wir nach einiger Zeit über den menschenleeren Bahnhofsplatz in wartende Lastwagen gescheucht. Nach kurzer Fahrt hetzte man uns unter erneuten Schlägen und mit zynischen Zurufen durch ein kleines, viel zu enges Tor und über mutwillig aufgeschüttete Steinhaufen ins Lager.

Nach stundenlangem Strammstehen auf dem regennassen, schlammigen Appellplatz wurden wir dann auf fünf gerade errichtete, winddurchlässige Holzbaracken verteilt. Je 2000 Mann kamen in eine Hütte, in der es weder Fenster noch Türen, sondern nur in der Mitte einen offenen Durchgang gab. In Abständen von etwa 60 Zentimetern waren fünf Schlafetagen zusammengehämmert worden. Nur kriechend konnte man diese hölzernen Lagerstätten erreichen. Es gab keine Decken, keine Waschgelegenheit, keinerlei sanitären Anlagen; die Latrine war noch nicht fertig ausgehoben. Niemand bekam Trinkwasser, und eine Zahl von Menschen wurde in der ersten Nacht wahnsinnig. Ich erinnerte mich an den Bock, auf dem Häftlinge verprügelt wurden. Ich sah den Galgen vor mir, an dem ein Gefangener baumelte. In einer Art Halbschlaf vermeinte ich – hinten im Army-Jeep sitzend – die Stimme des

mannhaften Geistlichen zu hören, der aus dem Lagergefängnis heraus zu Gott bete-
te, und die Hiebe auf meinem kahl geschorenen Kopf zu spüren, die mir ein SS-Offi-
zier mit einer Holzlatte versetzte. Plötzlich aber, fast schlagartig, wurde ich hellwach.
Wir waren kurz vor dem Lager, auf dem sogenannten Karachoweg. Die ersten Häftlinge liefen – viele torkelten – uns entgegen. Am großen Tor, an dem amerikanische
Soldaten mit Mühe die Massen zurückdrängten, um etwas Ordnung herzustellen,
wurden wir von einem Leutnant begrüßt. Dann begann die Besichtigung von Baracken mit Häftlingen, die zu schwach waren, um aufzustehen. Auf dem Weg dorthin
sagte uns der Offizier, es habe am Morgen den »ersten freiwilligen Appell im Lager« gegeben, auf dem Roosevelts gedacht wurde. Die Versammlung hatte mit dem
Schwur geendet, nach den Erfahrungen im KZ nicht der Rache zu dienen, sondern
dem Recht. Was wir auf diesem kurzen Weg vom Tor bis zu den Baracken sahen, ließ
alles, was ich selbst im Herbst 1938 erlebt hatte, zur Nichtigkeit zusammenschrump-
fen. Es kamen Gestalten auf uns zu, die vom Tode gezeichnet waren. Einige davon
brachen beim Versuch, mit uns zu sprechen, zusammen. Andere lagen irgendwo mit
verrenkten Gliedern apathisch am Boden. Als Henry einem dieser Unglücklichen
etwas zu essen geben wollte, wurde er von dem Offizier zurückgehalten: »Wenn der
Mann jetzt nur einen Bissen dieser kalorienreichen Nahrung zu sich nimmt, ist sein
Leben keinen Pfifferling mehr wert.« Ausgemergelte Leichname waren wie Holzscheite aufeinandergestapelt. Andere Tote lagen scheinbar unbeachtet in irgendeiner
Ecke. In Lumpen gehüllte Menschen, die nur noch aus Haut und Knochen bestanden, versuchten, uns anzusprechen, und etliche starben vor unseren Augen. In der
Luft hing eine Mischung aus dem Geruch von Leichen und antiseptischem Kalk.
Es war grauenerregend, und der Gedanke, dass es in Auschwitz und den anderen
Vernichtungslagern noch weit schlimmer gewesen sein musste, war fast nicht zu ertragen.
Am späten Nachmittag fuhren wir schweigsam wieder gen Eisenach zurück. Henry
hatte einen Weinkrampf erlitten und zitterte noch immer am ganzen Körper. Er saß
jetzt hinten, und ich fuhr den Jeep. Lange blieben wir stumm. Schließlich beugte
sich der Colonel zu mir und sagte mit etwas rauer Stimme: »Nach unserem heutigen Besuch in Buchenwald kann ich verstehen, dass Sie sobald wie möglich von hier
fort und zurück zu Ihrer Alma Mater wollen; dass Sie nicht für die Militärregierung
zur Verfügung stehen.« Meine Antwort hat ihn dann etwas erstaunt: »Gerade dieses
heutige Erlebnis«, sagte ich, »hat mir gezeigt, wo mein Weg in der nahen Zukunft zu
liegen hat. Nach dem Furchtbaren, das wir gesehen haben, finde ich, es ist nahezu
meine Pflicht, hierzubleiben, am Wiederaufbau mitzumachen und ein wenig dabei
mitzuhelfen, dass in Deutschland wieder Vernunft, Anstand und Gerechtigkeit herrschen.« Ohne ein Wort zu sagen, strich Colonel H. dann über meinen Kopf. (WELT
v. 11. April 2005)

Die Rückkehr an den Ort des Grauens, die Ernst Cramer in den folgenden Jahrzehnten in Varianten immer wieder erzählen sollte, war ein Schlüsselmoment im Leben des jüdischen Publizisten und Journalisten. Die Reise in das befreite, aber noch vom Tod beherrschte Konzentrationslager Buchenwald schockierte den 32-Jährigen bis ins Mark, es bestärkte ihn allerdings auch in seinen Plänen nach Kriegsende. Im Prinzip gab es nach diesem Erlebnis kein Zurück mehr.

AUGSBURG I

Ernst Cramer kam am 28. Januar 1913 in Augsburg im wilhelminischen Deutschland zur Welt. Die Zeitungen berichteten an diesem Tag von einem anderen »Ehrenkind«, denn Kaiser Wilhelm II. hatte am Vortag seinen 54. Geburtstag begangen. Ernst Cramer war das erste Kind des aus der Pfalz stammenden Vaters Martin, eines jüdischen Kaufmanns, der zunächst als Weinhändler in Bingen und schließlich mit einem Zigarrenladen in Augsburg für den Lebensunterhalt der Familie sorgte. Seine Liebe galt aber den Künsten. Zusammen mit Bert Brecht und einer Germanistikstudentin gründete Martin Cramer nach dem Ersten Weltkrieg die »Literarische Gesellschaft« und schrieb selbst Gedichte, verliebt in die deutsche Sprache, die ihm scheinbar mühelos aus der Feder floss. Bis 1933 holte die »Gesellschaft« deutsche und internationale Dichter und Schriftsteller zu Vorträgen nach Augsburg. Seine knappe Freizeit widmete Vater Cramer dem Cellospiel, seinen vielen Büchern, den Antiquariaten. Nach Ernst Cramers Erinnerung ließ sein Vater keinen Musikabend im Festsaal des Ludwigsbaus und kein neues Stück im Stadttheater aus. Zu großen Konzerten und Theateraufführungen fuhr er nachmittags im Personenzug dritter Klasse nach München, begnügte sich mit einem Stehplatz und kehrte dennoch verklärt mit dem »Lumpensammler«, dem letzten Zug in der Nacht, in seine Heimatstadt zurück.

Stadtansicht Augsburg, vor dem Ersten Weltkrieg

Mutter Clara Cramer, geborene Berberich stammte aus Augsburg. Ihre Ahnen, die alle im Schwäbischen gelebt hatten, konnte sie bis ins 15. Jahrhundert zurückverfolgen. Sie war eine genügsame Frau, dabei tänzerisch begabt und hilfsbereit bis zur Selbstaufgabe. Sie liebte Geselligkeit und war doch zufrieden, dass ihr Mann zu Einladungen oder Festen öfter ab- als zusagte. Solange es ging, fütterte sie Kostgänger mit durch, meist Söhne armer Bauern, die aufs Gymnasium gingen, um Pfarrer zu werden. Später schlief sie ebenso wie der Vater auf Kanapees, um Untermieter aufnehmen zu können.

Zur Familie gehörte neben den Eltern und den Kindern Ernst, Helene und Erwin auch die Großmutter. Oft war Ernst Cramer bei der alten Frau zu Besuch und hörte sich an, was sie aus ihrem Leben zu erzählen hatte, das einfach gewesen war. Am Ende des Ersten Weltkriegs hatte sie gelernt, mit einem Handstift Blindenschrift zu stanzen; fortan produzierte sie nächtelang Lesestoff für Kriegsblinde. Als hungernde Kinder aus Wien nach Bayern verschickt wurden, nahm sie, obwohl selbst nur von kargen Ersparnissen lebend, einen Jungen auf. Zur 400-jahrfeier der Confessio Augustana, des grundlegenden Bekenntnisses der lutherischen Reichsstände zu ihrem Glauben, meldete sie sich 1930, schon hoch in ihren 70ern, als Fremdenführerin und führte Gäste zu Stadtwinkeln, die keiner der berufsmäßigen »Guides« kannte. Ernst Cramers Blick auf seine Familie war stets durch Herzenswärme und Dankbarkeit bestimmt. Später aber auch durch Trauer angesichts des weiteren Schicksals.

Die Familie war stolz auf die Geschichte der Hauptstadt von Bayrisch-Schwaben, die fast 2000 Jahre zuvor von den Römern als Heerlager gegründet worden war. »Sie war unsere Geschichte, die Größe dieser Stadt unsere Größe«, schrieb Cramer in einem der zahlreichen Texte über seine Heimatstadt; seine Familie identifizierte sich mit Augsburg. »Ihr« Bischof Ulrich war der, der zusammen mit Kaiser Otto dem Großen im Jahre 955 die Ungarn auf dem Lechfeld schlug. »Wir« waren empört über das schreckliche Ende der Augsburger Baderstochter Agnes Bernauer im Jahr 1435, die eine Geliebte und wohl auch die erste Ehefrau des Herzogs Albrecht III. von Bayern war, der sie in der Donau ertränken ließ, um die nicht standesgemäße Verbindung zu beenden. »Wir« waren stolz darauf, dass Augsburg in der Reformation eine große Rolle spielte; die Stadt wurde durch den Religionsfrieden vom 26. September 1555 zu einem Hort des Friedens. »Wir« bewunderten den kaufmännischen Geist, den Bürgersinn und die weltpolitische Bedeutung der Fugger und der Welser, deren Beziehungen und Aktivitäten weit in die zu ihrer Zeit bekannte Welt hinausreichten. Es sei schließlich der Bürger Jacob Fugger gewesen, der Reiche, der im 14. Jahrhundert die ersten Sozialwohnungen schuf, die bis heute existierende Fuggerei. Und die Welsers hatten zur gleichen Zeit als Vorreiter der Globalisierung weltweiten Handel getrieben. Insgesamt sei Augsburg dank seiner Bürger früh schon weltoffen gewesen mit einer Tradition, die nie ganz aufgegeben wurde. Er wisse gar nicht, meinte Ernst Cramer rückblickend bei der Verleihung der Ehrenbürgerschaft im Jahre 2003, ob er genug für die Stadt getan habe, »in der mir die Grundsätze beigebracht wurden, die mein Leben bestimmt haben«. Augsburg aber ist vor allem verbunden mit der Familie, seinen Eltern, die ihm beigebracht hätten, »was Anstand und Recht und auch Liebe bedeuten«.

Wie überall in Europa war auch hier das Schicksal der Juden bewegt. Sicherheit und Anerkennung gehörten ebenso dazu wie Verfolgung und Vertreibung. Erst im Jahre 1806, als Augsburg in der Zeit Napoleons eine Stadt Bayerns wurde, hob man die den Juden seit Jahrhunderten auferlegten Beschränkungen de facto auf. Der napoleonischen Zeit ist auch der Familienname zu verdanken. Diese Episode ist im Buch »Augsburger Lebenswege« geschildert. Demnach hatte Napoleon I. verfügt, dass Juden in eroberten Ländern Nachnamen bekommen sollten. Als dem damals in Süddeutschland lebenden Urahn kein passender Name einfiel, ging er zum Bürgermeister, der ihm riet: »Nimm doch meinen.« Er hieß Cramère.

Die Cramers lebten zu Beginn des 20. Jahrhunderts wie eine typisch assimilierte jüdische Familie. Man engagierte sich in der jüdischen Gemeinde, hatte die traditionellen Bräuche aber weitgehend abgestreift und ging fast nur an den hohen Feiertagen in die Synagoge. Hebräisch galt als tote Sprache, die nur noch im Gebet verwendet wurde. Man war Jude, wie die Nachbarn Protestanten oder Katholiken waren. Gleichberechtigung und Zugehörigkeit zu allem, was deutsch war, galt bei den Cramers als

Ernst Cramer mit Helene (li.) und mit Helene und Erwin

Erwin schenkt seiner Mutter Blumen

Selbstverständlichkeit. Gleichwohl lernten auch sie Antisemitismus und Zurücksetzung kennen. Ein Onkel Ernst Cramers, Offizier im Ersten Weltkrieg, trat aus Protest in die SPD ein, weil Juden in diesem Deutschland nichts werden könnten, wie er sagte.

Cramers Familie genoss nicht nur das Leben in der Stadt, sie schätzte auch die schwäbische Landschaft mit ihren Auen und Seen. Im Winter ging es zum Skilaufen ins Allgäu, im Februar zum Fasching nach München. Der Lieblingsplatz von Ernst Cramer in Augsburg war der Königsplatz, wo er spielte und im Herbst Kastanien sammelte. Mit der Schulzeit begann das, was man gemeinhin als Ernst des Lebens bezeichnet. Allerdings wenig verheißungsvoll, denn nach den ersten Schreibversuchen Cramers auf der Schiefertafel meinte der Lehrer kopfschüttelnd: »Ernschtle, wenn du net besser schreibscht, wirscht du im Leba nix.« Das Verdikt hielt Cramer nicht ab, in späteren Schuljahren von einer Karriere als Gymnasiallehrer zu träumen. Doch der Traum platzte. Weil das väterliche Geschäft in der Weltwirtschaftskrise bankrott gegangen war, musste Ernst Cramer 1930 den Besuch des Realgymnasiums abbrechen. »Es war unmöglich, das Schulgeld weiter für mich aufzubringen; schließlich waren noch zwei weitere jüngere Geschwister da: Erwin und Helene.« Sein Versuch, sich im Selbststudium auf die Abiturprüfung vorzubereiten, endete abrupt 1933.

In der Rückschau machte Ernst Cramer die ihn prägenden Lebensstationen in der Weimarer Republik – der ersten Demokratie in Deutschland – an gesellschaftlichen Einschnitten fest: »Eingeschult wurde ich kurz nach dem Ende des Ersten Weltkriegs; ins Realgymnasium kam ich ungefähr im Höhepunkt der großen, verhängnisvollen Inflation; nach der Weltwirtschaftskrise musste ich es vorzeitig, das heißt vor dem Abitur, verlassen, denn meine Eltern konnten das Schulgeld nicht mehr bezahlen. Ich wurde kaufmännischer Lehrling und Verkäufer.« Einen detailreichen Überblick über seine Kindheit und Jugend in Augsburg gab Ernst Cramer anlässlich seines 95. Geburtstags am 28. Januar 2008:

Aufgewachsen bin ich in der Kinderstube, die, wie bei allen deutschen bürgerlichen Familien, ein wichtiger Teil unserer Wohnung war. Oft aber schlich ich mich in das übervolle Bücherzimmer und begann zu lesen – zunächst allerdings fast nur Karl May. In der Bibliothek fand ich Bücher der wesentlichsten Autoren fast aller Zeiten und Kulturkreise; das waren neben den deutschen Dichtern und Schriftstellern hauptsächlich Russen. Der Vater war Kaufmann. Mehr interessiert aber war er an Literatur und Musik. Bald nahm er mich in Konzerte mit. So hörte ich meine beiden ersten Symphonien, die »Große C-Dur« von Franz Schubert und die »Pastorale« von Ludwig van Beethoven, beide dirigiert von Hans Knappertsbusch. Auch das Wunderkind Yehudi Menuhin kam. Der schon damals großartige Violinist spielte eine Solosuite von Johann Sebastian Bach und das e-Moll-Konzert von Felix Mendelssohn-Bartholdy.
Da mein Vater auch Vorstandsmitglied der – von ihm mit gegründeten – Literarischen Gesellschaft und des Kaufmännischen Vereins war, die beide oft bekannte Persönlichkeiten einluden, konnte ich sowohl den Vorträgen beziehungsweise Lesungen der Brüder Heinrich und Thomas Mann zuhören als auch denen von Stefan Zweig, Richard Strauss, Bert Brecht, Jakob Wassermann, Magnus Hirschfeld, Theodor Heuss und sogar Magda Schneider. Insbesondere erinnere ich mich an eine Rede des Verlegers Samuel Fischer, der über seine Arbeit sagte: »Wir bringen die Dichtkunst zu den Massen; so tun wir einen großen Schritt, den Dichter mit dem Volk in wechselseitige Beziehung zu setzen.«
Oft war mein Vater, der den Theologen Johannes Müller sehr anregend fand und durch dessen Kritik am Hitler-Putsch von 1923 ermutigt wurde, auf Schloss Elmau. Die dort herausgegebenen und manchmal sehr esoterisch wirkenden »Grünen Blätter« gehörten auch zu meiner Lektüre. Ebenso las ich damals recht regelmäßig die von Hans Zehrer edierten »Tat«-Hefte, die mir der etwas nationalistisch angehauchte Bruder meines Vaters zuschickte. Quasi zur Herstellung des politischen Gleichgewichts war der Bruder meiner Mutter Mitglied des von Sozialdemokraten gegründeten »Reichsbanners«. In der Religionsstunde wurden uns die deutschen Klassiker nähergebracht als im Deutschunterricht. Einmal sollten wir das folgende Fontane-

Zitat daraufhin untersuchen, wie es mit den göttlichen Geboten vereinbar war: »Es gibt Zeiten des Gehorchens und Abwartens, und es gibt andere, wo zu tun und zu handeln erste Pflicht ist.« Erst als ich über diesen Satz nachgedacht hatte, begann ich »Vor dem Sturm« zu lesen.

Rückschauend kann ich nicht sagen, dass mich Politik damals sehr interessierte. Aber markante Ereignisse blieben natürlich im Gedächtnis. Ich erinnere mich, wie entsetzt mein Vater – und nicht nur er! – war, als im Juni 1922 die Ermordung Walther Rathenaus bekannt wurde. Und ich kann deutlich an die ganz andersartige und doch ähnliche Fassungslosigkeit zurückdenken, als man 1925 erfuhr, dass sich ein ehemaliger Reichskanzler von den Brüdern Barmat bestechen ließ. Da es sich bei diesen um aus Russland eingewanderte Juden handelte, diente auch dieser Vorfall den Rechtsradikalen für die Verfemung des Weimarer Staates als »Judenrepublik«. Antisemitismus grassierte während der ganzen Zeit der ersten deutschen Republik. In Bayern war er besonders spürbar. Ich weiß, dass man dort die Freikorps nach der Niederschlagung der Räterepublik fast alle ins Militär eingliederte. Viele ihrer Mitglieder waren am Hitler-Putsch beteiligt, darunter auch Ernst Röhm, der Organisator und spätere Stabschef der SA (Sturmabteilung) der NSDAP.

Ich selbst durchlebte die Weimarer Jahre als Junge und erinnere mich an viele Ereignisse, deren historische Relevanz mir erst später klar wurde. Ich meine zum Beispiel den vom Versailler Vertrag überschatteten Ruhrkampf, die Inflation, die Konferenz von Locarno, den gemeinsamen Friedensnobelpreis für den Franzosen Aristide Briand und den Deutschen Gustav Stresemann. Ich gedenke auch der amerikanischen Versuche (Dawes-Plan und Young-Plan), die Last der Reparationen erträglich zu machen. Und ich erinnere mich an den Optimismus, der aufkam, als Deutschland 1926 dem Völkerbund beitreten durfte. Doch schon 1929 mit dem Ausbruch der Weltwirtschaftskrise starb diese Zuversicht wieder; die einsetzende Mutlosigkeit wurde noch durch die deutsche Bankenkrise vergrößert. Ich selbst musste das Gymnasium verlassen, um Geld zum Haushalt beizusteuern. Die Eltern nahmen Untermieter und Pflegekinder auf; sie selbst schliefen auf Sofas. Das Tabakgeschäft, das mein Vater 1912 erworben hatte, ging in Konkurs. Und mein begabter jüngerer Bruder durfte auf Anweisung des Konrektors unseres Gymnasiums nicht länger Klassenerster sein. Die demokratischen Politiker wussten keinen Weg aus dem Elend.

So kam die Stunde Adolf Hitlers, der Arbeit versprach und auch die angeblich Schuldigen ausmachte. Das waren die »Erfüllungspolitiker«, die sich dem »Diktat« der »Feindmächte« gebeugt hatten und jetzt Landesverräter genannt wurden; und das waren vor allem die Juden. Was mir immer unerklärbar bleibt, ist die schnelle Wandlung von Gefährten in Gegner, wie man plötzlich Außenseiter, ja Paria wurde; aber auch das fast totale Fehlen jeglicher Unterstützung der Juden durch die christlichen Kirchen. Was wir heute über die Zeit nach 1933 wissen, ist aus der Rückschau gewonnene Erkenntnis. In den ersten Jahren nach der Machtübernahme haben die meisten Deutschen – und natürlich auch die im Lande lebenden Juden – nicht erkannt, wohin das alles führen müsste; man hat vor allem nicht geahnt, dass die Gesetze der Menschlichkeit außer Kraft gesetzt würden. Nur so ist zu erklären, weshalb die deutschen Juden nicht en masse das Land verließen, sondern trotz der Demütigungen eigene Einrichtungen – z. B. den Kulturbund – gründeten. (WELT v. 28. Januar 2008)

Auch die Familie Cramer engagierte sich. Schon als Jugendlicher war Ernst Mitglied bei jüdischen Jugendbewegungen, wie den »Kameraden« oder beim deutsch-jüdischen Wanderbund. Einige der nicht-zionistischen Verbände schlossen sich nach 1933 zum Bund der deutsch-jüdischen Jugend zusammen. Ernst Cramer gehörte zu den Mitbegründern, fungierte zunächst als Augsburger Ortsgruppenleiter und bis zur Auflösung des Bundes als Leiter des Landesverbandes Bayern, die letzten beiden Jahre nach dem Verbot durch das NS-Regime illegal. Auch arbeitete er mit verbotenen Jugendgruppen der aufgelösten Bayerischen Volkspartei zusammen. Erklärtes Ziel des Bundes war der Verbleib deutscher Juden in ihrem Vaterland. Die Zukunft schien trotz NS-Machtübernahme sicher, erinnerte sich Ernst Cramer: »Wir waren Augsburger, Schwaben, Bayern, Deutsche, so wie alle anderen rund um uns auch.« Auch hätten sie geglaubt, dass Recht und Anstand sich in Deutschland letztlich doch wieder durchsetzen würde.

Als der Bund 1933 gegründet wurde, arbeitete Cramer bereits fast drei Jahre im Augsburger Kaufhaus Brüder Landauer, 1934 wechselte er zum Kaufhaus Schocken, wo man ihm bald die Auswanderung nach Südafrika vorschlug. »Sogar eine Anstellungsgarantie in einem Johannesburger Geschäft wurde angeboten. Aber ich lehnte ab. Ich hatte die Hoffnung noch nicht aufgegeben, dass sich die Dinge für Juden in Deutschland in absehbarer Zeit wieder zum Besseren wenden würden.«

Dabei hätten Ereignisse wie die Bücherverbrennung in Berlin und anderswo am 10. Mai 1933 ihn vom Gegenteil überzeugen können. Tatsächlich erschreckten ihn die Schlagworte und Parolen, die man um dieses schauderhafte Ereignis hören konnte, das Ernst Cramer später als »Verfälschung der über Jahrhunderte gewachsenen sittlichen Grundwerte der abendländischen Kultur« und als »Verrat am eigenen Geist und am akademischen Selbstverständnis« bezeichnete. Als Begründung für die geplante Bücherverbrennung diente eine angebliche Gräuelhetze des »internationalen Judentums«. Ziel war, die Werke aller unliebsamen Autoren »auszumerzen«. Dem war schon die »Säuberung« der meisten Universitätsbibliotheken, Museen, Bibliotheken und vieler Theater und Orchester vorausgegangen. Von April 1933 an gab es Listen, welche Schriften aus dem deutschen Geistesleben zu entfernen seien. Dazu gehörten Philosophen wie Karl Marx, Politiker wie August Bebel, Hugo Preuss und Walther Rathenau, Wissenschaftler wie Albert Einstein und Siegmund Freud, vor allem aber Schriftsteller von Heinrich Heine und Ludwig Börne bis zu Bert Brecht, Stefan Zweig, Else Lasker-Schüler und Carl Zuckmayer. Bei den Cramers war die Bücherverbrennung einen Tag später Thema eines ungewöhnlichen Familienabends, der vom Glauben geprägt war, dass alles nicht so schlimm kommen werde:

Es war am Morgen des 11. Mai 1933. Recht betreten saßen wir in unserer Augsburger Wohnung am Frühstückstisch. Am Abend vorher hatten wir kurz über den Rundfunk gehört, dass auf dem Königsplatz in München Studenten Bücher missliebiger Autoren verbrannt hatten. Im Innenteil der Zeitung war zu lesen, dass ähnliche Autodafés auch in anderen Universitätsstädten stattgefunden hatten. Über die Sache wurde wenig Aufhebens gemacht. Die Hauptnachricht des Tages auf der ersten Seite des Blattes war die Sperrung des Vermögens der Sozialdemokratischen Partei und ihrer Unterorganisationen.

Da klingelte das Telefon. Josef meldete sich, der Theologiestudent, der jahrelang, als er auf das Gymnasium gegangen war, bei uns täglicher Kostgänger gewesen war. »Herr Cramer«, sagte er, »ich komm grad aus München und hab was zu erzählen. Darf ich heut Abend kommen?« »Natürlich«, war die Antwort.

Am Abend, nach dem Essen, versammelten wir uns wieder am Familientisch. Wir, das waren außer der Mutter und dem Vater unsere langjährige, treue Haushälterin Clothilde mit dem unvermeidlichen Nähkorb, mein jüngerer Bruder und ich; ebenso natürlich der strohblonde Josef. Meine Schwester war an jenem Tag nicht in Augsburg.

»Etwas Schauerliches hab ich gestern Abend erlebt«, begann sehr erregt Josef seinen Bericht. »Hunderte Studenten waren zum Königsplatz gekommen. Alle hatten Bücher mitgebracht, in Rucksäcken, unterm Arm und sogar auf Handkarren. Selbst Professoren waren da, einige auch mit Büchern. Hans Schemm, der neue Kulturminister, redete von der Bedrohung der deutschen Seele durch viele marxistische, antireligiöse, antideutsche Bücher. Ein Student, den ich nicht kenne, meinte, der allzu mächtig gewordene jüdische Geist müsse aus Bayern ausgetrieben werden.

Dann zündeten einige mit ihren Fackeln ganz feierlich einen großen Holzstoß an, und unter Gebrüll wurden Hunderte von Büchern verbrannt. Heine war darunter und Marx, aber auch Freud, Tucholsky, Remarque und viele andere mehr.

Schließlich wurde gesungen. Ich weiß nicht, was, denn ich bin weggelaufen.«

Nach einer kurzen Pause rief Josef ganz verzweifelt: »Sie haben Bücher verbrannt. Warum hat Gott das zugelassen?« »Amen«, sagte Clothilde sehr leise.

»In der Zeitung«, wollte der Vater beginnen, doch die Mutter unterbrach ihn und meinte: »Der Bub« – sie meinte meinen zwölfjährigen Bruder – »ist noch viel zu jung. Das ist doch nichts für ihn.« »Der Bub lernt schon Gedichte von Heine«, widersprach der Vater, »ich meine, er darf bleiben, wenn er will.«

Wie um seine Kompetenz zu beweisen, begann Erwin zu zitieren: »Die Mitternacht zog näher schon; in stummer Ruh lag Babylon. Nur oben in des Königs Schloss, …«. »Ich glaub's schon«, unterbrach ihn die Mutter. Erwin durfte bleiben.

»In der Zeitung steht«, griff der Vater seinen Satz wieder auf, »dass die größte Veranstaltung in Berlin auf dem Opernplatz stattfand. Sie stand unter dem Schlagwort ›Wider den undeutschen Geist‹. Joseph Goebbels, der Propagandaminister, hielt die Hauptrede. Er sprach von einem ›überspitzten jüdischen Intellektualismus‹ und vom ›Schmutz der jüdischen Literaten‹. Die Verbrennung der Bücher erfolge, damit ›Zucht und Sitte‹ wieder in ›Familie und Staat‹ einziehen könne. Auch in Berlin wurden angeblich Tausende von Büchern verbrannt. Lion Feuchtwanger war darunter und Arnold und Stefan Zweig, aber auch die Brüder Mann, Emil Ludwig und natürlich Carl von Ossietzky. Von allen habe ich Bücher in unserer Bibliothek stehen, auch von Magnus Hirschfeld«, beendete der Vater diesen Monolog.

»Ob sie auch private Bibliotheken wie die Ihre anrühren?«, fragte Josef besorgt. »Wo denken Sie hin?«, antwortete die Mutter. »Wir leben schließlich in einem Rechtsstaat«. »So?«, murmelte Clothilde nur ganz kurz, und Josef nickte.

»Das Wort ist stärker als jede Flamme«, begann der Vater wieder. »Ich möchte Euch wie schon so oft etwas vortragen.« Dann las er zunächst einige Stellen aus Stefan Zweigs Fouché-Biografie. Anschließend sagte er: »Und nun zu Heine. Das passt ja heute besonders, denn auch seine Bücher wurden verbrannt. In dessen Trauerspiel ›Almansor‹ gibt es gleich am Anfang eine wichtige Szene. Da berichtet der Titelheld, dass einer seiner Feinde in Granada ›den Koran in eines Scheiterhaufens Flamme warf‹. Dessen Getreuer, Hassan, kommentiert das mit: ›Das war ein Vorspiel nur; dort, wo man Bücher verbrennt, verbrennt man auch am Ende Menschen.‹«

»Aber doch nicht bei uns!«, stöhnte Clothilde.

»Sicher nicht«, beruhigte sie der Vater. »Auch im Vorspiel zu ›Almansor‹ konnte Heine optimistisch sein und sagen: ›Es kämpfen Christ und Moslem, Nord und Süden. Die Liebe kommt am End und macht den Frieden‹. Es wird auch bei uns alles schließlich gut ausgehen.« »So Gott will!«, fügte Josef an, und wieder sagte Clothilde nur »Amen«. (WELT v. 10. Mai 2000)

Der jüngere Bruder Erwin spielte eine zentrale Rolle in der Erinnerung Ernst Cramers. Beide hatten ein inniges Verhältnis, und Erwins Schicksal stand geradezu stellvertretend für den grausamen Abbruch eines erfolgversprechenden Lebenswegs. Und löste beim überlebenden Bruder Schuldgefühle aus. Ein oft wiederkehrender Gedanke Cramers lautete: »Mein schlimmster Fehler war, Nazideutschland nicht zu einem früheren Zeitpunkt verlassen zu haben. So wäre ich in der Lage gewesen, meine Eltern und meinen jüngeren Bruder rauszuholen, bevor es zu spät war. Das liegt mir ständig im Kopf und wird es bis zu meinem letzten Tag sein.«

Erwins Tod im Holocaust ließ Ernst Cramer schmerzvoll immer wieder grübeln: »Warum er? Warum nicht ich?« Der Ältere betonte sogar mehrfach, dass er den Bruder für den eigentlich Talentierteren hielt, der, denkt man diese Äußerung weiter – an seiner statt hätte überleben sollen. Aufgeweckt, unkompliziert, mit einem unglaublichen Gedächtnis ausgestattet, so beschrieb Ernst den Jüngeren. Schon als Fünfjähriger kannte Erwin alle Straßenbahnhaltestellen in Augsburg auswendig. Viele Schaffner hätten ihm erlaubt, während der Fahrt die Stationen anzukündigen. An seinem 60. Geburtstag, den Erwin nicht erleben konnte, da er Anfang 20 war, als die Nazis ihn umbrachten, erinnerte sich Ernst Cramer:

Er war ein hellwaches Kind und später jahrelang der Primus seiner Klasse. Er hatte ein phänomenales visuelles Gedächtnis. Lateinische Vokabeln und deutsche Gedichte lernte er, indem er das jeweilige Schriftbild zwei Minuten lang anstarrte; dann blieb das für immer in seinem Gehirn eingraviert. Wenn im Frühjahr oder im Herbst am Hauptbahnhof die Emailleschilder ausgewechselt wurden, die Ankunft und Abfahrt der etwa 200 täglich abzufertigenden Züge anzeigten, ging er hin, stellte sich etwa acht bis zehn Minuten vor die Tafeln, um schließlich zu sagen: »So, nun weiß ich's wieder.« Die Familie brauchte keinen Fahrplan. Zahlen faszinierten ihn. Mathematik war sein Lieblingsfach, Sprachen fielen ihm leicht. Aber er war auch ein wieselflinker Rechtsaußen in der Klassenmannschaft, ein raumbeherrschender Tennisspieler und ein begeisterter Bergwanderer. (WELT v. 1. August 1981)

Noch im Jahre 1936 war sein Bruder Klassensprecher, außerdem Jahr für Jahr Klassenprimus – »bis der Konrektor dekretierte, dass ein Jude nicht der Beste sein dürfe«. Bis 1938 durfte Erwin Cramer noch das Gymnasium besuchen, freilich unter immer schwierigeren Bedingungen. Allerdings wurden in den letzten zwei Jahren seine Schularbeiten so zensiert, dass ein anderer Primus wurde. Im Sommer 1938 unternahmen die beiden Brüder eine Radtour durch Oberbayern:

Wir sprachen über seine Zukunftspläne, denn den Wunsch, Physiker zu werden, konnte er nicht verwirklichen. Damals beschlossen wir, dass er das Schreinerhandwerk erlernen sollte. »So was zu können ist immer gut, und studieren kann ich auch später noch«, meinte er optimistisch.
Am ersten Abend unserer Tour zelteten wir an einem Hang oberhalb von Gmund am Tegernsee. Aus einer Wirtschaft im Dorf tönte lautes Grölen zu uns herauf, Lieder, wie sie damals gang und gäbe waren. Schließlich: »Heute gehört uns Deutschland, morgen die ganze Welt.« – »Deutschland, was wissen die Deppen davon?«, sagte er plötzlich tieftraurig, »weißt Du, was Deutschland ist?« Und dann: »Hör mal: ›Unter demselben Blau über dem nämlichen Grün wandeln die nahen und wandeln vereint die fernen Geschlechter, und die Sonne Homers, siehe, sie lächelt auch uns‹.«
Als er merkte, dass ich das, was er da zitiert hatte, nicht identifizieren konnte, trug er, als wäre das ganz selbstverständlich, unter dem voll ausgestirnten Himmel die ganze lange Schillersche Elegie »Der Spaziergang« vor. Dann Schweigen, die ganze Nacht lang. (WELT v. 1. August 1981)

Erwin Cramer lernte tatsächlich Tischler. Am 2. April 1942, Gründonnerstag, holten Polizeibeamte ihn jedoch zusammen mit den Eltern und mit vielen anderen Augsburger Juden ab. Am Karfreitag, dem Tag der Passion, begann die Reise in das Grauen. »Auferstehung gab es keine« – mit diesem einen Satz fasste Ernst Cramer seinen Rückblick auf diesen Augenblick zusammen. Die letzten erhaltenen Worte seines Bruders waren ein Zuruf aus dem Stiegenhaus: »Clothilde, bete für uns!« Diese Worte waren »an die getreue Köchin gerichtet, den getreuen Hausgeist«, so Ernst Cramer. Sie hatte weiter bei der Familie gearbeitet, auch als man ihr aus wirtschaftlichen Gründen keinen Lohn mehr zahlen konnte, und selbst, als Hausarbeit für Juden verboten wurde. Nach diesem Aufschrei ihres geliebten »Büble« blieb sie allein und verzweifelt in der Wohnung zurück. Nach dem Krieg traf Ernst Cramer die hoch betagte Haushälterin wieder. »Mein Beten hat nichts genutzt«, sagte sie ihm unter Tränen.

Und sie schilderte Cramer, was sie nach dem Abtransport der Eltern und des Bruders in der Wohnung auf einem Tisch gefunden hatte: einen Fünfzeiler von Martin Cramer:

»Das Lied ist aus.
Zwar klingen noch im Haus
Die Melodien leise nach.
Jedoch, es ist vorbei.
Das Lied ist aus.«

Lange nach dem Tod der Haushälterin machte Ernst Cramer in der Rückschau auf den Abend des 11. Mai 1933 und die Diskussion über die Bücherverbrennung eine Rechnung auf. Von den sechs, die an diesem Donnerstag am Tisch gesessen hatten, überlebten vier das »Dritte Reich« nicht. Der Kostgänger Josef wurde Vikar und später Soldat; er fiel in den ersten Tagen des Russlandfeldzugs. Von den Eltern und seinem Bruder hörte man nach der Verschleppung in den Osten nie wieder etwas. »Ich durfte überleben, damit einer übrig blieb, um daran zu erinnern, dass da, wo man Bücher verbrennt, irgendwann auch Menschen umgebracht werden.«

Zu Erwins 75. Geburtstag machte sich Ernst Cramer Gedanken, was aus dem Jüngeren wohl geworden wäre, wenn ihm ein normales Leben beschieden gewesen wäre? Dieser Gedanke kam Cramer auch, wenn er Menschen traf, die im gleichen Jahr wie sein Bruder geboren worden waren.

Ich schaue Bekannte prüfend an, die so alt sind, wie er heute wäre. Fast alle sind pensioniert. Einer ist noch praktizierender Arzt, ein anderer war Rabbiner einer großen Gemeinde, ein dritter ist viel beschäftigter Anwalt, ein weiterer Verleger und Kunstsammler. Einer schließlich war Harvard-Professor und schreibt heute Bücher über deutsche und abendländische Literatur. Anstelle all dieser Männer könnte ich meinen Bruder sehen. Wenn ich mir allerdings den dunkelblonden Wuschelkopf jetzt grauhaarig ausmale und vor den damals blitzenden, neugierigen Augen eine Gelehrtenbrille vorstelle, wird mir immer klarer: Universitätslehrer, der die von ihm geliebte und beherrschte Sprache erforscht, pflegt und an Studenten weitergibt, das wäre mein Bruder wohl gerne geworden. (WELT AM SONNTAG v. 4. August 1996)

GROSS BREESEN

Als Ernst und Erwin Cramer ihre Radtour durch Oberbayern unternahmen, liefen bereits die Vorbereitungen auf ein Leben außerhalb Deutschlands – der Jüngere mit seiner Schreinerlehre in München, der Ältere lernte im schlesischen Groß Breesen den Beruf des Landwirts.

Nach der Machtübernahme durch die Nationalsozialisten 1933 und erst recht nach den Nürnberger Rassegesetzen zweieinhalb Jahre später war jungen Juden in Deutschland klar geworden, dass sie in ihrem Heimatland nicht nur als Menschen minderer Klasse behandelt

Schild am Ortseingang

Jüdische Jugendliche im Ausbildungsgut Groß Breesen entladen Heu aus einem Wagen

wurden, sondern dass für sie gar keine Berufsaussichten mehr bestanden. Es stellte sich also die Frage nach einer Perspektive im Ausland. Aber auch Auswandern war schwierig: Die meisten Länder sperrten ihre Grenzen oder knüpften Bedingungen an die Erteilung von Visa. Dazu gehörte eine praktische Ausbildung, beispielsweise als Handwerker oder Landwirt. Brasiliens Regierung forderte den Übertritt zum Christentum; eine Aufenthaltserlaubnis für die USA konnte nur erhalten, wer einen Bürgen vorweisen und mitunter eine Kaution hinterlegen konnte. Nur dann erhielt man das sogenannte Affidavit.

Zur Vorbereitung auf die Ausreise gründeten jüdische Verbände verschiedene Ausbildungsstätten, unter anderem ein landwirtschaftliches Gut in Groß Breesen bei Breslau, das nach einem Beschluss der Reichsvertretung der deutschen Juden im Januar 1936 seine Arbeit aufnahm und eine zweijährige Ausbildung vorsah. Die landwirtschaftliche Fläche umfasste etwa 125 Hektar, zusammen mit anderen genutzten Flächen sogar 500; die Reichsvertretung hatte sie von der jüdischen Familie von Rohr gepachtet. Die Auszubildenden waren zu acht bis zehnt in Zimmern untergebracht, ihre Zahl betrug 100 bis 120. Im Unterschied zu anderen Einrichtungen handelte es sich um ein nicht-zionistisches Ausbildungsgut; die Organisatoren präferierten also nicht die Idee einer Rückkehr möglichst aller Juden nach Palästina.

Leiter des Gutes in Groß Breesen war der Sozialpädagoge Curt Bondy. Sein Konzept der Ausbildung basierte auf drei Säulen: erstens der Theorie und Praxis der Landwirtschaft sowie des Gartenbaus, des Handwerks und der Hauswirtschaft. Zweitens legte er Wert auf Fremdsprachenunterricht sowie drittens auf die Pflege geistiger und kultureller Traditionen – und zwar der deutschen wie der jüdischen. Wie Bondy ein Jahr nach Gründung feststellen musste, fehlten jedoch vielen Lehrgangsteilnehmern vor allem elementare Kenntnisse der jüdischen Tradition. Musik- und Lesestunden – Lieblingsautoren waren Rilke und Wiechert – ergänzten an den Abenden den Fachunterricht. Ernst Cramer begann hier 1937 seine Ausbildung.

Gerade das Bekenntnis zum deutschen Kulturerbe sorgte innerhalb jüdischer Organisationen für Kritik. Bondy hielt jedoch dagegen, dass man zwar das Schicksal, aus Deutschland vertrieben zu werden, tragen müsse, dass man sich aber mit dem Festhalten an deutschen Traditionen und Werten davor schütze, die Wurzeln zur Heimat zu kappen.

Bondy war für seine Auszubildenden kein einfacher Chef. Er verlangte Einsatz, Disziplin und die bewusste Entscheidung für ein verantwortungsvolles Leben. Es ging nicht nur um eine berufliche Ausbildung; er forderte, ziel- und sinnvoll zu leben. Diese Maxime führte er in sogenannten Rundbriefen aus, die seit Gründung des Ausbildungsgutes herausgegeben wurden – womöglich in Anlehnung an seine früheren Rundbriefe der Gilde »Soziale Arbeit«, einem Zusammenschluss aus der Jugendbewegung. Bondy lag viel daran, den Jugendlichen auf ihren Weg ins ungewisse Exil gefes-

Curt Bondy, der Leiter des Ausbildungsgutes Groß Breesen, mit seinem Pferd »Edgar«

Die Auszubildenden des Gutes beim Appell

tigte moralische und ethische Grundsätze mitzugeben. Darunter die Fähigkeit, das eigene Tun zu reflektieren. Ernst Cramer hat diese Einstellung später immer wieder gelobt. Bondy sei sowohl selbstkritisch als auch unverblümt gewesen »und gelegentlich überzogen scharf in seinen Missfallensäußerungen gegenüber anderen, besonders solchen, für die er sich verantwortlich fühlte. Gleichzeitig aber verlangte er von seinen Freunden und Schülern – das waren ja in gewissem Sinn die Mädchen und Jungen in Groß Breesen, dass sie ihm offen ins Gesicht sagten, wenn sie eine seiner Entscheidungen oder Äußerungen für falsch hielten. Die Möglichkeit der Kritik gehört ja zu dem Postulat nach Wahrhaftigkeit, Ehrlichkeit und Offenheit, das Bondy aufstellte und vorlebte. In diesem Sinn war Groß Breesen die offenste und ehrlichste Gruppe, in der ich je lebte.«

Im Prinzip pflegte Bondy auf dem schlesischen Gut die Prinzipien der ab der Jahrhundertwende in Deutschland verstärkt propagierten Reformpädagogik, die von den Nazis 1933 sofort unterbunden wurde. Bondy gelang es jedoch in einer Zeit, in der in Deutschland alle Werte in ihr Gegenteil verkehrt und die Unterdrückung der Juden und ihre Aussonderung aus der deutschen Gesellschaft schon weit fortgeschritten waren, täglich drückender wurden, Groß Breesen zu einer Art Insel der Menschlichkeit mitten in einer kaum mehr erträglichen Umwelt zu machen. Hier konnten junge jüdische Menschen noch das Gefühl der relativen Freiheit erleben. Mehr als 60 Jahre später schrieb Ernst Cramer einem Mit-Lehrgangsteilnehmer, dass »dort kein Einheitsmensch angestrebt, sondern Individuen sowohl gefördert als auch integriert wurden«. Im Gegensatz zur außerhalb der jüdischen Welt zu beobachtenden Pervertierung des Führergedankens, so Cramer, hätte man sich in Groß Breesen nach Menschen, die nachzuahmende Leitfiguren sein konnten, gesehnt. So sei auch die außerordentliche Wirkung und Nachwirkung von Männern wie Martin Buber und Leo Baeck zum Teil aus dieser Sehnsucht nach dem moralischen Vorbild zu erklären.

Im Gegensatz zu anderen Teilnehmern, die Probleme mit dem streng geregelten Alltag oder der ungewohnten, körperlich schweren landwirtschaftlichen Arbeit hatten, fand sich Ernst Cramer schnell zurecht. »Er nimmt Dreschmaschinen auseinander und setzt sie wieder zusammen; wenn er Glück hat, bleiben ihm keine Teile übrig«, berichtete sein Vater Martin mit ironischem Blick den Verwandten. Bald stieg Ernst in der Hierarchie auf, wozu sicherlich auch seine frühere Bekanntschaft mit Bondy aus der Zeit der Jugendarbeit beigetragen hatte. So wurde er »Hausvater« und damit verantwortlich für die Innenverwaltung, schließlich sogar Stellvertreter des Lehrgut-Leiters. Zu seinen Arbeiten gehörte das Zusammenstellen und Redigieren der Rundbriefe – eine erste journalistische Arbeit. Bei all dem verlor Cramer jedoch nicht den Grund seiner Ausbildung aus dem Blick.

Dringendes Ziel der »Groß Breesener« war es, eine Gruppe junger Leute möglichst schnell komplett nach Übersee umzusiedeln. Nachdem ein Projekt in Brasilien gescheitert war, richtete sich die Hoffnung auf eine Farm in der Nähe von Richmond (US-Bundesstaat Virginia). Die Organisatoren des Lehrguts hatten Kontakt zu einem Philanthropen aufgenommen, einem Kaufhausbesitzer, der die Farm erworben hatte. Zunächst sollten 25 »Groß Breesener« dort beginnen, das Land zu bewirtschaften, möglichst noch 1937. Um ihnen die Einreise in den USA zu erleichtern, hatte der großzügige Spender die »Groß Breesener« zu Anteilseignern gemacht – ein legaler Trick. Die Finanzierung für das erste Jahr war zugesichert, danach sollte sich das Gut selbst tragen. Daher suchte die Gutsleitung nach fähigen Leuten, denn ein Scheitern hätte bedeutet, weiteren jungen Juden die Chance des Exils zu verbauen.

Kurz vor Cramers Beginn seiner Ausbildung in Groß Breesen hatte sich eine Florence Hechinger aus New Orleans bereit erklärt, für ihn die ersehnte Bürgschaft zu stellen und ihm Beschäftigung in den USA zuzusichern. Die Cramers müssten nur weitere Angaben nachtragen. Das tat Vater Martin, der dann mehrfach nachhakte, als keine Reaktion erfolgte. Auch Ernst Cramer hatte wenig Erfolg mit seinen Nachfragen bei Frau Hechinger. So lebte er weiter in Ungewissheit.

Im Frühjahr 1938 waren die Ansiedlungspläne für die Farm bei Richmond vorangeschritten, aber noch nicht umgesetzt, wie dem Rundbrief vom 28. April 1938 zu entnehmen war. Friedrich Borchardt, einem früheren Mitglied der Reichsvertretung, der sich von New York aus um die Pläne kümmerte, war es gelungen, die Zahl der ersten Gruppe auf 30 erhöhen zu lassen. Auch die Affidavits waren größtenteils schon beschafft – eine Hoffnung.

Doch bevor es losgehen konnte, begannen am Abend des 9. November 1938 in Deutschland die inszenierten Novemberpogrome. Am 10. November, als bis hinunter in die Provinz judenfeindliche Ausschreitungen stattfanden, überfielen und verwüsteten SS-Männer das Gut. Sie zerstörten die Fenster und zerhackten die Möbel. Die Bewohner reagierten völlig überrascht, hatten die Gutsleitung und die Auszubildenden doch vom Beginn der organisierten Übergriffe in der vorangegangenen Nacht nichts mitbekommen.

Ernst Cramer kam dieses Erlebnis wieder hoch, als er mit einem früheren Lehrgangsteilnehmer mehr als ein halbes Jahrhundert später nach Groß Breesen zurückkehrte:

> Nie kommt mir eine Radfahrt dorthin aus dem Sinn. Es war am Vormittag des 10. November 1938. Aus Bayern kommend, war ich am Morgen in Breslau aus dem Zug gestiegen und hatte an den Litfaßsäulen die Plakate gesehen, auf denen vom Volkszorn gegen die Juden die Rede war. Auf den Straßen im Stadtkern war ich an verwüsteten jüdischen Geschäften vorbeigegangen. Ein Pogrom also. Dass die große Synagoge in Brand gesetzt worden war, erfuhr ich erst später.

Als ich an jenem Tag in Gellendorf beim Kaufmann mein dort abgestelltes Rad abholte, meinte dieser lakonisch: »Heute wirde ich man scheen langsam fahren.« Tatsächlich radelte ich nicht bis ganz zum Gutshaus, sondern versuchte, mich in einer von Büschen umgebenen Mulde zu verbergen. Aber jemand hatte mich gesehen und den Häschern verraten. So fand ich mich zusammen mit allen Groß Breesener Männern und Jungen über 18 Jahre wenige Stunden später in einem Lastwagen. Etappenziel war das Polizeigefängnis in Breslau. Schließlich ging es nach Buchenwald.
(WELT AM SONNTAG v. 24. Mai 1990)

Neben männlichen Lehrgangsteilnehmern wurden auch die Erzieher und fast alle Werkmeister verschleppt – insgesamt traf dieses Schicksal mehr als 30 000 deutsche Juden, auf direkte Weisung von Gestapo-Chef Reinhard Heydrich. Das KZ Buchenwald registrierte Ernst Cramer mit der Häftlingsnummer 27 833 als sogenannten »Aktionsjuden«. In Augsburg traf ein ähnliches Schicksal am gleichen Tag seinen Vater Martin Cramer, der als »Schutzhäftling« unter der Häftlingsnummer 21 687 nach Dachau gebracht wurde. Alle Bücher aus der Bibliothek der Familie wurden abgeholt. Dabei zertrampelten die SA-Häscher auch des Vaters geliebtes Cello und zerschlugen die Porzellansammlung der Mutter.

Gut vier Wochen lang erlebte Ernst Cramer Schreckliches im KZ Buchenwald, dann wurde er am 10. Dezember 1938, wie fast die gesamte Gruppe, wieder entlassen. Ein Grund: Der Ausfall der landwirtschaftlichen Erträge von Gut Groß Breesen, das auch die umliegende Bevölkerung versorgte, war einfach zu groß geworden. Gleichwohl wurde die weitere Duldung des Betriebs mit der eindeutigen Aufforderung zur schnellstmöglichen Emigration verbunden – ansonsten drohe die erneute Einlieferung in das KZ.

Martin Cramer kam am 20. Dezember 1938 aus Dachau frei, sodass die Familie das ausklingende Jahr gemeinsam verbringen konnte. Auf einem Brief, den der Vater am 28. Dezember an Freunde schickte, vermerkte die Mutter auf der Rückseite: »Nun bin ich wieder zufrieden, heute kam auch noch Ernst heim, was will ich noch mehr.«

Die Wochen im KZ hinterließen tiefe Spuren bei Ernst Cramer: »Es war die schlimmste Zeit, die ich je durchlebte.« Zum ersten Mal erlebte er totale Rechtlosigkeit am eigenen Leib.

Mitte 1939 kam dann für Ernst Cramer die Chance, Deutschland zu verlassen. Seine jüngere Schwester Helene hatte diesen Schritt bereits ein Jahr zuvor gemacht. Die Familie Albert Cramer in Houston, Texas, entfernte Verwandte, deren Vorfahren im 19. Jahrhundert in die USA eingewandert waren, hatten ihr das Affidavit besorgt. Zunächst hatten sie bedauert, keine Bürgschaft übernehmen zu können, es dann aber doch geschafft. Zum Schluss gab es noch einmal bange Momente, denn der Bürge Albert Cramer war plötzlich verstorben.

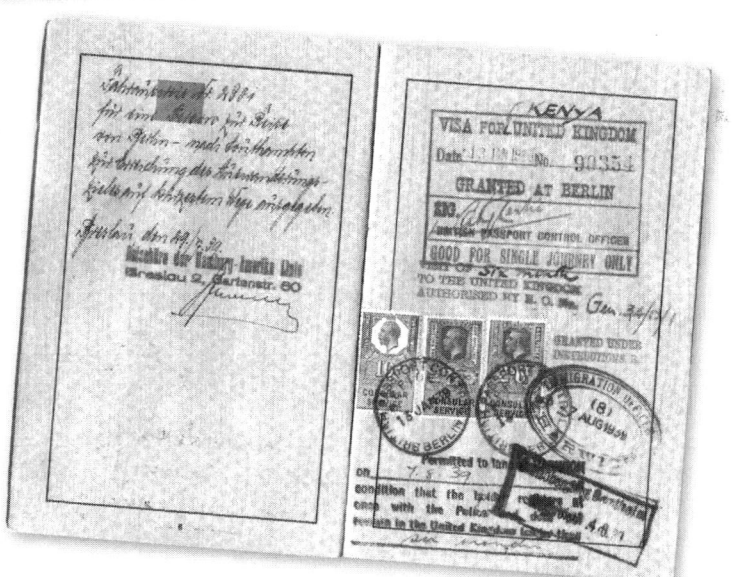

Der Reisepass Ernst Cramers, ausgestellt
für seine erzwungene Emigration

Helenes Bruder Ernst war in den ersten Monaten des Jahres 1939 viel beschäftigt, wie er im Juli in einem Rundbrief an die »Groß Breesener« schrieb. Vor allem aber überwog die Vorfreude auf seine Reise in die USA, die nun bevorstand. Von der Merkur Aktiengesellschaft Zwickau, Nachfolger des Kaufhauses Schocken in Augsburg, hatte Cramer noch ein Zeugnis erhalten. In dem Schreiben vom 15. April 1939 wurden ihm gute Fachkenntnisse in Gardinen- und Möbelstoffen bescheinigt. Er sei ein umsichtiger Verkäufer gewesen und hätte zur vollen Zufriedenheit des Unternehmens gearbeitet: »Er war ehrlich, fleißig und willig; seine Führung war einwandfrei.« Ein so wohlwollendes Zeugnis für einen früheren jüdischen Mitarbeiter war nicht selbstverständlich und erforderte persönlichen Mut vom Verfasser.

Als die US-Botschaft Cramer das Visum zur Einreise in die USA gewährt hatte, überwältigten ihn seine Gefühle. Vor allem die Menschlichkeit, mit der er von den Mitarbeitern behandelt worden war, machte Eindruck:

> Im letzten halben Jahr bin ich mehr auf der Eisenbahn gesessen, als zusammengerechnet in dem ganzen Vierteljahrhundert, das ich vorher gelebt habe. Aber noch nie habe ich die mir jetzt langsam vertraute Strecke Berlin–Breslau mit einem solchen Glücksgefühl durchfahren wie beim letzten Mal, als ich die Fahrt zusammen mit Rudi, Pi., Klaus, Manfred und Hansi machte. Wir kamen zurück vom amerikanischen Konsulat, hatten die landwirtschaftliche Prüfung, in der sich entscheiden sollte, ob wir bevorzugt nach USA einwandern könnten, hinter uns und waren voll Gewissheit, dass nun auch wir, wie schon so viele »Breesener« vor uns, in ganz kurzer Zeit draußen mit unserer neuen Arbeit beginnen könnten. Seit dieser Fahrt sind wir nicht mehr zur Ruhe gekommen.
>
> Wir wollen, wenn irgend möglich, am 10. August von Hamburg abfahren und dann am 18. August in New York eintreffen. Alle, die selbst schon ausgewandert sind, wissen, wie viel noch in diesen letzten Tagen zu tun ist. Und doch freue ich mich, dass gerade jetzt auch noch der Rundbrief in die Welt gehen wird. Das vermehrt zwar die Arbeit; aber wenn ich mir die Briefe von Euch draußen nochmals durchsehe, von denen wir nur einzelne auszugsweise in dem Sammelbrief wiedergeben können, dann klingt aus allen so viel Verbundenheit zu Breesen und den »Breesenern« und der Wunsch, recht oft durch Rundbriefe von der Arbeit der Freunde in den anderen Teilen der Welt zu hören, dass wir uns freuen, diesem Wunsch von uns aus hier ein letztes Mal stattgeben zu können.
>
> Die Berichte sprechen für sich selbst, ich brauche sie nicht zu kommentieren. Zum ersten Mal ist diesem Rundbrief ein Adressenverzeichnis der ausgewanderten »Groß Breesener« beigefügt. Es soll Euch helfen, wenn Ihr an die Freunde in der Welt schreiben wollt, und zwar schreiben, um alte Freundschaften aufzufrischen und auch, um weiteren Menschen aus Deutschland Auswanderungsmöglichkeiten zu schaffen. Denn die Verbindung, die wir untereinander aufrechterhalten wollen, kann

sich nicht darin erschöpfen, nur immer an uns zu schreiben und an uns zu denken. Sie bekommt dann einen Sinn, wenn sie sich auch für weitere Menschen produktiv auswirkt. Es wird auf die neuen Leute in Breesen ankommen, ob sie es sind, für die wir uns einsetzen. Halten sie das aufrecht, was Bondy und was wir hier wollten, dann wird alles gut sein.

Die größte geschlossene Gruppe, die bisher von hier weggegangen ist, ist dieser Tage in Australien angekommen. Wir sind sehr gespannt auf die ersten Berichte von dort. Die Leute werden zunächst zur weiteren Ausbildung auf Regierungsfarmen kommen und dann je nach Eignung früher oder später Einzelstellen zugewiesen erhalten. […] Bondy wird Anfang kommender Woche wieder in Europa sein. Er wird dann voraussichtlich nur noch vorübergehend in England sein und während der nächsten Monate eine leitende Stelle in einem zu errichtenden Zentralcamp für jüdische Emigranten aus Deutschland in Holland übernehmen. […] Zum Schluss noch eine Bitte: Schreibt viel. Berichtet, was Ihr tut und was Ihr erreicht habt. Die anderen wollen genauso viel von Euch wissen wie Ihr von ihnen. Nehmt nun von uns Virginiern einen letzten Gruß aus dem alten Breesen. Im nächsten Rundbrief werden auch wir von unserer Arbeit draußen berichten können; hoffentlich sind dann die Leute aus Holland, England etc. auch schon in Hyde-Farmlands. Ernst (5. Rundbrief an die alten Groß Breesener v. Juli 1939)

Das Gepäck, das Ernst Cramer mitnehmen konnte, war nur klein. Doch um vieles reicher waren seine Erfahrungen, die er in den vergangenen Jahren hatte machen können und müssen, seine Einstellungen, die sich in der Zeit in Groß Breesen und vor allem mit Curt Bondy gefestigt hatten. Cramer erinnerte sich später vor allem an das Gefühl der Gemeinschaft und Geborgenheit. Es waren Freundschaften entstanden, die ein Leben lang hielten. Groß Breesen blieb eine verbindende Klammer, der »Groß Breesener Geist« ein feststehender Begriff. Wie Ernst Cramer am 14. Juni 1988 an Rene A. Klein schrieb, habe für die jungen Leute gegolten, dass sie trotz allem den Glauben an das Gute im Menschen nicht verloren hatten. »Dieser Glaube hat viele von uns durch das ganze Leben begleitet und geleitet.« In einem Rundbrief schrieb Cramer 1985:

Dankbar bin ich auch heute wie damals, dass uns ein gutes Geschick in schlimmen Tagen nach Groß Breesen brachte; dass wir Curt Bondy begegneten, der uns dort in einer Zeit der Auflösung und Zerstörung aller sittlichen Werte lehrte, was im Leben des Menschen wirklich wichtig ist. Bondy hat uns, jedem von uns, Kraft gegeben und ein Ziel: trotz allem, was rund um uns geschehen mochte, anständig zu leben. Er hat in uns das Feuer entzündet, von dem Stefan George schreibt:
Wer je die flamme umschritt,
bleibe der flamme trabant.

Wie er auch wandert und kreist,
wo noch ihr schein ihn erreicht,
Irrt er zu weit nie vom ziel.
Nur wenn sein blick sie verlor
Eigener schimmer ihn trügt,
Fehlt ihm der mitte Besetz
Treibt er zerstiebend ins all.
(Rundbrief an die alten Groß Breesener v. Dezember 1985)

Das Erbe von Groß Breesen beschrieb Ernst Cramer auch in einem weiteren Rundbrief – ein Nachruf auf Bondy auf dem Friedhof:

Deutsche Kultur, wie wir sie verstanden, wollten wir mit hinausnehmen in die Fremde. Und zum Judentum wollten wir uns bekennen, weil uns eben dieses Judesein, gleichgültig, ob es uns aus religiösen Gründen wichtig war oder nicht, zusammengeworfen, zusammengeführt hatte. Aus der gemeinsamen Siedlung ist dann nichts geworden und diejenigen von uns, die noch fortkamen, – und es waren zum Glück über hundert – wurden über die ganze Welt zerstreut. Aber trotz dieser Zerstreuung sind wir eine Gruppe geblieben und das, was uns nun schon seit einem Drittel Jahrhundert zusammenhält, war nicht eine Ideologie, nicht eine Religion, nicht ein mythisches gemeinsames Erbe – es war ein Mann: Curt Bondy. Er hat es fertiggebracht, uns in jenen Tagen, in denen man am Sinn des Lebens verzweifeln konnte, an das Wesentliche im Leben heranzuführen. Er war uns Vorbild, und er hat uns selbst im Konzentrationslager gezeigt, dass Anstand und Würde unabhängig sind von dem, was um uns geschieht. Dort, in Buchenwald, im Herbst 1938, war er nicht nur uns Groß Breesenern, er war Hunderten anderen eine Stütze und ein Hort der Zuversicht. Und als wir dann nach der Entlassung, kahlgeschoren, grau und abgemagert, in Groß Breesen wieder ankamen, da kam Curt Bondys größte Stunde: Am selben Abend noch, übermüdet von der langen Rückfahrt, die wie befohlen in Personenzügen, in Abteilen der dritten Klasse erfolgt war, hielt Curt Bondy eine Ansprache, eine Lebenskunde, wie er sie immer nannte. Er erinnerte daran, dass sich nichts geändert habe an unseren Prinzipien, an unseren Grundsätzen, dass besonders nichts, was wir erlebt hätten, ihn davon hätte abbringen können, weiter zu glauben an ein gutes, ein besseres, ein wahres Deutschland. […] Wenn man es genau betrachtet, waren es also nur zwei bis zweieinhalb Jahre, die wir damals in Groß Breesen beisammen waren. Aber es war eine Zeit, von der fast jeder von uns noch heute zehrt. Ich kann hier nicht für alle anderen sprechen, aber von mir jedenfalls weiß ich: Ich hätte all das Grauenhafte, das dann kam, nicht so durchstehen können, hätte es nicht die Begegnung mit Curt Bondy und den Rückhalt bei Curt Bondy gegeben. Das, was er uns mitgegeben hat auf den Lebensweg, fasste er damals in dem Begriff »Bewusstmachung« zusammen. Ich verstand das immer, sehr vereinfachend, als eine durch tiefenpsychologische Erkenntnis geläuterte Komprimierung der Formel vom Hohen Meißner: »Aus eigener Bestimmung, aus eigener Verantwortung, mit innerer Wahrhaftigkeit das Leben gestalten.« (22. Rundbrief an die alten Groß Breesener v. April 1974)

Ernst Cramer ließ nach dem Krieg Jahrzehnte verstreichen, ehe er 1990 mit einem Freund aus jenen Tagen, Arthur Wolff, nach Groß Breesen zurückkehrte, das inzwischen Brzezno hieß und zu Polen gehörte. »Lange Zeit hinderte mich wohl ein unbewusster Wunsch, die Vergangenheit zu verdrängen, daran, mit dem Gedanken eines Besuches auch nur zu flirten.« Wichtiger sei aber nach den Erfahrungen mit der NS-Diktatur seine Abscheu »gegenüber dem neuen Totalitarismus, dem linken gewesen, ›der auch dort den rechten abgelöst hatte. Wenn irgend möglich, wollte ich kein kommunistisch beherrschtes Gebiet betreten‹«. Verständnis zeigte Cramer bei der Kurzreise durch das alte Schlesien jedoch für die »totale Ausmerzung von allem, was an die deutsche Vergangenheit erinnern könnte«. Herkunftszeichen an alten Güterwagen seien weggefeilt gewesen, selbst auf alten elektrischen Sicherungskästen im Keller des ehemaligen Gemeindezentrums von Breslau seien alle Hinweise auf den Hersteller AEG entfernt worden. »Nichts, gar nichts soll daran erinnern, dass dies einst deutsches Land war. Die Saat des Hasses, die Hitler ausstreute, hat schreckliche Früchte hervorgebracht.«

AMERIKA

Anfang August 1939, vier Wochen vor Beginn des Zweiten Weltkriegs, konnte Ernst Cramer Deutschland verlassen. Man ließ ihn gehen, weil er nachweisen konnte, seine Auswanderung vorbereitet zu haben. Damit hatte das Ansinnen der Nazis Erfolg, das auch ihm in Buchenwald eingeprügelt worden war: möglichst viele Juden aus Deutschland zu vertreiben. So sehr Cramer aufatmen konnte, sein Herz war beschwert: Auf dem Bahnhof von Augsburg verabschiedete er sich von seinen Eltern. Sie hatten wie sein Bruder beim zuständigen amerikanischen Konsulat schon Einreiseanträge gestellt, doch noch waren sie nicht an der Reihe; sie mussten also im Land bleiben. Dass ihnen der Weg versperrt sein würde, konnte Ernst Cramer nicht ahnen, als er einstieg:

Der Zug ratterte. Es war der 4. August vor 70 Jahren. Die Holzbänke waren hart. Doch ich fühlte keine Beschwerden. Nicht nur, weil ich jung war. Zwei Seelen wohnten in meiner Brust. Einerseits war ich froh, den Übeltätern zu entkommen, welche die Juden in Deutschland seit Jahren gedemütigt und entrechtet hatten, vor den Schergen zu fliehen, die mir und vielen anderen die Bürgerrechte geraubt und uns in »Schutzhaft« genommen und dann in Konzentrationslagern misshandelt und gepeinigt hatten. Ich war glücklich, dass es für mich kein »Zurück nach Buchenwald« mehr geben würde, wie es mir vor Kurzem ein Gestapo-Mann in Breslau angedroht hatte. Aber ich war auch besorgt, ja beunruhigt wegen des Schicksals meiner Eltern und meines jüngeren Bruders, die ich zurücklassen musste. […]
Aber daneben war noch eine andere, tiefe Traurigkeit. Ich war aufgewachsen als Deutscher und wurde so erzogen. Das führten hauptsächlich meine Eltern durch, aber auch die Umgebung wirkte mit und sogar der jüdische Religionslehrer, ein Rabbiner. Dieser – nicht ein Deutsch-Professor – hatte auch mein Interesse für Goethe erweckt, von dem ja das Zitat von den »zwei Seelen« stammt. Das Deutschtum war mir selbstverständlich, war Teil von mir, trotz mancher antisemitischen Rüpeleien während meiner Schulzeit. Nun also musste ich – die andere, praktischere Seite meines Ichs meinte: »durfte ich« – Deutschland verlassen.
In diesen Stunden der rumpelnden Eisenbahnfahrt vermengten sich Bilder und Gedanken, lösten sich immer wieder ab. Da war der Ärger darüber, dass ausländische Staatsmänner Adolf Hitler viel von dem erlaubten, was sie den Vertretern der Weimarer Republik immer wieder untersagt hatten. Da war die Erinnerung an den regennassen, verschlammten Appellplatz in Buchenwald und die johlenden, überheblichen Wärter in ihren SS-Uniformen. Da waren die vielen Freunde, die ganz

plötzlich keine mehr sein wollten. Und da waren auch die Gelehrten, die Akademiker, die sich bereitwillig der Hitlerschen Rassenpolitik gefügt, ja, sie unterstützt hatten. Kurzum, die ganze Umwelt war feindselig geworden.

Daneben gab es jedoch die Retrospektiven an unvergessliche Bergbesteigungen und reizvolle Wanderungen in den Flussauen in Bayern; oder an die Gespräche über Gott und die Welt mit vielen ehemaligen Gefährten. Ich entsann mich […] übler Gestapo-Beamter und antisemitischer Knechte auf dem Gut, in dem ich zum Landwirt ausgebildet worden war. Aber die Gedanken führten mich auch zurück zu großen Theaterabenden und denkwürdigen Konzerten. Und dann meine Bücher! Keines – außer einer Taschenausgabe von Platos »Gastmahl« – hatte ich mitnehmen können. In diesem Moment dachte ich auch an die Bücherverbrennungen vom 10. Mai 1933, die Schandtaten von Studenten und auch Professoren. […] Zum Glück kam mir Heines aus »Almansor« stammender Satz, »Wo man Bücher verbrennt, verbrennt man auch am Ende Menschen«, damals nicht in den Sinn.

Der Zug rollte der niederländischen Grenze zu. Die Freude über das baldige Ende der Erniedrigungen wurde immer wieder überweht von der Sorge um die Zurückgebliebenen und der Trauer um den Verlust der Heimat. Dass ich jemals zurückkommen würde, daran glaubte ich in jenen Stunden nicht. Am Grenzpunkt bei Bentheim ging alles schnell vor sich. »Hast Du alle nötigen Unterlagen und Stempel?«, fragte mich unwirsch ein deutscher Grenzbeamter, der das Parteiabzeichen prominent auf seiner grünen Uniform trug. Da ich am 21. Juli 1939 in Berlin ein amerikanisches Einwanderungsvisum bekommen hatte und auch die Durchreisegenehmigung durch England im Pass vermerkt war, nickte ich nur; nach der Durchsuchung meines Gepäcks und einer erniedrigenden Leibesvisitation durfte ich passieren.

»Sie sind herzlich willkommen, mein Herr«, empfing mich wenige Schritte weiter sehr höflich ein holländischer Grenzer. Ich war in Freiheit, erlöst von jedem politischen Zwang. In diesem Moment war ich glücklich, den nationalsozialistischen Übeltätern entronnen zu sein, aber gleichzeitig in Sorge um die Zurückgebliebenen. Vielen war ich dankbar, die mir die Auswanderung, die ja eigentlich eine Flucht war, ermöglicht hatten. Aber ich war auch wehmütig und bedrückt, weil ich das Land, das ich immer als mein Land betrachtet hatte, verlassen musste.

In Holland besuchte ich Freunde in Amsterdam und einem Ausbildungslager, das auf Wieringen errichtet worden war (Joodse Werkdorp Nieuwesluis). Viele dieser Kameraden wurden später deportiert und schließlich irgendwo im Osten Polens umgebracht. Kurz darauf – am 7. August 1939 – traf ich in London den aus München ausgewanderten Bruder meines Vaters, der schon die Ausreise seiner Schwester und deren Familie finanziert hatte und sich auch um meine Eltern kümmern wollte.

Am 11. August 1939 begab ich mich in Southampton auf dem Dampfer »Manhattan« der United States Lines, wo ich einige Bekannte und Freunde wiedertraf. Und ich dachte daran, dass genau an diesem Tag 20 Jahre vorher – also am 11. August 1919 –

Reichspräsident Friedrich Ebert die Verfassung der Weimarer Republik unterzeichnet hatte, die damals als eine der besten der Welt galt. An jenem Tag war auch die schwarz-weiß-rote Flagge Deutschlands durch Schwarz-Rot-Gold ersetzt worden, was die Nazis allerdings schon im März 1933 wieder rückgängig gemacht hatten. Die Überfahrt war eintönig. Von den Schätzen, die der Ozeanriese in vielen Abteilungen anbot, konnte ich mir nichts leisten. Ich hatte ja – wie damals alle Auswanderer – nur zehn Reichsmark mitnehmen dürfen, und die hütete ich wie ein Juwel. (The Atlantic Times v. September 2009)

Während Ernst Cramer zu Beginn der Überfahrt noch oft zum Heck des Schiffs gegangen war, um sehnsüchtig auf das verschwundene Europa zurückzublicken, schlenderte er mit Dauer der Reise zum Bug, wo er zwar nichts als graues Wasser sah, aber einen Blick in die Zukunft erwartete. In New York betrat er am 18. August 1939 nicht nur eine fremde Stadt, sondern eine neue Welt; zum ersten Mal in seinem Leben war er auf einem anderen Erdteil. »Begierig stürzte ich mich auf alles Neue, Unbekannte und sehnte mich doch gleichzeitig zurück.«

Schon am nächsten Tag fuhr Ernst Cramer weiter zur Tabakfarm in Virginia, wo auf die jüdischen Einwanderer Arbeit wartete. Die Fahrkarte hatte Cramer von einer Hilfsorganisation erhalten. Auf der Reise mit einem Greyhound-Bus machte der Neuankömmling eine erste unerwartet unangenehme Erfahrung. Cramer setzte sich in eine der hinteren Reihen, da es vorne ziemlich voll war. Es ging zunächst über Philadelphia und Baltimore. In der Hauptstadt Washington aber forderte ihn ein Angestellter der Busgesellschaft ziemlich barsch auf, vorne im Fahrzeug Platz zu nehmen. Auf seine Frage »Warum?«, erklärte der Angestellte lakonisch, wir kämen jetzt in den »Süden«, und da müssten Weiße vorne, aber die farbigen Passagiere – er gebrauchte einen anderen Ausdruck, der heute nicht mehr verwendet wird – hinten sitzen. Ernst Cramer nahm also einen der vorderen Sitze ein und verstand die Welt nicht mehr: »Vor wenigen Tagen erst war ich einer Rassenverfolgung entflohen. Jetzt – im gelobten Land der Freiheit – fand ich wieder einen, wenn auch weniger gefährlichen, Rassenwahn und gehörte ganz automatisch der bevorzugten Gruppe an; daran konnte ich mich nie gewöhnen.«

Auf der Farm wurde er sofort zum Entlausen der Tabakpflanzen eingeteilt. Bei der Arbeit auf den Feldern wurden die Flüchtlinge von sogenannten tenant farmers unterstützt, das waren Pächter, die für ihr Land nichts zahlen mussten und konnten – und stattdessen ihre Arbeitskräfte zur Verfügung stellten. Auf Cramers Farm war das eine »bigotte, bitterarme weiße Familie«; auf benachbarten Gütern arbeiteten auch farbige Pächter.

Bereits nach kurzer Zeit nahm Cramer ein paar Tage frei und fuhr – wieder in einem Greyhound-Bus – Richtung Houston in Texas. Dort lebte seit einiger Zeit seine Schwester Helene; außerdem wohnten dort auch Brüder seines Großvaters. Der

Trip war kein normaler Verwandtenbesuch. Cramer hegte die Hoffnung, sie überreden zu können, für seine Eltern ein Affidavit, also das notwendige Einwanderungspapier, zu beantragen. Oder wenigstens Geld geliehen zu bekommen, mit dem er die Eltern und den Bruder vielleicht aus Deutschland herausbringen konnte. Bei einem Halt in Montgomery (Alabama) – es war der 24. August 1939 – erfuhren die Passagiere, dass Nazideutschland und die Sowjetunion einen Nichtangriffspakt unterzeichnet, dass die Erzfeinde Adolf Hitler und Josef Stalin zusammengefunden hatten. »Mir war sofort klar, dass das zu einer neuen Teilung Polens, zu einem Krieg in Zentraleuropa führen würde«, erinnerte sich Cramer.

Bei seinen Verwandten traf er auf viel Mitgefühl, aber wenig Hilfe. Man wollte ihn allerdings mit einer, wie Cramer fand, nicht sehr attraktiven jungen Frau verkuppeln und konnte nicht verstehen, dass er nicht »anbiss«. Stattdessen hörte Cramer zwei ältere Damen plappern: »Der Junge aus Deutschland hat keinen Pfennig Geld, und Lea« – so hieß das Mädchen – »ist doch ziemlich gut situiert; schließlich ist das alles, was zählt.«

Wenige Tage später reiste Ernst Cramer erneut. In der Tasche hatte er einen Busfahrschein, dessen Kosten sein Arbeitgeber vorgestreckt hatte, sowie seine ganze Barschaft – von der beim Stopp in Montgomery nach dem Kauf einer Zeitung sechs Dollar und 77 Cents übrig blieben. Sie wartete mit einer Sensation auf:

Ein kleiner Zeitungsjunge hielt mir das Blatt entgegen, die erste Zeitung auf rosa Papier, die ich je gesehen hatte. Zunächst konnte ich nur diese Balkenüberschrift »Krieg in Europa« lesen. Ich kaufte natürlich, genau wie all die anderen, Schwarze und Weiße, die mit mir aus dem Bus gestiegen waren. Die Zeitung kostete drei Cents. [...]
Die muffige Luft aus dem Omnibus vermischte sich mit der durch die Nacht kaum abgekühlten staubigen Asphalthitze vor dem Depot. Zwanzig Minuten Aufenthalt sollte es hier geben auf der Fahrt von Virginia nach Louisiana. Aber keiner hastete zur Frühstückstheke oder in die Waschräume. Alle starrten gebannt auf die Zeitung. »Um 4:45 Uhr MEZ«, hieß es da, »haben deutsche Truppen die polnische Grenze überschritten«. Frankreich und Großbritannien hatten durch ihre Botschafter schärfstens protestiert, Amerika war besorgt und die Sowjetunion stand Gewehr bei Fuß. Ein kräftiger, übergroßer Neger in einem verschwitzten und verknitterten dunklen Anzug war es, der den Bann brach. »Damned« sagte er – und sah sich dann erschrocken im Kreis um, denn Fluchen in der Öffentlichkeit war in Alabama bei Strafe verboten, und derartige Verbote galten ganz besonders für Schwarze. Aber an diesem Morgen war das »Verflucht« allen aus der Seele gesprochen. [...]
Was ich denn von der ganzen Sache hielte, fragte mich ein neben mir stehender, weißhaariger Herr. Er musste seine Frage drei Mal wiederholen, weil ich das südstaatliche Englisch nicht verstand, aber auch weil der Pfriem im Munde des Fragers die Aussprache noch undeutlicher machte. Als ich anfing, meine Antwort zu stottern, unterbrach der Mann mich und sagte: »Mann, Sie sprechen ja mit einem

deutschen Akzent! Sind Sie etwa …?« Er führte den Satz nicht zu Ende, aber plötzlich drohten mich 20, 30 feindliche Augenpaare zu durchbohren. Ich schwieg, denn es war ja wahr, ich war ein Deutscher, wenn auch ein verfemter, ein verjagter. Hätte ich den Leuten meinen Pass zeigen sollen mit dem hineingestempelten »J« und dem Passfoto, das – kurz nach der Entlassung aus Buchenwald aufgenommen – mich mit glattrasiertem Schädel zeigte? Nein, ich schwieg.

Als wir wieder in den Bus stiegen, blieb der Platz neben mir leer. (NL Cramer)

Cramer arbeitete zwei Jahre auf dem Gut, eher er sich im September 1941 den Wunsch erfüllen konnte, der ihm in Deutschland verwehrt worden war: der Besuch einer Universität. Auch ohne Abitur fing er am Mississippi State College ein Landwirtschaftsstudium an. Geld verdiente er sich nebenbei mit Melken. In Mississippi galt die Rassentrennung besonders rigoros. Einmal hielt Cramer ein Referat über den Nationalsozialismus. Zum Schluss sagte er, Rassenverfolgung sei ein Unrecht, wo immer es geschehe. Nach seinem Vortrag sprach ihn ein weißhaariger Mann an – später erfuhr Cramer, es war ein Senator –, er sagte: »Eine recht schöne Rede, junger Mann; aber damit werden Sie in Mississippi nicht weit kommen.« Es dauerte noch fast sieben Jahrzehnte, so schrieb Cramer 2009 in einem Text über seine Flucht aus Deutschland, bis mit Barack Obama ein »Farbiger« Präsident der USA wurde.

Im Oktober 1941 rief der Englisch-Professor des Colleges Cramer zu sich. Kurz zuvor hatte der deutsche Student sich einen Rüffel geholt. Am Ende eines Vortrags über die Rassengesetzgebung in Deutschland hatte Cramer gesagt, dass er – bei aller Verschiedenheit der Fälle – über die Behandlung der »Farbigen« in seiner Umgebung erstaunt sei, und hatte verkündet, dass dies nicht ewig so bleiben könne. Im Jahre 1941 war so eine Äußerung im tiefen amerikanischen Süden beinahe ein Staatsvergehen.

Der Studentenausweis Ernst Cramers am Mississippi State College

Nun wollte der Professor mir ein Thema für einen bevorstehenden Semestertest geben. »Sie können«, meinte er, »als eine Art Wiedergutmachung für den Affront von voriger Woche einen Aufsatz über Preußen schreiben; über die ostpreußischen Junker, den Militarismus, den Chauvinismus, die Fortschrittsfeindlichkeit, den Kadaver-Gehorsam, über alles, das schließlich zum Nationalsozialismus führte.« »Aber der Nationalsozialismus ist keine preußische, sondern eine deutsche Verirrung; und über Preußen lässt sich nicht nur Schlechtes sagen«, war meine Antwort. Mit den Worten »Sie bekommen ein ›F‹ (die schlechteste Beurteilung), wenn ich in Ihrer Arbeit auch nur ein gutes Wort über Preußen finde«, wurde ich entlassen. Ich schrieb den Aufsatz, so, wie ich ihn für richtig hielt, denn ich verließ mich trotzdem auf die Korrektheit meines Lehrers. Natürlich brandmarkte ich alle angeblich als besonders preußisch angesehenen schlechten Eigenschaften. Ich flocht ein, dass die Nationalsozialisten selbst mit dem Satz, dass alles, was der König (Friedrich II.) eroberte, der Fürst (Bismarck) gestaltete, der Feldmarschall (Hindenburg) verteidigte, nun der Führer (Hitler) gerettet habe, die Verdammung Preußens bestärkten. Ich sprach die Vielzahl der Gutsbesitzer im deutschen Osten an, welche die Weimarer Republik gehasst, aber ihre Gelder begierig eingesteckt hatten. Ich erinnerte aber auch daran, dass sowohl die »Hauptstadt der Bewegung« (München) als auch die »Stadt der Parteitage« (Nürnberg) nicht in Preußen lagen, ja dass der Nationalsozialismus generell in Bayern seinen Siegeszug begonnen habe. Zudem schrieb ich, dass Preußen auch seine guten Seiten habe. Ich erinnerte an das Wort Friedrichs II., dass jeder Mensch nach seiner Façon selig werden solle, an die wirtschaftlichen, wissenschaftlichen und dichterischen Leistungen, an die vorbildliche Verwaltung. Kurz: Ich wiederholte, der Nationalsozialismus sei nicht ein preußisches, sondern ein deutsches Übel, und es gäbe in Berlin, Breslau und Königsberg neben widerlichen auch – leider viel zu wenige – großartige Menschen. Vier Tage später bekam ich meine Arbeit zurück. Die Benotung war »A«. Der Professor rief mich in sein winziges Amtszimmer und sagte nur: »Sie haben mir ein Vorurteil geraubt; dafür danke ich Ihnen.« Ich aber hatte eine Lektion in Fairness erhalten. (WELT v. 9. März 2007)

Doch Cramers Stimmung blieb trotz so positiver Erlebnisse getrübt. Das zumindest legt ein Rundbrief Curt Bondys nahe, der inzwischen auch in Richmond, Virginia lebte. Er zeichnete ein düsteres Bild, machte aber zugleich Mut, Kraft aus den Erfahrungen zu ziehen und appellierte an seine »Technik der Bewusstwerdung«. Er bezog sich bei seinen Schilderungen auf einen Bericht, den er von Ernst Cramer erhalten hatte:

Gerade in den letzten Monaten habt Ihr in Euren Berichten über Euer Leben und Eure Arbeit viele grundsätzliche Fragen aufgeworfen: Fragen der Lebensführung, über persönliche und allgemeine Aufgaben, den Sinn eines weitem Zusammenhaltens der G.B'er, den Rundbrief, die Auflösung Hyde Farmlands, usw. Unsere Menschen machen fast überall die grausige Erfahrung, dass sie nicht so aufgenommen werden, wie sie es gewünscht und erwartet hatten. Man lässt sie spüren, dass sie Neulinge sind, dass sie aus Deutschland kommen und oft auch, dass sie Juden sind. Viele von uns wurden irgendwo als Deutsche interniert, nachdem man uns in Deutschland als Juden ins Konzentrationslager gesteckt hat. Im Allgemeinen liebt man uns als Juden nicht, ist misstrauisch gegen uns, wittert fifth columnists, fürchtet unsere Konkurrenz und lässt uns fühlen, dass wir ungern gesehene Gäste sind. Mehr oder weniger erlebt das jeder von uns. Es kommen immer wieder Zeiten, in denen die Menschen, die viel Schweres erleben, müde, verbittert und hoffnungslos werden. […]

Wir können nicht die äußeren Verhältnisse, unter denen wir im Allgemeinen zu leben haben, ändern. Wir können Misstrauen gegen Fremde, die wirtschaftlichen und politischen Verhältnisse, Deutschenhass und Antisemitismus nicht grundsätzlich ändern. Dazu ist keiner von uns imstande. Niemand ist politisch ohnmächtiger als der Emigrant. Es hat auch keinen Zweck, die tatsächlichen Schwierigkeiten verkleinern zu wollen, indem man sagt: Es ist ja nicht so schlimm, es erscheint Dir nur so, usw. Das ist Unsinn, und damit hilft man niemandem. Im Gegenteil: Wir müssen uns mit völliger Klarheit unsere allgemeine und unsere spezielle Lage bewusst machen, müssen uns klar darüber sein, was es heißt, entwurzelt, vereinzelt und fremd, d.h. Emigrant zu sein. Ich glaube, dass uns hier unsere Technik der Bewusstmachung mächtig helfen kann. Wenn ich etwa weiß und mich darauf einstelle, dass ich in Gefahr bin, dass ich bekämpft werde, dass ich mit Misstrauen zu rechnen habe, dann ist diese Klarheit, diese Bewusstheit, diese Bereitheit ein ganz wichtiges, wenn nicht überhaupt das wichtigste Mittel, den Schwierigkeiten gewachsen zu sein. Anders geht es nicht, und wer diese Klarheit nicht hat, wird immer wieder auf jeden neuen Angriff gegen sich selbst oder generell gegen Juden und Fremde mit Depression, Mutlosigkeit und Verzweiflung reagieren. (11. Rundbrief an die alten Groß Breesener v. Oktober 1941)

Der Angriff der mit Deutschland verbündeten Japaner auf die US-Pazifikflotte in Pearl Harbor auf Hawaii am 7. Dezember 1941 erschütterte jeden Bewohner der USA. Am 8. Dezember erklärte das Land Japan offiziell den Krieg, vier Tage später konterten Deutschland und Italien, die von dem Angriff ebenfalls überrascht worden waren, mit ähnlichen Erklärungen gegen die USA, die danach offiziell in den europäischen Teil des Kriegs eintraten. Ernst Cramer, der das Geschehen aufmerksam beobachtete, fasste daraufhin einen ungewöhnlichen Entschluss, »die schwierigste, die bitterste Entscheidung meines Lebens«, wie er 40 Jahre später schrieb:

Ich meldete mich freiwillig bei der amerikanischen Armee, um gegen mein Geburtsland zu kämpfen. Mir war klar, dass es binnen Tagen zum Kriegszustand zwischen den Vereinigten Staaten und Deutschland kommen musste.
Ich studierte damals an einer Hochschule im Staate Mississippi. Wie alle in Amerika

lebenden jungen Männer war ich für den Militärdienst registriert worden. Meine Einberufung war aber nicht akut, denn die Studenten der Landwirtschaft wurden in jenen Jahren automatisch zurückgestellt. Ich aber bat meine Musterungsstelle, mich dennoch kurzfristig einzuberufen.

Was war geschehen? Wieso war ich überhaupt in Amerika?

Als Jude hatte ich Deutschland verlassen müssen. Erst nach der Verhaftung in der »Kristallnacht« und dem darauffolgenden KZ-Aufenthalt ging ich fort. Zu spät, um den zurückgebliebenen Teil meiner Familie noch zu retten.

Aber nicht so sehr das Schicksal meiner Familie war es, das mich damals zu dem unter normalen Umständen unerhörten Entschluss brachte, gegen mein Vaterland kämpfen zu wollen. Um dieses Vaterland selbst ging es mir.

Ich konnte den Gedanken nicht ertragen, dass Deutschland vielleicht auf lange Zeit ein Land bleiben könnte, in dem Unrecht und Verbrechen regieren; dass das Land Goethes, Mendelssohns und Rilkes, das auch mein Land war, sich selbst auf Ewigkeit zu einem Land der Barbaren machen könnte.

Durfte ich den Kampf um die Wiederherstellung von Freiheit, Gerechtigkeit und Menschenwürde in meinem Heimatland nur anderen überlassen? Nein, dies war mein Kampf, entschied ich damals, und rückblickend meine ich: zu Recht. (WELT v. 8. Dezember 1981)

Cramers Entscheidung, dabei sein zu wollen, »wenn in Deutschland dem national-sozialistischen Spuk, richtiger gesagt dem Terror, ein Ende bereitet würde«, wie er 2003 formulierte, sorgte Ende 1941 für Aufmerksamkeit in seiner Umgebung. Der Lokaljournalist Arthur Harned befragte den Immigranten nach seinen Motiven und berichtete darüber in einem Artikel unter der ausufernden Überschrift, dass der deutsche Flüchtling wieder unterwegs sei, dieses Mal in der amerikanischen Armee. Cramer verlasse das College am Ende des Semesters, »um der Armee beizutreten, weil er die Demokratie liebt und sie für sein Volk wünscht«. Im Text hieß es:

Für Ernest Cramer ist es wieder eine Odyssee. Für diesen Flüchtling aus dem Deutschland der Unterdrückung und Intoleranz, der in der letzten Woche in die Armee der Vereinigten Staaten eingezogen wurde, um seinen Teil dazu beizutragen, seine Landsleute von den Schrecken zu befreien, vor denen er selbst Zuflucht fand. Nach der Kriegserklärung von Präsident Roosevelt kontaktierte Ernest das Rekrutierungsbüro in Virginia und erhielt einen Freiwilligenantrag, den er nach Erhalt unterschrieb. Er ist letzten Donnerstag nach Nottoway, Virginia, aufgebrochen, allerdings weiß er nicht, wohin er geschickt werden soll. Wenn möglich, möchte er bei einer mechanisierten Einheit eingesetzt werden.

Seine Dienste zu dieser Zeit anzubieten, war für Ernest kein einfaches Opfer. Hier fand er das, was er so lange wollte, um seine Ausbildung in einer Landwirtschaftsschule fortzusetzen. Er hätte ohne Unannehmlichkeiten seinen Abschluss machen können. Aber das muss später kommen; es gibt einen Krieg, der zu gewinnen ist. Seit seiner Ankunft hier im letzten Herbst lebt Ernest mit Miss Nannie Rice, der College-Bibliothekarin, in ihrem Haus »Meadow Woods«. Miss Rice verkörpert für ihn die »wahre Südstaaten-Lady«.

Ernest war ein großartiger Schüler. Er absolvierte erfolgreich alle seine Prüfungen, die Kurse, die ihm am meisten lagen, waren Genetik und Bakteriologie. Aber auch in den anderen Fächern war er gut. Er schätzte die Möglichkeiten auf dem Campus und äußerte sich »zufrieden mit der Einstellung der Studenten und Professoren ihm gegenüber«. Was er nach dem Krieg tun wird, weiß Ernest natürlich nicht. »Es gibt zwei Möglichkeiten für mich«, sagt er, »eine, sich auf einer Farm mit ein paar Hühnern und Kühen niederzulassen, und die andere, zurückzukehren, wo Hilfe gebraucht wird. Möglicherweise brauchen sie nach dem Krieg in Europa mehr ausgebildete Männer als in Amerika. Ich habe vor, hier zu bleiben, aber ich kann wirklich nicht sagen, was passieren wird. Demokratie ist die einzige Form der Regierung für mich. Nachdem wir gesehen haben, wie es funktioniert, wäre es gut, wenn wir zurückkehren und sie in den europäischen Ländern demonstrieren könnten. Wir kämpfen einen Krieg, aber es sind in Wirklichkeit zwei. Im Kampf gegen Japan sind wir gegen das Volk von Hirohito; aber im Krieg mit Deutschland kämpfen wir dafür, ein Volk wieder für unsere Lebensweise zu gewinnen.«

Ernest glaubt, dass es lange dauern wird, den Geist der deutschen Jugendlichen zu verändern, die seit so vielen Jahren von den Idealen des Hitlerismus befallen sind. »Die Nazi-Propaganda ist allem überlegen, was ich je gesehen habe. Sie hätten sehen sollen, wie die Propagandamaschine die Menschen auf diesen Konflikt und alles andere, was Hitler plant, vorbereitet hat. Aber die Deutschen kämpfen nicht gern in ihrer eigenen Heimat, und wenn der Krieg dort stattfindet, werden sie aufgeben.«

So hat sich Ernest Cramer verpflichtet, für eine bessere Welt zu kämpfen, die alles an dem Gutem im Menschen hervorbringt, der versucht, eine Welt frei von Vorurteilen und Tyrannei zu schaffen, in der man keine Zuflucht vor Hass braucht. (NL Cramer)

Cramer selbst begründete seinen Schritt zu Beginn der 1990er-Jahre in Interviews, er habe das Gefühl gehabt, dass dies »sein Krieg« sei. Zur Lage in Deutschland meinte er: »Diese Leute haben mich rausgeschmissen …, und jetzt kämpfen alle möglichen anderen Menschen, (zufällig) einige von ihnen Amerikaner, für den Wiederaufbau der Demokratie in diesem Land. Es ist genauso einfach wie das, sagte ich mir selbst. Ich kann nicht mehr Landwirtschaft studieren. Dieser Krieg, ich muss dabei sein.«

Anfang 1942 wurde Ernst Cramer in die amerikanische Armee aufgenommen; die folgenden Monate verbrachte er in Ausbildungslagern. Dort erhielt er im Mai 1943 von einem Freund einen im mexikanischen Exil geschriebenen Artikel des Schriftstellers Alfred Kantorowicz, den Cramer als Autor kannte. Darin wurde an die Bücherverbrennungen erinnert, »durch die zehn Jahre vorher in Deutschland die Freiheit des Wortes – und damit die Freiheit generell – ausgerottet, eben verbrannt werden sollte«. Die ein »Verrat am eigenen Geist und am akademischen Selbstverständnis« war, den ein Großteil der deutschen Intelligenz in jenen Tagen beging. Für Cramer, inzwischen amerikanischer Staatsbürger, war der Artikel eine schmerzhafte Erinnerung. Doch sie dürfte ihn – als weiteren kleinen Baustein – in seinem Entschluss bestärkt haben, als Soldat gegen Deutschland zu kämpfen.

Ganz plötzlich erwachten in dem Schulungslager im tiefsten amerikanischen Mittelwesten jene Tage der deutschen Schande im Jahre 1933 auch wieder in meinem Gedächtnis: Es war am Morgen des 11. Mai gewesen. Wir saßen in meinem Elternhaus in Augsburg recht betroffen am Frühstückstisch. Über den Rundfunk hatten wir am Abend vorher gehört, dass auf dem Münchner Königsplatz Studenten Bücher, die den Nationalsozialisten ein Dorn im Auge waren, verbrannt hätten. Im Lokalblatt fanden wir die freudig begrüßte Information, dass auch in anderen deutschen Universitätsstädten Bücher öffentlich verbrannt worden seien. Voller Begeisterung wurde von einer Art Zentralveranstaltung in Berlin berichtet, bei der Joseph Goebbels die Hauptfigur gewesen sei. […] Die Bücherverbrennungen, besonders die in Berlin, gehören zum Makabersten, was sich in der deutschen Geistesgeschichte je abspielte. In schauerlicher Feierlichkeit und mit unheimlicher Pose wurden nach der hasserfüllten Goebbels-Rede von Studentenführern Bücher nach sogenannten Feuersprüchen in die wegen des Regens nur spärlich lodernden Flammen geworfen. Der erste hochtrabende Aufruf lautete: »Gegen Klassenkampf und Materialismus, für Volksgemeinschaft und idealistische Lebenshaltung! Ich übergebe den Flammen die Schriften von Marx und Kautsky«. Danach kam der zweite Ruf, nach dem die Werke von Heinrich Mann, Ernst Glaeser und Erich Kästner auf den Scheiterhaufen geschleudert wurden. Sieben weitere folgten. Dabei wurden namentlich der Pädagoge Friedrich Wilhelm Förster, der Psychologe Sigmund Freud, die Schriftsteller Emil Ludwig, Werner Hegemann, Erich Maria Remarque, Kurt Tucholsky und Carl von Ossietzky sowie die Journalisten Alfred Kerr und Theodor Wolff genannt. »Der Abschaum des deutschen Geisteslebens« hieß es damals. In Wirklichkeit war es die Elite. (WELT v. 10. Mai 2003)

Nicht alle der am 10. Mai 1933 verfemten Autoren konnten fliehen. Einige wurden Opfer des nationalsozialistischen Wahns. »Die Feuer, die an jenem Tage entzündet wurden, gingen noch lange nicht aus. Sie brannten später in den Öfen von Auschwitz und Majdanek. Sie loderten in den bombardierten Städten, Rotterdam und Coventry zuerst, dann Hamburg, Berlin, Würzburg und – am schlimmsten – Dresden«, erinnerte Ernst Cramer. Und sie drohten ganz Deutschland zu zerstören, so wie ihre Urheber geschworen hatten, den angeblichen deutschen Ungeist zu vernichten. »Die Todesurteile gegen den Geist«, schrieb Kantorowicz 1943, »waren in absentia vollstreckt worden«. Die »große Tradition der deutschen Literatur« sei aber übernommen worden »von der Literatur der deutschen Emigration«. Dem stimmte Cramer zu, und: »Heute kann man mit Dankbarkeit und Stolz sagen: Nach dem Krieg haben diese Literatur und die Freiheit, die sie braucht, um leben und wirken zu können, auch in Deutschland wieder einen festen und geachteten Standplatz erhalten. Heine, die Brüder Mann und auch Tucholsky sind heimgekehrt.«

Im Frühjahr des Kriegsjahres 1944 näherte sich Ernst Cramers Einsatz in Europa. In Camp Sharpe nahe Gettysburg, wo im amerikanischen Bürgerkrieg 1863 die entscheidende Schlacht zwischen Nord- und Südstaaten stattgefunden hatte, war ein »merkwürdiger Mischmasch von Kriegern« – so Cramer – versammelt worden: auf der einen Seite reguläre Soldaten, Funktechniker und Radio-Gerüstbauer, auf der anderen Seite Deutsch sprechende Schriftsteller, Journalisten und Studenten. Chef der Truppe war First Lieutenant Hans Habe; der sollte eine Einheit schaffen, die den deutschen Propagandakompanien (PK) ähnelte. Habe, dessen Familie nach dem Ersten Weltkrieg aus Ungarn nach Wien gekommen war, hatte ab 1930 als Journalist in der österreichischen Hauptstadt gearbeitet, wo er in einem Artikel den bisherigen Werdegang Adolf Hitlers veröffentlichte und sich damit den Hass der Nationalsozialisten zugezogen hatte. Habe schrieb als Völkerbundkorrespondent aus Genf und debütierte mit seinem Roman »Drei über die Grenze« als Schriftsteller. Nach dem Anschluss Österreichs an das Deutsche Reich im März 1938 wurde er als einer der Ersten ausgebürgert und seine Bücher verboten. Habe floh mit seiner Frau ins Exil nach Frankreich, meldete sich dort als Kriegsfreiwilliger und kämpfte gegen die Wehrmacht. Am 21. Juni 1940 wurde er gefangen genommen, konnte aber mithilfe französischer Freunde fliehen. Zusammen mit seiner Frau rettete er sich nach Portugal und konnten von dort Ende 1940 in die USA weiterreisen. Ihre Flucht inspirierte Habes Freund Erich Maria Remarque zu seinem Roman »Die Nacht von Lissabon«. Habe selbst verarbeitete seine Erfahrungen im Frankreichfeldzug 1940 in dem Roman »Ob Tausend fallen«.

In den USA meldete sich der Journalist und Autor erneut freiwillig zum Kampf gegen das nationalsozialistische Deutschland. Er wurde 1942 eingezogen und Mitglied des militärischen Geheimdienstes. Im »Military Intelligence Training Center« in Camp Ritchie, Maryland, erhielt Habe eine Ausbildung in psychologischer Kriegsführung und wurde mit der Propaganda-Einheit »1st Mobile Radio Broadcasting Company« im März 1943 nach Nordafrika gebracht. Von dort aus nahm er an der Invasion in Italien teil. 1944 kehrte er als Ausbilder in psychologischer Kriegsführung in das Camp Sharpe in Gettysburg zurück.

Dort übernahm er eine Abteilung innerhalb der Stabsgruppe für Propaganda und psychologische Kriegsführung der 12. Armeegruppe, die deutsche Zeitungen herausgeben sollte. Für diese Aufgabe suchte er eine Reihe deutschstämmiger Mitarbeiter aus, darunter den Schriftsteller Stefan Heym, Konrad Kellen, den Ex-Sekretär von

Ernst Cramer in der Uniform der US Army, 1942

Cramers Erkennungsmarke als GI

Thomas Mann, dessen Sohn Klaus Mann oder Hans Wallenberg, Sohn des ehemaligen »B. Z. am Mittag«-Chefredakteurs – und eben Ernst Cramer.

Der schilderte 1977 in seinem Nachruf auf Hans Habe ihr Kennenlernen im Frühjahr 1944 im Ausbildungslager:

Ich trug die grünliche Uniform eines enlisted man, GI-issue. Er war Oberleutnant. Seine Uniform war maßgeschneidert, Hemd und Krawatte waren aus Seide. »In Ihren Papieren steht«, sagte er, »dass Sie sich freiwillig gemeldet haben. Warum?« Ich war erstaunt. Zum ersten Mal stellte mir ein Vorgesetzter diese Frage. »Vor Ihnen steht ein in Deutschland geborener Jude«, antwortet ich schließlich. »Ist das nicht Grund genug?« »Ich verstehe vollkommen«, meinte Hans Habe daraufhin, plötzlich vom Englischen ins Deutsche überwechselnd.
Dann erzählte er von sich selbst, von seiner Jugend, von seinen journalistischen und schriftstellerischen Erstlingstaten, von seiner Zeit in der französischen Armee und schließlich von seinen Erfahrungen als amerikanischer Soldat in Nordafrika. Dann kam unvermittelt eine Frage: »Ich bin ja nie ein deutscher Staatsbürger gewesen. Aber wie ist es denn, wenn man gegen sein altes Vaterland kämpft?«

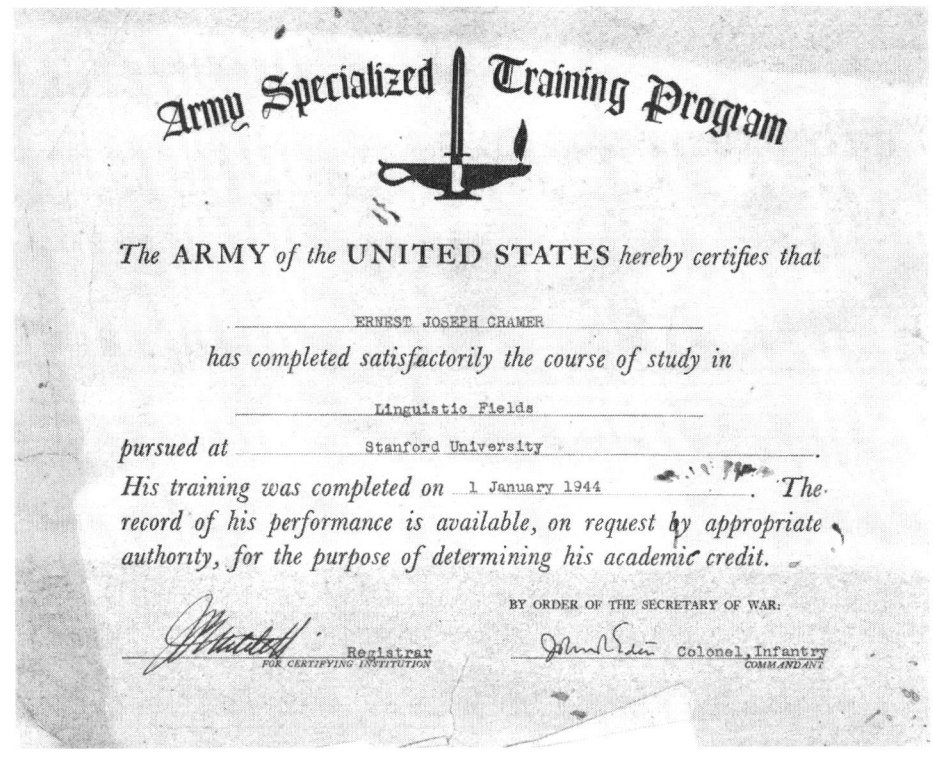

Das Zertifikat von Cramers Ausbildung bei der US Army

Wir unterhielten uns lange und diese Unterhaltung wurde die Basis einer Freundschaft, die von Dauer war. Er hatte meine Formel akzeptiert, dass ich um Deutschland willen gegen Deutschland kämpfen wollte. (NL Cramer)

Zwischen den Deutschen und den regulären US-Soldaten gab es im Ausbildungslager oft Zwist. Einen schilderte Cramer; er war dabei die Hauptperson:

Als eines Tages ein Techniker, der gerade von dem etwa 50 Meter hohen, selbst erbauten Funkgerüst herabgestiegen war, hämisch rief: »Da traut sich natürlich keiner von Euch Eierköpfen hinauf!«, platzte mir der Kragen. »Wetten wir einen Kasten Bier, dass ich da problemlos emporkraxle?«, reizte ich den Spötter. Siegesgewiss nahm er die Wette an. Ich aber begann wortlos hinaufzuklettern. Zuerst war Stille. Als ich etwa 20 Meter hochgeklommen war, riefen etliche untenstehende Soldaten: »Komm wieder runter!« Denn es war natürlich allen, außer den Technikern, streng verboten, den wackligen Radioturm zu besteigen. Ich tat, als höre ich nichts, und machte zügig weiter. Selbst der Mann, der durch seinen Spott mein Unterfangen veranlasst hatte, rief: »Du hast die Wette gewonnen; klettere also nicht weiter ›rauf!‹« Doch erst nachdem ich ganz oben war, kehrte ich um.

Inzwischen hatten sich etliche Offiziere zu den Soldaten am Fuß des Funkturms gesellt, darunter auch Hans Habe. Dieser rief, wie immer nicht ganz akzentlos: »Sergeant Cramer! Sie haben da oben nichts zu suchen! Kommen Sie sofort in mein Büro!« Nachdem ich wieder unten war, klopfte mir mein Widersacher knurrig auf die Schulter und sagte: »Du hast gewonnen.« Ich zog schnell meine Ausgehuniform an und begab mich, meine Strafe erwartend, ins Hauptquartier. Der Unteroffizier im Vorzimmer meinte: »Habe ist ganz schön sauer.« Als ich in den Dienstraum trat, schnarrte dieser: »Türe zu!« Aber als wir allein waren, wechselte er plötzlich vom Englischen ins Deutsche, kam mit ausgebreiteten Armen auf mich zu und rief strahlend: »Prima, Ernie! Diesen Dämpfer haben die arroganten Flegel wohl verdient.« Und er erzählte mir, wie schwierig es sei, einen Haufen so verschiedenartiger Menschen zu einer soldatischen Einheit zu machen.

Von diesem Tag an waren wir befreundet und blieben es bis zu seinem Tod. Natürlich war mir der Schriftsteller Hans Habe schon ein Begriff, ehe er mein Vorgesetzter wurde. Nachdem Thomas Mann im Jahre 1941 zu Habes »Ob Tausend fallen«, dem Bericht über den Frankreich-Feldzug 1940, gemeint hatte: »Ihr Buch wird bleiben«, gehörte auch ich zu den beeindruckten Lesern. Den amerikanischen Captain Habe traf ich bei einer Kriegsgefangenen-Befragung in Frankreich wieder. Wir begegneten uns auch später, als er in den letzten Kriegsmonaten über Radio Luxemburg nichts weiterverbreiten ließ als die Wahrheit, die in Nazi-Deutschland unterdrückt war. »Verkündet keine pro-amerikanische Schönfärberei, sondern nichts als die Wahrheit«, war auch Habes Devise, als er mit einem ausgesuchten Team in den von den

Amerikanern eroberten großen deutschen Städten insgesamt 18 Zeitungen gründete. (WELT v. 29. September 2007)

Anfang Juni 1944 gehörte Ernst Cramer zu den amerikanischen, britischen und kanadischen Truppen, die in der Normandie landeten. Während sich viele Veteranen in den Erinnerungen an die ersten Tage der alliierten Invasion auf die schweren Gefechte und hohen Verluste konzentrierten, blieb Cramer eine Episode am Rande im Gedächtnis:

Der »Längste Tag« war vorbei; die erbittertsten Schlachten mit den schweren Verlusten auf beiden Seiten waren geschlagen. Mindestens sechs rapide wachsende Brückenköpfe waren an der normannischen Küste fest in den Händen der alliierten Truppen. Es war »D + 2«, der dritte Tag nach dem blutigen ersten Angriff. Meine Einheit überquerte den Ärmelkanal in einem der unzähligen Truppenschiffe. Die letzten Meter wateten wir durch die Brandung an Land. Ich war froh, wieder auf dem europäischen Kontinent zu sein; schließlich war ich mit der Hoffnung Soldat geworden, ein wenig zur Wiedererlangung der Freiheit im Land meiner Geburt beitragen zu können. An der Küste wurde nicht mehr geschossen – die Verteidiger waren gefallen, gefangen oder geflohen. Aber wir mussten auf der Wacht sein; stündlich rechnete man mit einer Gegenoffensive. Wir waren in Frankreich, an jenem Strand, der als »Omaha Beach« berühmt werden sollte. Der Lärm war fast unerträglich. Da war der pausenlose Donner der über unsere Köpfe hinbrausenden Geschosse von den Schiffen auf dem Kanal und den deutschen Stellungen landeinwärts.
Fast noch lauter aber war das unaufhörliche Blöken, ja Schreien vieler Kühe. Die Normandie ist Milchwirtschaftsgebiet, und die Kühe waren wegen der Kämpfe zwei Tage nicht gemolken worden. Ihre Euter waren prall; das musste fürchterlich schmerzen. Ehe wir noch Schützengraben buddeln oder gar Zelte aufbauen konnten, fragte deshalb unser Feldwebel wie üblich grell: »Kann einer von euch melken?« Als Einziger meldete ich mich. Auf den Befehl »Melke diese brüllenden Viecher!« hin begann ich, eine blökende Kuh nach der anderen zu melken. Sobald der Druck in ihren Eutern nachließ, hörten sie mit Brüllen auf und bedankten sich mit einem sanften: »Muh!« Das ging so fast zwei Tage lang. Die Milch floss in die Stahlhelme meiner Kameraden; in der Feldküche wurde sie dann zu unerwarteten Leckerbissen verarbeitet. Statt, wie ich erwartet hatte, den Menschen die Freiheit zu bringen, begann für mich der Feldzug damit, Kühe von ihren Schmerzen zu befreien. Aber auch das habe ich nie bereut. (WELT v. 5. Juni 2004)

Die ersten Wochen auf dem europäischen Kontinent waren angefüllt mit Arbeit. So fiel der Bericht an die anderen »Groß Breesener« in einem Rundbrief auffallend kurz aus. Cramer verfasste ihn im August 1944 und beschrieb darin seine Begegnung mit der französischen Resistance:

Das Leben hier ist extrem interessant. Von außen her wirkt der Krieg eher wie ein wiederbelebter spätmittelalterlicher Bürgerkrieg als ein moderner Krieg. Die Maquis- oder auch Männer der anderen Widerstandsgruppen laufen in provisorischen Uniformen herum, eine Mischung aus Militär- und Zivilbekleidung. Sie tragen verschiedenste Arten von Waffen, von amerikanischen Karabinern über deutsche Maschinengewehre bis hin zu russischen Scharfschützengewehren. Sie fahren in Jeeps herum, Volkswagen oder auch alles andere, was Räder besitzt. Draußen in den Wäldern reiten sie auf Pferden oder laufen, immer ruhelos und jede Chance nutzend, den Feind anzugreifen. Auch wenn sie dem Feind gegenüber oft in der Unterzahl sind, gleichen sie das mit ihrem unermüdlichen Eifer aus. (14. Rundbrief an die alten Groß Breesener v. November 1944)

Über seine Arbeit bei der Propagandaeinheit äußerte sich Ernst Cramer fast gar nicht; diese Zurückhaltung teilte er mit anderen Mitgliedern. Feind- oder Gegenpropaganda ist kein feines Geschäft, sondern eins, das mit allen psychologischen Tricks arbeitet. Allgemein gehörte es zu den Aufgaben der Propagandisten, Zeitungen und Flugblätter herzustellen oder Radiosendungen zu produzieren, um den deutschen Soldaten die Sinnlosigkeit weiterer Kämpfe zu verdeutlichen und sie zum Aufgeben zu bewegen. Sie sicherten auch eine faire Behandlung durch die Alliierten zu. In einer Rede 1995 in München ließ sich Cramer kurz auf das Thema ein:

Unsere Devise während des Feldzuges in Europa war, in diesen Flugblättern nur die Wahrheit zu sagen, echte und keine getürkten Informationen zu verbreiten. Offiziell bekamen die deutschen Soldaten während der letzten Phasen des Krieges nur die beschönigenden Berichte des OKW, des Oberkommandos der Wehrmacht, zur Kenntnis und die immer wieder den Endsieg versprechenden Durchhalte-Appelle des Ministers für Volksaufklärung, Joseph Goebbels. Von uns, d. h. von ihren Feinden, bekamen sie die Wahrheit aufgetischt. Davon wichen wir nie ab. Die Wahrheit war unsere beste Waffe. (NL Cramer)

Offensichtlich hatte die Abteilung damit durchaus Erfolg, denn bei gefangenen Wehrmachtsoldaten wurden Exemplare ihrer Flugblätter entdeckt. Cramers Einheit nahm auch an Kriegsgefangenenbefragungen teil, um deren Aussagen auf Plausibilität zu prüfen, oder Nutzen für die Gegenpropaganda daraus zu gewinnen. Als die Amerikaner weiter vorrückten, befreiten sie den Sender Radio Luxemburg, den die Männer Habes sofort nutzten.

Cramer bewahrte zahlreiche Propagandaflugblätter aus seiner Arbeit, aber auch von deutscher Seite auf: Man musste den Feind schließlich auch in dieser Hinsicht studieren. Eigene Flugblätter berichteten über den Alltag der gefangenen Deutschen in

Wer wird Deutschland wieder aufbauen?

Diese nicht

Diese bestimmt

Propagandaflugblätter
der US-Army, 1944

ES LIEGT AN DIR!

Die Führung **kann** Dich in den Einsatz zwingen, aber sie **kann** Dich **nicht** zwingen zu kämpfen!

Obwohl die Führung Dich als Kanonenfutter verwenden will, kannst Du die Gewalt unseres Angriffs, der zum sicheren Sieg führt, überleben.

Wenn Dein Abschnitt angegriffen wird, schiesse nicht, bleibe in geschützter Stellung bis die amerikanischen Soldaten nahe genug sind. Dann wirf Deine Waffen weg und stehe aufrecht, **ohne Helm und Koppel, Hände über dem Kopf, die Handflächen nach vorne.** Schwenke dieses Flugblatt oder sonst etwas Weisses und rufe:

„Ei Ssörrender"

Das bedeutet: „Ich ergebe mich"

Geistesgegenwart und schnelles Handeln sind Deine besten Waffen in der Verwirrung des Kampfes. Befolge diese Anweisungen und die angreifenden Truppen werden Dir helfen diese Verwirrung auszunutzen.

Nur auf diese Weise kannst Du, ebenso wie 1.000.000 Deiner Kameraden in unseren Kriegsgefangenenlagern, sicher sein, dass Du Deine Angehörigen so bald wie möglich nach Kriegsende wiedersiehst. Kriegsgefangene werden gemäss den Bestimmungen des Genfer Abkommens gut behandelt.

Unsere Soldaten kennen den Inhalt dieses Flugblattes. Sie werden dafür sorgen, dass Dein Wille zur Wirklichkeit wird.

═ ANGST? ═

Selbst diejenigen, deren Familien im noch unbesetzten Gebiet wohnen, brauchen Vergeltungsmassnahmen gegen ihre Familien nicht mehr zu fürchten. Bei der jetzt in Deutschland herrschenden Verwirrung kann die SS keine Anschuldigungen mehr nachprüfen, dass Du die Waffen niedergelegt hast.

PWB-53

amerikanischen Lagern. Sie würden dort vorbereitet, um nach dem Krieg »heim in die Heimat« zu kommen. Kriegsgefangenschaft sei kein Vergnügen, hieß es auf einem anderen Flugblatt. »Aber lieber Kriegsgefangener als tot.« Dann: »Warum sterben in den letzten Tagen des Krieges«, wurden deutsche Soldaten immer wieder gefragt. Auf weiteren Flugblättern wurde erläutert, wie man den Satz: »Ich ergebe mich!« auf Englisch ausspricht, nämlich: »Ei Ssörrender.« Je weiter die Front Richtung deutsche Grenze vorrückte, umso häufiger wurde die »deutsche Frau« angesprochen. Deutschland werde nun zum Kriegsschauplatz, hieß es da, um die Frage nachzuschieben: »Willst Du den Krieg im Land?« Auch der künftige Wiederaufbau spielte in den Propagandaschriften der Amerikaner eine Rolle. Die Frage »Wer wird Deutschland wieder aufbauen?« illustrierten zwei Fotos. Eines zeigte einen deutschen Soldatenfriedhof, darunter die Feststellung: »Diese nicht.« Auf dem anderen sah man Kriegsgefangene und die Versprechung: »Diese bestimmt.«

Wesentlich ausführlicher als über seine Propagandatätigkeit berichtete Ernst Cramer im September 1944 für den »Groß Breesener Rundbrief« über sonstige Erlebnisse in Frankreich. Die ersten Tage und Wochen waren, wie er schrieb, ziemlich unwirklich für ihn, und es dauerte einige Zeit, bis er sich an die Idee gewöhnt hatte, »dabei« und wieder auf dem europäischen Kontinent zu sein. Langsam bekam er jedoch das Gefühl, dass er sich genau an dem Ort befand, an den er gehörte. Das zeigen seine Begegnungen mit der französischen Zivilbevölkerung, mit Mitgliedern der Resistance und ehemaligen Gefangenen. Er, der Befreier, erlebte dabei durchaus humorvolle und bewegende Episoden. In einer kleineren Stadt wurde er von einer Gruppe kleiner Kinder aufgehalten, die »Guten Tag« sagen wollten. Händeschütteln reichte jedoch nicht aus, Cramer musste jeden von ihnen hochheben und küssen. »Bald wurde die Menge der Kinder immer größer, und es war wirklich ein Job.« Cramer ließ es sich nicht nehmen, eine der »küssbaren« jungen Frauen, die die Szene mit den Kindern beobachteten, auf gleiche Weise zu begrüßen.

In einem anderen Ort beruhigte er eine Gruppe aufgeregter Franzosen, die in einem Keller eine Kiste mit der deutschen Aufschrift »Achtung, Gefahr, Sprengstoff« entdeckt hatten. Beim genaueren Betrachten handelte es sich um einen Vorrat an Champagner, den Cramer den erleichterten Franzosen überließ. Als er einige Stunden später wiederkam, so Cramer augenzwinkernd, »erkannte ich, dass die Deutschen recht hatten, als sie auf den Karton ›Gefahr, Sprengstoff‹ schrieben.« Schließlich ließ er sich von einem alten Schlossgärtner die Blumenpracht auf dem Anwesen zeigen und war überwältigt, als der Mann ihm nicht nur für das Ende der deutschen Besatzung dankte, sondern sich davon nicht abbringen ließ, ihm einen riesigen Strauß mit rund 100 Blumen zu überreichen.

Die Schilderungen der Menschen über das Auftreten der Wehrmacht und ihr Hass auf Deutsche machten Cramer jedoch nachdenklich, wie er den anderen »Groß Breesenern« mitteilte. So beobachtete er mit seinem Konvoi einen Zug von Flüchtlingen, die ihre Häuser verlassen hatten und nun, nachdem die Deutschen abgerückt waren, in die teils zerstörten Orte zurückkehrten. Sie hatten ihre Kühe dabei und ein paar Dinge in Wagen, Schubkarren oder Körben. Diese Menschen wollten die Chance nutzen, wieder aufzubauen, was der Krieg zerstört hatte – in der Hoffnung, die auch in früheren Zeiten der einfache Mensch gehegt hätte, sich und seinen Kindern ein neues Leben zu gestalten, dachte Cramer und fühlte sich an ein Epos von Goethe erinnert; er hätte »in meinen Schuljahren« nie gedacht, dass er einmal eine Replik der Flüchtlingsgeschichte wie in »Hermann und Dorothea« sehen sollte.

Wenig später wurde Cramer Zeuge, wie Mitglieder der Resistance aufgegriffene Personen kontrollierten, um festzustellen, wer von ihnen mit den Deutschen kollaboriert hatte oder deren Opfer war. Die wirklich harmlosen wurden bald von den anderen getrennt, so Cramer, der unter den Kontrollierten senegalesische Soldaten, Nordafrikaner, spanische Loyalisten, Russen, Georgier, Polen und einen Jugoslawen ausmachte. Von den Gesprächen mit ihnen blieb Cramer das mit Letzteren in Erinnerung. Der Jugoslawe schilderte ihm, wie er den Deutschen entkommen sei, die ihn in eine Arbeitseinheit stecken wollten. Sein Vater habe mit Titos Partisanen gekämpft, sein Bruder sei während des kurzen jugoslawischen Feldzugs 1941 getötet worden, seine Mutter hätten Deutsche erschossen, weil ihr Mann zu den Partisanen gegangen sei. Er habe aus Rache für seine Mutter bereits viele Deutsche erschossen, behauptete der junge Mann »mit einem schrecklichen Schimmer in den Augen«, wie Cramer fand. Auch er sei ja bereit, zu schießen und jemanden zu töten, aber er fürchte, »was aus diesem jungen Menschen werden soll, sobald wir den Krieg vollständig gewonnen haben«.

Betroffen machte ihn eine nicht ungefährlich verlaufene Begegnung. Von französischen Widerstandskämpfern begleitet, sollte er in Frontnähe eine Patrouille treffen. Rechtzeitig entdeckten sie auf dem Weg deutsche Soldaten, die in einer Entfernung von etwa 200 Metern vorbeizogen, und gingen in Deckung. Plötzlich hörten sie das Geräusch trabender Pferde. Sie entsicherten ihre Waffen, doch aus dem Dickicht des Waldes kam die erwartete Patrouille. Als sie sich näherte, sah Cramer, dass sie von einem nur spärlich bekleideten Mädchen angeführt wurde:

Die Sonne hatte ihre Haut braun gebrannt wie die der anderen. Sie ritt auf uns zu wie eine Amazone aus einem Geschichtsbuch, und niemand kümmerte sich um ihr durcheinandergebrachtes Äußeres. Die Patrouille sagte uns, dass alles sicher sei, woher sie kamen. Als unsere Arbeit erledigt war, brachte uns das Mädchen zu einem anderen Ort. Wir haben dort einen toten Deutschen gefunden. Er muss in der Nacht getötet worden sein. Unerschrocken beugte sich das Mädchen herunter, nahm Jacke und Stiefel von der Leiche weg und kam zu uns zurück. […] Auf dem Rückweg sprach ich mit dem Mädchen. Sie ist eigentlich kein Mitglied des FFI (Resistance) – zumindest nicht der kämpfenden Gruppen. Aber sie hatte eine große Abneigung gegen die Deutschen, ihr Verlobter war gehängt und ihre Schwester an einen unbekannten Ort verschleppt

worden. Ab und zu half sie ihren Freunden bei Aktivitäten in dem ihr vertrauten Gelände. Ich sagte ihr, dass ich hoffen würde, die fände irgendwie wieder den Weg zurück in ein friedliches Leben. Sie lachte nur, aber wenige Sekunden später hatte sie Tränen in den Augen: »Glaubst Du wirklich, dass es eine friedliche Welt geben wird, ich meine wirklich?« Ich sagte aus eigener Überzeugung: »Ich weiß, dass es eine geben wird.«
(14. Rundbrief an die alten Groß Breesener v. November 1944)

Seine Eindrücke von der Landung in der Normandie und den ersten Wochen auf europäischem Boden schilderte Ernst Cramer Jahre später zum 60. Jahrestag in einem Interview der »WELT«:

DIE WELT: Herr Cramer, Sie haben Anfang Juni 1944, am dritten Tag nach dem D-Day, in US-Uniform das europäische Festland in der Normandie betreten. Was hat Sie damals am meisten beschäftigt?

Ernst Cramer: Für mich als amerikanischer Soldat lautete die wichtigste Frage: Gelingt die Invasion? Das war keineswegs selbstverständlich.

DIE WELT: Markierte der D-Day für Sie den Beginn eines Feldzuges gegen Deutschland – oder den Beginn der Befreiung?

Cramer: Als Deutschland im Dezember 1941 den USA den Krieg erklärte, lebte ich als Flüchtling, als »enemy alien«, in Amerika – vertrieben aus meiner Heimat. Ich wollte natürlich von Anfang an, dass Hitler diesen Krieg verliert, dass in Deutschland wieder normale, also demokratische und die Menschenrechte achtende Verhältnisse herrschen. Der Zweite Weltkrieg hat ja keineswegs die Demokratie in Deutschland neu eingeführt, sondern sie wiederhergestellt.

DIE WELT: Sahen das jene vielen Ihrer Kameraden ähnlich, die keinerlei Beziehungen zu Europa hatten?

Cramer: Nein. Dem »normalen« GI ging es nicht vorrangig darum, die Demokratie in Deutschland wiederherzustellen, sondern einfach zu siegen. Natürlich verbanden die früher aus Deutschland und Europa vertriebenen US-Soldaten mit diesem Krieg mehr als die in Amerika, meinetwegen im Mittleren Westen oder in Texas geborenen Männer. Trotzdem überwog bei den Emigranten keineswegs ein »europäisches« oder gar »deutsches« Bewusstsein. Dominierend war das Gefühl: Wir sind amerikanische Soldaten, wir haben die Pflicht, diesen Krieg zu gewinnen.

DIE WELT: Und das blieb bei Ihnen auch so?

Cramer: In der ersten Zeit schon, in den Monaten in Frankreich. Aber als ich dann zum ersten Mal wieder deutschen Boden betrat, übrigens bei Bitburg, da änderte sich mein Empfinden. Als ich schließlich im Frühjahr 1945 dann mit meiner Einheit durch Bayern zog, also die Landschaft meiner Kindheit und Jugend, da erfüllte mich ein neues Gefühl. Martin Luther King hat 1963 in ganz anderem Zusammenhang die Formulierung geprägt: »I have a dream!« Das beschreibt recht genau, was ich knapp

20 Jahre vorher auch spürte: Ich hatte damals den Traum, dass aus diesem zerstörten Land wieder das wird, was es einmal gewesen war und immer sein sollte: ein Land, das man wirklich lieben kann.

DIE WELT: Sie sind ein deutscher Patriot …

Cramer: … ich habe mich nie als Patrioten bezeichnet. Und tue das auch heute nicht. Denn wer sich selbst »Patriotismus« attestiert, hat meistens zu wenig davon; der hat es nötig. Für mich ist mein Bekenntnis zu diesem Land einfach selbstverständlich. Ich habe mich immer als deutscher Jude gefühlt; vor 1933 ebenso wie in den Jahren des NS-Regimes und in Amerika und heute, als alter Mann.

DIE WELT: Sie zogen in US-Uniform gegen Ihr Geburtsland Deutschland in den Krieg. Spürten Sie je einen Loyalitätskonflikt?

Cramer: Am 13. März 1943 bin ich amerikanischer Staatsbürger geworden. Und in der Nacht danach konnte ich nicht schlafen, was mir so gut wie nie passiert. Mich beschäftigten zwei Fragen: Ich hatte geschworen, von nun an loyaler US-Bürger mit allen Rechten und Pflichten sein zu wollen. Aber obwohl ich aus Deutschland hinausgeworfen worden war, fühlte ich mich immer noch irgendwie als Deutscher. Hatte ich mit diesem Schwur also meine Heimat verraten? Oder – schlimmer noch! – hatte ich allein durch diesen Gedanken den ersten Verrat gegen meine neue Heimat begangen? Dieses ungute Gefühl hat mich sehr lange begleitet. Erst vor wenigen Jahren habe ich dieses Loyalitätsproblem überwunden. So komisch es klingt: Ich fühle mich ganz als Amerikaner und ebenso ganz als Deutscher. Im Prinzip halte ich nichts von der doppelten Staatsangehörigkeit. Allerdings gibt es Ausnahmefälle; ich bin eine solche Ausnahme und akzeptiere das gern.

DIE WELT: Haben andere aus Deutschland stammende Soldaten in der US-Army ähnlich empfunden wie Sie?

Cramer: Das kam sehr darauf an. Selbstverständlich gab es unter den »Rückkehrern« auch manche, die voll von Rachegefühlen waren. Allerdings war das viel häufiger bei jenen jüdischen GIs, die Verwandte in Polen hatten. Die Juden in Polen hatten ja die Deutschen fast nur als Unterdrücker kennengelernt. Die aus Deutschland stammenden Soldaten wussten aber, selbst wenn sie es verdrängt hatten, dass es auch andere gab; sie hatten Erfahrung.

DIE WELT: Waren Sie frei von negativen Emotionen?

Cramer: Natürlich nicht. Aus einem Land, zu dem man gehört, hinausgeworfen zu werden; zu wissen, dass die Eltern aus ihrer Wohnung weggeschleppt wurden; zu befürchten, dass sie nicht mehr am Leben sind (was sich dann später als wahr herausstellte); zu erfahren, welch unermessliches Unrecht begangen worden war. Man wäre ein Unmensch, wenn da nicht »negative Emotionen« in Erscheinung träten, Entsetzen ebenso wie Trauer. (WELT v. 5. Juni 2004)

AUGSBURG II

April 1945, in einer stillgelegten Ziegelei bei Eisenach in Thüringen. Hier hatte die Propaganda-Einheit von Ernst Cramer ihr Quartier aufgeschlagen. Eines Abends erhielt er einen Anruf seines Vorgesetzten:

> Das Feldtelefon rasselte; »Sergeant Cramer« meldete ich mich.
> »Können Sie kurz noch einmal zu mir rüberkommen, Ernest?«, fragte der Oberst.
> »Natürlich«, antwortete ich und zog mir schnell nur Hemd und Hose an.
> Denn ich wusste, dass er am späten Abend nicht auf perfekt sitzende Uniform, auf den militärischen Komment Wert legte, wenn er mich mit dem Vornamen anredete. Mit einem »Sir« trat ich kurz nachher ziemlich formlos in sein Zimmer, einen kleinen Büroraum. Er saß an einem alten, abgewetzten Rollladen-Schreibtisch. Vor sich hatte er Dokumente und eine Landkarte. […]
> »Vom Hauptquartier kam schon wieder eine Anfrage«, begann er, noch bevor ich die Tür hatte schließen können. Ob ich nach dem Kollaps der Deutschen, der wohl unmittelbar bevorsteht, für die Militärregierung arbeiten wolle. »Ich will Sie nicht drängen, aber wir müssen den Leuten Bescheid geben.«
> Als ich antworten wollte, winkte er ab: »Hören Sie sich erst meinen zweiten Punkt an. Soeben erhielt ich den Befehl, morgen wegen einer Häftlingsbefragung nach Buchenwald zu fahren. Ich möchte, dass Sie mitkommen und mir helfen. Aber ich könnte auch verstehen, wenn Sie das lieber nicht erleben wollen.«
> Buchenwald. Das Konzentrationslager bei Weimar war zwei Tage vorher von amerikanischen Truppen besetzt worden. In den »Stars and Strips«, der offiziellen Soldatenzeitung, hatten Details über die dort gefundenen Leichen und ausgemergelten Fast-Leichen gestanden und auch über die wenigen Leute der Wachmannschaften, die man gefangen nehmen konnte. Ein amerikanisches Feldlazarett war inzwischen ins Lager verlegt worden, um zu retten, wen man noch retten konnte. Ich kannte Buchenwald, mehr als mir lieb war, denn sechs Jahre und fünf Monate vorher war ich selbst dort Häftling gewesen.
> »Ich komme mit«, sagte ich mit nicht ganz fester Stimme. (WELT v. 9. November 1978)

Die Rückkehr in das KZ Buchenwald erschütterte Cramer mehr, als er sich das am Vorabend im Büro seines Vorgesetzten hatte vorstellen können. Der Anblick Hunderter Toter und noch mehr vom Tod gezeichneter befreiter Häftlinge machte ihm noch einmal bewusst, was längst schon klar war: Wie menschenverachtend das NS-Regime gewesen war. Spontan verkündete er auf der Rückfahrt gegenüber seinem Vorgesetzten: »Nach dem Furchtbaren, das wir gesehen haben, finde ich, es ist nahezu meine Pflicht hierzubleiben, am Wiederaufbau mitzumachen und ein wenig dabei mitzuhelfen, dass in Deutschland wieder Vernunft, Anstand und Gerechtigkeit herrschen.«

Theoretisch stand Cramer auch nach dem Besuch Buchenwalds noch immer vor der Wahl, im Rahmen der staatlichen Studienhilfe für Veteranen sein unterbrochenes Studium in den USA zu beenden oder das Angebot seiner Vorgesetzten anzunehmen, für die US-Militärregierung in Deutschland zu arbeiten. Auch wenn er sich anscheinend schon für die zweite Variante entschieden hatte. Wie ernst er es damit meinte, würden die Erlebnisse in den kommenden Wochen zeigen.

Von Thüringen rückten Cramers Einheiten weiter nach Süden vor. Am 19. und 20. April 1945 hielt sich die Truppe in Nürnberg auf. Ein halbes Jahrhundert später erinnerte er sich an seine Eindrücke:

> Das war also noch vor Ende des Krieges. Damals sah ich diese schöne Stadt brennen. Ich habe miterlebt, wie amerikanische Löschzüge nicht eingreifen konnten, weil kleine deutsche Einheiten der Wehrmacht oder der Waffen-SS meinten, jede Straße der Stadt »für Führer und Vaterland« solange verteidigen zu müssen, bis auch das letzte der schönen alten Häuser vernichtet war. Verbrannte Erde zu Hause – was für ein Irrsinn!
>
> Als der Widerstand schließlich doch zusammenbrach, lief – oder besser: taumelte – ich durch die von rauchenden Trümmern übersäten Straßen der Stadt Albrecht Dürers und Hans Sachs.
>
> Natürlich war in mir auch Genugtuung, dass die Stadt der Reichsparteitage nun nicht mehr die Hochburg des »Frankenführers« Julius Streicher war. Aber es überwog doch tiefe Traurigkeit über die totale Zerstörung, von der ich mir damals nicht vorstellen konnte, dass sie so bald überwunden werden könnte. Die Zerstörung und das Elend in jenen Tagen nach dem Krieg waren furchtbar. Rückschauend kann man sich das kaum noch vorstellen, auch wenn man es selbst erlebte. (NL Cramer)

Den 8. Mai 1945, den Tag der Kapitulation Deutschlands, verbrachte Cramer in seiner Heimatstadt Augsburg. Der inzwischen 32-Jährige kam »als Befreier, aber nicht mit einem befreiten Gefühl« an den Ort seiner Kindheit und Jugend. Augsburg lag in Trümmern, und doch schien alles vertraut. Als Erstes bemühte sich Cramer darum, etwas über das Schicksal seiner Eltern und seines Bruders zu erfahren. Die Heimkehr schilderte er rückblickend:

> Ob es Zufall oder Fügung war, weiß ich nicht. Aber es war kein fröhliches »Heimkehren«. Zum einen hatte ich gehofft, in Augsburg irgendeinen Hinweis auf das Schicksal meiner Eltern und meines jüngeren Bruders zu finden, die in der Karwoche 1942

Ernst Cramer und Clothilde (li.) 1945 in Augsburg

von zu Hause abgeholt und in den Osten deportiert worden waren. Aber ich konnte damals nichts erfahren, und es wurde immer wahrscheinlicher, dass sie wie Millionen andere nicht mehr am Leben waren. Zum anderen war da die Stadt selbst. Sie war, wie alle größeren Orte, zum großen Teil verwüstet. Die wichtigsten Gebäude waren dem Bombenhagel zum Opfer gefallen. Schutt verstopfte die einst so anmutigen Gassen. Nirgendwo gehen die Gedanken so schnell und so weit zurück wie an den Stätten, an denen man seine Jugend verbrachte. So dachte ich in jenem Mai 1945 auch immer wieder an diese sorglosen Jahre. Gleichzeitig rief ich mir aber auch ins Gedächtnis, wie es dazu gekommen war, dass ich, ein Augsburger Junge, jetzt in amerikanischer Uniform in meiner Heimatstadt stand. Es hatte natürlich mit meinem Judesein zu tun. Die Nazis hatten mich und meinesgleichen als minderwertig eingestuft und mich schließlich aus dem Land vertrieben. Zum Glück bekam ich ein amerikanisches Visum.

In Augsburg meldete sich Cramer beim Chef der sich gerade einrichtenden örtlichen US-Militärregierung. »Wie fühlen Sie sich in Ihrer Geburtsstadt?« war seine erste Frage – für Cramer etwas verwirrend:

Ich gab darauf keine bestimmte Antwort, denn wie hätte er das, was ich ihm vielleicht sagen würde, verstehen können? Wie hätte man einem Reserveoffizier, der aus der heilen Welt der USA kam, verständlich machen können, was es heißt, als Soldat, als Eroberer in amerikanischer Uniform, als Feind also in die Stadt zurückzukommen, in der man geboren wurde? Statt auf die Frage einzugehen, erzählte ich dem Colonel ein wenig über Augsburg und seine Geschichte.
Nicht lange blieb ich bei der Militärregierung. Ich wollte durch die Stadt laufen, auf

den Spuren meiner Kindheit. Ich wollte sehen, ob ich noch Bekannte treffen würde; ob irgendjemand mir etwas erzählen könne; ob es mir gelingen würde, die Lücken zwischen dem Hinauswurf von 1939 und der Gegenwart von 1945 zu schließen. Auf meinem Weg gingen die Gedanken zurück zu den Tagen, die gerade hinter mir lagen. Zunächst war ich Anfang April mit meiner Einheit bis ins Herz Deutschlands vorgestoßen. Ich hatte Buchenwald, wo ich 1938 Häftling war, kurz nach seiner Befreiung wiedergesehen und war entsetzt gewesen über das Unmaß an Rohheit, Brutalität und Unmenschlichkeit, das mir begegnete. Ich war erschüttert über die Elendsgestalten, die gerade noch überlebt hatten und über die Toten, die wie Holzscheite aufgehäuft waren. All das war viel schlimmer gewesen, als alles, was ich selbst ein paar Jahre vorher erlebt hatte. Wir rückten dann in Richtung Nürnberg vor, wo in den Straßen die letzten Kämpfe tobten. Die Altstadt stand in Flammen. Amerikanische Feuerwehrautos warteten. Aber von der Burg herunter wurde noch geschossen, so dass die Löschfahrzeuge nicht eingesetzt werden konnten. Ich sah, wie die Mauern des Dürerhauses zusammenbrachen. Wir konnten nichts tun, und ich weinte bittere Tränen.

Ich bekam dann einen Pass, um in dem nahegelegenen Cadolzburg Umschau zu halten, ob in dem Haus des »Frankenführers« Julius Streicher, des bekannten Antisemiten, noch irgendetwas aufzuspüren sei. Tatsächlich fand ich in seinem Büro alle Jahrgänge der Hetzschrift »Der Stürmer« gebunden vor. Die Bände liegen jetzt im Fundus der Hoover Institution in Kalifornien. In Augsburg suchte ich recht bald unsere alte Köchin auf, die aus ihrer Wohnung ausgebombt worden war. Bis zu deren Deportation war sie, alle Nazi-Gesetze missachtend, täglich zum Helfen in die karge Wohnung meiner Eltern gekommen und brachte, da diese ja keine Lebensmittelkarten mehr bekamen, stets auch etwas Essbares mit. Als sie mich sah, traten ihr die Tränen in die Augen; sie umarmte mich und fragte mich sofort nach meinen Eltern. Sie also fragte mich; dabei hatte ich doch gehofft, von ihr etwas zu hören.

Nach diesem sehr emotionellen Wiedersehen fuhr ich zum Jüdischen Friedhof. Dort fand ich die alte, mir gut bekannte Gärtnerin noch vor. Sie hatte die ganze Zeit lang treulich die Gräber gepflegt. Als ich mit ihr sprach, sah ich eine spindeldürre, weißhaarige Gestalt von einem Grab zu einem anderen huschen. »Aber das ist doch Fräulein P.«, meinte ich aufgeregt. Sie war früher eine arme Weißnäherin gewesen und hatte bei vielen Familien Flickarbeiten gemacht. Ich selbst hatte bei ihr Häkeln, Stricken und Flechten gelernt. »Ja«, antwortete die Gärtnerin und fügte an: »In den letzten Jahren ist sie jede Woche ein paar Mal auf den Friedhof gekommen; immer zu Fuß, denn die Straßenbahn war zu teuer. Sie hat sich um die Gräber derer gekümmert, bei denen sie früher gearbeitet hatte.« Ich ging auf sie zu, aber sie erkannte mich nicht. Ihr Geist war schon getrübt. Aber das hatte sie nicht davon abgehalten, jahrelang die Gräber zu pflegen, auch das meiner Großeltern. (WELT AM SONNTAG v. 8. Mai 2005)

Nur schwer konnte Ernst Cramer den Gedanken akzeptieren, dass seine Eltern und sein Bruder ermordet worden waren. Das verstärkte in den ersten Tagen trotz seiner deutschen Wurzeln das Gefühl der Fremdheit; Heimatgefühl musste erst sehr langsam wieder erwachen. In den ersten Tagen der Rückkehr nach Augsburg kreisten Cramers Gedanken immer wieder um Unrecht, Erniedrigung und Vertreibung. Um sich herum sah er nichts als Zerstörung, Trübsal und Hoffnungslosigkeit, wie Cramer 60 Jahre später seinen Eindruck zusammenfasste. »Wenn ich dennoch nicht den Mut verlor, sondern neue Hoffnung schöpfte, dann lag dies an den drei alten Frauen – an der Friedhofsgärtnerin, die einfach weiterhin ihre Pflicht tat, an der Köchin, die meinen Eltern bis zum letzten Tag geholfen hatte, und schließlich an der alten Weißnäherin, die Gräber pflegte. Es gab eben doch noch rechtschaffene Menschen in Deutschland, dachte ich damals. Das war vor sechzig Jahren. In der Zwischenzeit haben unzählige Deutsche bewiesen, dass diese drei Frauen nicht die einzigen geblieben sind. Und meine amerikanische Uniform passt mir nicht mehr.«

Auch wenn Ernst Cramer seinen Kriegseinsatz als beendet betrachtete, arbeitete er weiter für die amerikanische Militärregierung. Anstatt an Rache zu denken, hatte er sich für die Versöhnung entschieden, »obwohl die Versuchung groß war, bald nach dem Krieg nach Amerika zurückzukehren und das Studium zu beenden«, erzählte er: »Du bist verantwortlich für Dein Handeln. Jeden Tag. Dein ganzes Leben lang.« Lautete nicht so das Motto aus alten »Groß Breesener« Zeiten? Am 22. Juli 1945 schrieb er einen Brief an die »Groß Breesener«. Es war ein nachdenkliches Schreiben, denn noch hatte Cramer die Distanz zur alten Heimat nicht überwunden:

Ich habe viel darüber nachgedacht, welche Rolle wir bei Europas Wiederaufbau spielen könnten. Irgendwie muss unsere Rolle begrenzt werden, denn ein Wiederaufbau muss von innen heraus entstehen, durch die Menschen der verschiedenen Länder, und darf nicht durch Außenstehende angeleitet werden, ganz gleich, wie qualifiziert diese sein mögen. Unsere Aufgabe darf sich höchstens auf eine beratende Hilfestellung beschränken … Wir dürfen nicht vergessen, dass wir nicht mehr zu ihnen dazugehören. Dieser Krieg hat uns mehr als alles andere zu einem Teil dieser anderen Welt werden lassen, eine Welt, zu der die Deutschen vielleicht eines Tages gehören, jedoch nur durch ihren eigenen Willen und ihre eigenen Bemühungen. […] Gerade bin ich für einen Tag in München. Hauptsächlich bin ich jedoch in Augsburg, um dort eine Abteilung unserer Arbeitsgruppe aufzustellen. Sobald alles organisiert ist, werde ich es an einen anderen Offizier übergeben und nach Würzburg gehen …
(15. Rundbrief an die alten Groß Breesener v. September 1945)

Cramers Beweggründe, in Deutschland zu bleiben, resultierten sicherlich aus verschiedenen Erlebnissen und Begegnungen, wie jenen in Buchenwald und Augsburg, die ihn mitunter zögerlich und dann wieder entschlossen machten. Zu Letzeren gehörte auch ein Treffen mit Johanna Hirth. Sie hatte mit ihrem Mann Walter, der aus einer angesehenen Münchner Verlegerfamilie (unter anderem die »Münchener Neueste Nachrichten« und die Kunstzeitschrift »Jugend«) stammte, nach dem Ersten Weltkrieg ihre Villa in Grainau bei Garmisch-Partenkirchen zu einem Treffpunkt für Schriftsteller, Musiker, Politiker und Adlige gemacht – und damit renommierte Gäste aus aller Welt angelockt. Das Gästebuch von »Haus Hirth« wurde so ein Begriff.

1945 beschlagnahmten die Amerikaner die Villa, woraufhin sich das Ehepaar etwas weiter entfernt ein kleines Gästehaus einrichtete; angeregte Gespräche fanden auch dort statt. Ernst Cramer, als US-Offizier bei den Hirths einquartiert, war von der Offenheit und Atmosphäre des Hauses tief beeindruckt. Vor allem von Johanna Hirth, die eine nüchterne Lebensklugheit, Mut, Kraft und Humor auszeichneten. Cramer beschrieb sie als eine »Mäzenatin der Freundschaften«, die jeden Menschen ernst genommen und ihm dazu verholfen habe, sich selbst ernst zu nehmen. Offenbar traf das auch auf ihn selbst zu: »Johanna Hirth war ein sehr wichtiger Teil in meinem Leben und hatte einen großen Einfluss auf das weitere Erwachsenwerden eines Ernst Cramer.« Die Freundschaft mit ihr hielt bis zu ihrem Tod, wie zahlreiche Briefe belegen. In seiner Trauerrede würdigte er ihren Einfluss noch einmal ausdrücklich:

> 1945 kam ich als amerikanischer Soldat nach Deutschland mit all den Hemmungen, verständlichen Hemmungen, eines Menschen, den man ein paar Jahre vorher aus seiner Heimat verjagt hatte. Hier, bei Johanna und Walter Wirth, wurde mir klar, dass das andere, das bessere Deutschland – mein Deutschland, doch überlebt hatte und weiter bestand. Hier keimte mein Entschluss, wieder in diesem Land zu wirken und zu leben, den ich nie bereut habe. Johanna Hirth war der Kristallisationspunkt dieser Überlegungen. Daher habe ich mich in Grainau immer wohlgefühlt. (NL Cramer)

Am Ende seines Erkenntnisprozesses stand das Bekenntnis: »Die Verlockung, irgendwie an der Wiedergeburt einer deutschen Gesellschaft mitzuwirken, siegte.« Und auch hier, wie in Augsburg oder Groß Breesen, entstanden Freundschaften, die hielten. Etwa mit dem Kunsthistoriker Otto Georg von Simon, den er als Mensch geschätzt habe, der ein Deutscher gewesen sei, »wie ich mir alle Deutschen wünsche«. Wie er selbst habe Simson das Geheimnis des Lebens in Amerika wie einen Schwamm aufgesogen, schrieb Cramer an dessen Witwe.

MÜNCHEN

Insgesamt etwa neun Jahre arbeitete Cramer für die US-Behörden in Deutschland, zunächst in der Lizenzierungsabteilung für Presse, Rundfunk, Film und Theater in Würzburg und München, dann in der Redaktion der »Neuen Zeitung«, des zentralen Blattes der amerikanischen Militärverwaltung in deutscher Sprache. Während der gesamten Zeit bestand seine Hauptaufgabe darin, den Aufbau einer neuen deutschen Presse zu begleiten. Außerdem half er bei der Gründung deutsch-amerikanischer Gesprächskreise, jedoch nicht ohne Auseinandersetzung mit seinen Vorgesetzten wegen des – wie er fand: »unsinnigen« – Fraternisierungsverbots.

Die Alliierten hatten sich über Grundzüge ihrer Deutschlandpolitik geeinigt. Als Leitlinie galten die »four D's«, nämlich »Denazification, Decentralisation, Demilitarisation and Democratisation«. Belaste-
te Personen sollten aus Ämtern entfernt werden, um den Deutschen die kollektive Verantwortung für die Verbrechen Deutschlands ins Bewusstsein zu rufen. Zugleich wollte man der Bevölkerung die Prinzipien eines demokratischen Zusammenlebens verständlich machen, sie also in die Lage versetzen, die neu aufzubauenden demokratischen Institutionen sinnvoll zu gebrauchen. Um dies zu ermöglichen, war nach Ansicht der amerikanischen Besatzungsmacht eine tief greifende Umerziehung (»Reeducation«) nötig. Durch das Verankern demokratischen Denkens in den Köpfen der Deutschen sollte das Wiederentstehen von Nationalismus, Militarismus, Rassismus und Nazismus verhindert werden.

Offizielle Grundlage der US-Besatzungspolitik war die Anweisung 1067 der Vereinigten Stabschefs der USA. Darin hieß es: »Es muss den Deutschen klargemacht

Titelblatt der ersten Ausgabe der »Neuen Zeitung«, 18. Oktober 1945

werden, dass Deutschlands rücksichtslose Kriegführung und der fanatische Widerstand der Nazis die deutsche Wirtschaft zerstört und Chaos und Leiden unvermeidlich gemacht haben, und dass sie nicht der Verantwortung für das entgehen können, was sie selbst auf sich geladen haben.« Eine weitere Festlegung lautete: »Deutschland wird nicht besetzt zum Zwecke seiner Befreiung, sondern als ein besiegter Feindstaat. Ihr Ziel ist nicht die Unterdrückung, sondern die Besetzung Deutschlands.« Den Besatzungseinheiten wurde der Auftrag erteilt: »Bei der Durchführung der Besetzung und Verwaltung müssen Sie gerecht, aber fest und unnahbar sein. Die Verbrüderung mit deutschen Beamten und der Bevölkerung werden Sie streng unterbinden.« General Lucius D. Clay, seit Mai 1945 faktisch der Gouverneur der US-Zone, war entschlossen, einen realistischen Kurs in der Besatzungspolitik einzuschlagen. Er ignorierte deshalb die Abschnitte dieser Weisung, die er für »kurzsichtig« hielt oder »von Rachegedanken« erfüllt. Er wollte keinen »Mühlstein am Hals der Militärregierung«. Die Direktive blieb bis Juli 1947 in Kraft, wurde aber vom ersten Tage an unterlaufen.

Einigkeit bestand jedoch weitgehend darin, dass das deutsche Volk noch nicht reif für Demokratisierung sei, dass aber ein unzureichend informiertes Volk gefährlich sei. Darauf müsse mit neuen Zeitungen reagiert werden. Mit anderen Worten: Medien sollten zu einem wichtigen Instrument der Reeducation werden. Robert B. McRae, ein Mitarbeiter des Kriegsministeriums in Washington, meinte, dass »der Anteil der Medien an der Umerziehung vermutlich der bedeutendste Beitrag zum Frieden« sei.

Ziel der Amerikaner war ein neues Informationssystem, das in seinen Grundzügen »weder dem totalitären System des ›Dritten Reiches‹ noch der leistungsschwachen Presselandschaft der Weimarer Republik« entsprechen sollte. Die Regeln des US-Pressesystems sollten in der amerikanischen Zone als Vorbild für eine unabhängige und freie Presse in Deutschland dienen. Dazu gehörte die strikte Trennung von Nachricht und Kommentar. Weiterhin sollte jeglicher Einfluss durch Interessengruppen, seien sie wirtschaftlicher oder parteipolitischer Art, verhindert werden, um freie Berichterstattung zu ermöglichen. Keinesfalls dürfte die künftige deutsche Regierung Einfluss bekommen; um dies zu verhindern, sollten in den nächsten Jahren wirksame Pressegesetze erlassen werden, die die Freiheit und Unabhängigkeit der deutschen Presse garantieren konnten.

Presseoffiziere in der Militärregierung sollten diesen Prozess streng überwachen. Als Leitlinie diente ihnen das »Manual 54 for the Control of German Information Services« vom 12. Mai 1945, das einen Dreistufenplan vorsah. Im ersten Schritt sollten sämtliche deutsche Medien verboten werden, man plante einen sogenannten »blackout«; er sollte der Bevölkerung das Ende des NS-Pressesystems deutlich vor Augen führen. Alliierte Militärzeitungen sollten stattdessen herausgegeben werden. Die Amerikaner besaßen mit den von Hans Habe im Krieg entworfenen Armeegruppen-

Zeitungen bereits eine propagandistische Plattform, um in ihrer Besatzungszone Verlautbarungen und Anweisungen unter das Volk zu bringen. Habe entwickelte darüber hinaus Pläne für eine eigene Zeitung der Besatzungsmacht und forcierte sie, als die Sowjetunion in ihrer Besatzungszone ab dem 15. Mai 1945 die »Tägliche Rundschau« herausbrachte. So folgte am 18. Oktober 1945 in der amerikanischen Zone »Die Neue Zeitung«. Sie sollte als Vorbild für die Lizenzpresse fungieren. In der ersten Phase war nicht vorgesehen, die redaktionelle Arbeit in Zeitungen und anderen Druck-Erzeugnissen Deutschen zu überlassen. Es werde eine Weile dauern, bis man deutsche Verleger, Herausgeber und Journalisten finden werde, denen man Zeitungen anvertrauen könne, lautete eine weitverbreitete Haltung.

Das sollte mit sogenannten Lizenzierungen in einer zweiten Phase erfolgen. Wer Zeitungen und Zeitschriften herausgeben, Verlage und Druckereien gründen oder sich am Rundfunk beteiligen wollte, durfte dies nur, wenn er von der jeweiligen Besatzungsmacht eine Lizenz erhalten hatte. Diese wurde an Verleger, Herausgeber und Chefredakteure erteilt, wenn sie bestimmte Voraussetzungen erfüllten. Erst in einer dritten Phase sollten wieder rein deutsche Zeitungen herausgegeben werden können – allerdings auch unter strenger Kontrolle der Alliierten.

Die Aufgabe der Lizensierung und Auswahl des Personals übernahm in der amerikanischen Zone die Information Control Division (ICD), die damit die Nachfolge der Abteilung für psychologische Kriegsführung (PWD) antrat. Ihr zugeordnet war die District Information Services Control Commands (DISCC), die Kandidaten für Lizenzen ausfindig zu machen und der ICD zur Prüfung und Genehmigung vorzuschlagen hatte. In diesen Abteilungen arbeiteten nur wenige Deutsche. Zu ihnen gehörte, in wechselnden Positionen bei der DISCC und der ICD, der Remigrant Ernst Cramer. Allen übergeordnet agierte in München das Office of Military Government for Germany US (OMGUS).

Ein halbes Jahrhundert später berichtete Ernst Cramer im Münchner Amerika-Haus seinen Zuhörern, wie er den Neustart in Bayern erlebt hatte, der keine »Stunde Null« war:

Die Situation war klar: Alle während der Zeit des Nationalsozialismus erschienenen Blätter waren verboten. Männer – oder auch Frauen –, die unter den Nazis Zeitungen herausgegeben oder verantwortlich redigiert hatten, sollten dies in Zukunft nicht mehr tun können.
Neue Herausgeber und Redakteure sollten lizenziert werden. Man ging auf die Suche nach »unbelasteten« Personen – das war gar nicht einfach. Denn es ging nicht nur darum, Menschen zu finden, die sich politisch nicht kompromittiert, die nicht »mitgemacht« hatten. Für den Neubeginn der Presse wurden Männer und Frauen gesucht, die sich nicht nur neutral verhalten hatten, ja nicht nur solche, die lediglich

Nr. 295 / 15./16. Dezember 1951

...seller / Zu James Jones'
„Verdammt in alle Ewigkeit"

E.J. Cramer   9.6.50

                               Editorial

                    Die Macht des Publikums

        Vor kurzer Zeit hatten einige in Deutschland erscheinende Zei-
tungen die Tatsache bedauert, dass ein Rundfunksprecher in einer
Reportage in den Jargon des Dritten Reiches zurückgefallen war.
Andere Tageszeitungen haben daraufhin behauptet, eine solche Kritik
sei dem Ansehen Deutschlands im Ausland schädlich. Es ist in
letzter Zeit öfter vorgekommen, dass deutsche und ausländische
Journalisten über Entwicklungen in Deutschland berichtet haben, die
man mit dem Schlagwort "Renazifizierung" zu bezeichnen pflegt.
Jedesmal, wenn solche Berichte gegeben werden, wird von anderer
Seite kommentiert, dass auf diese Weise Deutschlands Kredit im
Ausland "planmässig" zerstört werde.

        Es erhebt sich die Frage, ob hier nicht von vielen Ursache und
Wirkung verwechselt wird. Die Worte eines Rundfunksprechers, die
Reden von Bundestagsabgeordneten, die Leitartikel von Zeitungen
und Zeitschriften werden vom Ausland gehört und gelesen, ganz
gleichgültig, ob eine Zeitung innerhalb Deutschlands die Aufmerksamkeit darauf lenkt oder nicht. Wenn also deutsche Zeitungen Missstände oder Missgriffe aufgreifen und anprangern, so beschmutzen sie
damit keinesfalls das eigene Nest. Sie erfüllen vielmehr ihre
Pflicht, die deutsche Öffentlichkeit auf das Bedenkliche dieser
Entwicklung hinzuweisen. Im Übrigen aber trägt die Kritik der

»dagegen« gewesen waren. Die Menschen, nach denen wir damals Ausschau hielten, mussten auch für etwas stehen und sollten außerdem auch Fachleute sein.

Alle Kandidaten mussten damals neben dem allgemeinen Fragebogen, den Ernst von Salomon in seinem Roman berühmt machte, noch einen besonderen Fragebogen ausfüllen. Auf die darin enthaltene Frage: »Welche Aufgabe hat Ihrer Meinung nach die zukünftige deutsche Presse zu erfüllen?«, antwortete einer der späteren Lizenzträger, Edmund Goldschagg: »Vor allem Erziehung des deutschen Volkes zu einer demokratischen Weltanschauung, zur Abkehr von jeder Machtpolitik, […] zu einer Verständigung unter den Völkern, […] , aber vor allem zur Bekämpfung des militaristischen Geistes, wie er im deutschen Volk tief verwurzelt ist.« Leute mit solchem Geist wurden damals gesucht und zum Glück auch gefunden.

Die erste bayerische Zeitung, die eine Lizenz erhielt, war die »Süddeutsche Zeitung«; ihre Lizenzträger waren Goldschagg, ein Sozialdemokrat, der 1933 Arbeitsverbot erhalten hatte und den die Leute der Militärregierung im Landratsamt Freiburg aufstöberten. Außerdem der frühere Herausgeber der katholischen Zeitschrift »Hochland« Franz Joseph Schöning; in seiner Zeitschrift war bis zum Verbot 1941 der Name Hitler oder der Begriff Nationalsozialismus nie gedruckt worden. Drittens der Memminger August Schwingenstein, ein erfahrener Journalist, der für das Geschäftliche zuständig wurde. Erst später kam Werner Friedmann dazu, ein – wie Cramer urteilte – »begabter Zeitungsmacher«, der 1951 die Chefredaktion der »Süddeutschen« übernahm.

Außer an die Lizenzträger des wichtigsten Münchner Blattes erinnerte Cramer auch an Josef Drexel, der als Verleger die »Nürnberger Nachrichten« aufbaute, die am 11. Oktober 1945 lizenziert wurden:

Drexel ist ein besonders interessanter Fall. Er kam aus dem Kreis des Nationalbolschewisten Ernst Niekisch, mit dem er bis zu dessen Tode befreundet blieb. Drexel war ein unabhängiger Geist. Die sich anbahnende Entstehung von zwei deutschen Teilstaaten hielt er für ein nationales Unglück und polemisierte dagegen in seinem Blatt. So gab es viele Kontroversen zwischen ihm und den amerikanischen Lizenzbehörden.

Gerade deshalb ist sein Urteil über diese so aussagekräftig. Drexel schrieb: »Wenn sich ein Journalist nicht in Übereinstimmung mit amerikanischen Gesichtspunkten befindet, hindert ihn niemand zu schreiben, was er für recht und billig hält […] Keine Zeitung in der amerikanischen Zone ist gezwungen worden, sich dem antikommunistischen Feldzug anzuschließen, und niemand hatte Nachteile zu erwarten, der sich davon distanzierte.«

Dieser Beschreibung fügte Cramer, der ehemalige US-Presseoffizier in Bayern, 1995 rückblickend hinzu:

Das war die Pressepolitik der amerikanischen Militärregierung: 1.) unabhängige, demokratisch gesinnte Fachleute aussuchen; 2.) ihnen volle Verantwortung übertragen; später mit ihnen zu diskutieren, aber sie weder zu kujonieren noch ihnen Befehle zu erteilen. Dass nicht alle Militärs damals mit dieser Linie einverstanden waren, ist zwar eine Tatsache. Aber die Vernunft setzte sich – ebenso wie in der allgemeinen Politik – zum Glück doch durch. (NL Cramer)

Nach gut einem Jahr Tätigkeit für die US-Militärregierung in Bayern berichtete Ernst Cramer seinen alten »Groß Breesenern« in den weiterhin erscheinenden Rundbriefen, worin seine Arbeit bestand. Er schrieb am 11. April 1946:

Ich habe mich hier endlich eingelebt und begonnen, im Hauptquartier der Militärregierung in Bayern zu arbeiten. Meine Aufgabe ist es, die Zulassung aller Menschen hier, die in einem unserer Bereiche tätig sind, politisch zu überwachen. Das schließt Theater, Musik, Film, Radio, Presse und sämtliche Publikationen ein. Die politische Freigabe für die Personen, welche in diesen Bereichen tätig sind, werden von unseren Bezirksverbänden geprüft. Meine Aufgabe ist es, dies erneut zu überprüfen und entweder eine Genehmigung oder Ablehnung von Wiedereinstellungsanträgen zu empfehlen. Dies geschieht entweder auf Grundlage des Militärgesetzes Nr. 8 oder des neuen Entnazifizierungsgesetzes. Zudem bin ich dafür zuständig, ein System einzurichten, welches für ständige Kontrolle sorgt und auch dann noch funktioniert, wenn unsere Niederlassung mit einer sehr geringen Anzahl von Personen arbeiten muss. Dies wird nach der Änderung des Personalstatus im Juni der Fall sein. Zusammenfassend ist all dies also meine Aufgabe … (16. Rundbrief an die alten Groß Breesener v. September 1946)

Wie genau seine Arbeit in der Praxis aussah, welche Projekte er konkret bearbeitete, sparte er aus. Auch in den Dokumenten der OMGUS im Münchner Staatsarchiv sind nur wenige Dokumente seiner Abteilung mit seinem Namen gezeichnet. Meist geht es darin um profane Anfragen von Lizenzantragstellern, um Besprechungen über Pachtverträge und Hinweise auf Personen, die vielleicht redaktionelle oder kommunale Aufgaben übernehmen sollten. So informierte Cramer am 22. Oktober 1945 seine Vorgesetzten darüber, dass für Personen, die eine »Anzeigen-Tafel« veröffentlichen wollten, keine Lizenz nötig sei. Dies gelte auch für andere Publikationen dieser Art. Erforderlich sei nur eine »N. O. Registrierung«. Der Presseoffizier Cramer schloss, seine Abteilung wüsste es zu schätzen, wenn die betroffenen Stellen informiert würden.

Einwände äußerte Cramer hingegen am 26. September 1946 wegen einer Veröffentlichung im Mitteilungsblatt Nr. 6 des Bayerischen Staatsministeriums für Sonderaufgaben. Darin war der Artikel eines gewissen Dr. Pfeiffer mit dem Titel »Kleiner PG, was nun?« erschienen, die Antwort auf eine politische Rede von Heinrich Schmitt. Das

KPD-Mitglied war im Herbst 1945 Sonderminister für politische Befreiung geworden, jedoch im Sommer 1946 zurückgetreten. Sein Nachfolger: Anton Pfeiffer. An dessen Ausführungen störte sich Cramer: »Dieser Artikel hat einen politischen Inhalt und passt somit nicht in den Rahmen eines Mitteilungsblattes«, monierte der inzwischen als Leiter »Media Intelligence« firmierende Remigrant.

Obwohl Cramers Name relativ selten in den Akten auftaucht, wurde er sicher einbezogen und lieferte Vorlagen für Entscheidungen oder abschließende Berichte, auch wenn seine Vorgesetzten unterschrieben. Viele Schriftstücke in den OMGUS-Unterlagen zur Pressekontrolle sind in Cramers Stil verfasst. Auch wies er selbst darauf hin, dass es nur wenige Deutsch sprechende Mitarbeiter in den US-Aufsichtsbehörden für die Medien gab – und diese daher besonders gefordert waren. Das legen auch die Erinnerungen früherer Mitarbeiter und Gesprächspartner Cramers nahe.

Der auf den Tag 15 Jahre jüngere Journalist Hermann Bößenecker zum Beispiel arbeitete in Würzburg als sehr junger Mann mit Cramer beim DISCC, zusammen mit zwei weiteren Offizieren und vier Damen, offensichtlich Sekretärinnen. Die Gruppe hatte der Vorgesetzte treffend als »some kids« bezeichnet, schrieb Bößenecker zu Cramers 95. Geburtstag. Was ihn an seinem früheren Chef beeindruckt habe, sei »Ihre bestechende Fairness auch ehemaligen Kulturgrößen der NS-Zeit gegenüber« gewesen. Zum Beispiel gegenüber dem Gründer des Würzburger Mozartfestes Hermann Zilcher, der vom Schutträumen gekommen sei. Später habe er bei der »Nürnberger Zeitung« von seinem Chefredakteur Ernst Ulrich Fromm erfahren, dass die Redaktion die Agentur AP kostenlos habe nutzen können. Cramer bedankte sich für den Gratulationsbrief bei Bößenecker, der in seinem Berufsleben unter anderem Wirtschaftsredakteur der »WELT« geworden war. Auch er werde die Würzburger Zeit nicht vergessen und wundere sich manchmal, dass die »kids« von damals inzwischen »octogenarians« (»Achtziger«) seien.

An Cramers Auftreten erinnerte sich auch Michael Meisner, den die Besatzungsmacht am 29. Juni 1945 zum ehrenamtlichen Landrat in Würzburg ernannt hatte. Als US-Vertreter habe Cramer nie ein Wort über das Schicksal seiner Eltern verloren, sich der Deutschen aber dennoch wie kein anderer Offizier »in der hilfreichsten Weise angenommen«. Er habe seit Anbeginn der Nachkriegszeit der Stadt Würzburg in einer Weise zur Seite gestanden, die weit über sein Amt hinausging. Meisner erinnerte sich auch an unkonventionelle Aktionen. Cramers Hilfe sei so weit gegangen, »dass er des Nachts im Gebäude der Militärregierung von der Gangdecke elektrische Glühbirnen klaute, damit wir Theater spielen konnten«.

Am 23. Oktober 1945 beschäftigte sich Cramer mit Rudolf Wagner, dem Inhaber der Universitätsbuchhandlung Schönling, »welche bisher die größte Buchhandlung in Würzburg ist«. Er war für eine Lizenz im Buchverlagsbereich vorgeschlagen. Cramer schrieb:

Wagner wurde vom CIC, von der Special Branch M. G. und von Information Control Intelligence überprüft. Alle vorgeschriebenen Formulare und Fragebögen wurden bereits ausgefüllt. Das Handbuch zur Kontrolle der deutschen Informationsdienste sieht für alle vorgeschlagenen Lizenzgenehmigungen einen schriftlichen Bericht vor, in welchem die Reaktion der Militärregierung festgehalten werden soll. Diese Regelung ist im Kapitel IV, Teil acht, Absatz fünf festgeschrieben. Hiermit wird beantragt, dass diesem Büro fünf Exemplare des Schreibens übermittelt werden, damit die beantragte Lizenz so schnell wie möglich an Wagner ausgestellt werden kann. (HStA München, OMGUS Akten)

Zu den Menschen, für die sich Cramer einsetzte, gehörte Victor von Gostomski, der in der NS-Zeit Flugblätter gegen Hitler und das Regime verteilt hatte. Der damalige Mitarbeiter eines Verlages im sächsischen Chemnitz wurde gefasst und in die Haftanstalt Berlin-Plötzensee gebracht, wo er in den letzten zwei Jahren seiner Haft als Bibliothekar des Todestraktes IV arbeitete und diese Erlebnisse in einem Buch verarbeitete. Die US-Militärregierung bot Gostomski an, eine Zeitung herauszugeben, und gab ihm dafür drei Orte zur Wahl. Er entschied sich für Weiden in der Oberpfalz, weil ihn diese Stadt und ihre Umgebung an seine Heimat in Pommern erinnerte. Cramer dachte später »mit Bewunderung an die Anfangsjahre zurück, in denen Sie und ein paar andere Lizenzträger den Wiederaufbau einer freien Presse in Deutschland gewagt haben«, wie er 1988 an Gostomski schrieb. »Wir, die damaligen Beauftragten der amerikanischen Militärregierung, suchten Männer, die sich während der ›Tausend Jahre‹ als Verfechter der Freiheit bewährt hatten.«

Das war nicht ganz einfach. Am 14. August 1947 urteilte Cramer über den Antrag eines Journalisten, bei der »Schwäbischen Landeszeitung« arbeiten zu dürfen. Die spätere »Augsburger Allgemeine« war von Curt Frenzel mitbegründet worden und hatte die Lizenz Nr. 7 erhalten. Cramer schrieb: »Eine gründliche Überprüfung seines politischen Hintergrunds zeigt, dass er nicht für eine führende Position im Bereich der Presse geeignet ist. Dieses Büro hat jedoch keine Einwände gegen seine derzeitige Tätigkeit als Lokalreporter.« Einem der beiden Lizenzträger des Blattes war Cramer jedoch besonders zugetan, wie er in einer Rede am 15. Oktober 2003 bemerkte: »Dann war ich maßgeblich an der Gründung der ersten Nachkriegszeitung, der ›Schwäbischen Landeszeitung‹, beteiligt; einer der beiden Lizenzträger borgte sich für die Feier sogar von mir eine Hose, weil seine abgewetzt war.«

Hilfe ganz anderer Art gewährte Cramer dem Illustrator und Bühnenbildner Emil Preetorius, einem Bruder von Johanna Hirth. Im Frühjahr 1947 traf sich Cramer, inzwischen US-Beamter im Office of Military Government for Bavaria (OMGB), der Militärregierung in Bayern, mit Preetorius:

Unsere Unterhaltungen kreisten damals fast immer um das gleiche Thema: das Versagen der kulturellen Eliten gegenüber dem Nationalsozialismus. Fast apodiktisch vertrat ich den Standpunkt, dass es erstens aus dem Lager der Wissenschaftler und Künstler im weitesten Sinne des Wortes in der entscheidenden Anfangsphase, als noch nichts gefestigt war, so gut wie keinen Widerstand gab; und dass zweitens Prominente, die auch nach der »Machtübernahme« und besonders nach der Ausschaltung jeglicher parlamentarischer Opposition im März 1933 und dem Hinausschmiss aller jüdischen Kollegen weiter Theaterregie führten, Knabenchöre leiteten, Gemäldeausstellungen organisierten usw., als sei nichts geschehen, den Nazis halfen, zu Hause und in der Welt ihre Kulturpolitik als erfolgreich darzustellen. Preetorius selbst, mit dem ich mich angefreundet hatte, warf ich vor, durch seine Mitwirkung als »szenischer Leiter« in Bayreuth, dem Mekka des nationalsozialistischen Kulturbetriebs, jahrelang im Sinne und zum Nutzen der Nazis gearbeitet zu haben. »Ich konnte doch nicht anders«, war die in vielen Variationen gegebene Antwort.

An jenem trüben Märztag vor 52 Jahren überraschte mich Preetorius mit der Bemerkung: »Sie sollen wissen, dass ein Freund, den ich mehr schätze als fast jeden anderen, ganz ähnlich wie Sie argumentiert und mich persönlich fragt, warum ich ihn durch meine Mitarbeit quasi verraten hätte.« Und dann unvermittelt: »Kennen sie Karl Wolfskehl?« Meine Antwort war kurz: »Ich weiß zumindest, wer er ist …« Jahre früher, als ich noch Gymnasiast war, hatte mich mein Vater zu einem Vortrag mitgenommen. Karl Wolfskehl sprach über Bibliophilie. An das, was er über Buchliebhaber sagte, erinnerte ich mich kaum; lediglich, dass er vom Druckpapier schwärmte, von »Bütten« und von »van Gelder«, und mehrere Male Stefan George erwähnte, den er den »Meister« nannte.

»Warum fragen Sie nach Wolfskehl?« drängte ich schließlich. »Pree« druckste herum und platzte dann heraus: »Es geht ihm sauschlecht. Er lebt jetzt in Neuseeland und ist bettelarm. Einmal war er mein bester Freund und ich der seine. Irgendwie sind wir das immer noch. Ich muss ihm helfen, aber mein Geld ist ja nichts wert.« Dann stockte er kurz und fragte leise, fast verängstigt: »Würden Sie mir 1000 Dollar leihen, damit wir sie ihm schicken können?«

Ich erschrak, denn das war für mich eine Riesensumme. Dennoch sagte ich ja und ein paar Sekunden danach: »Geben Sie mir die genaue Adresse.« Die Überweisung erfolgte, und ich weiß, dass Wolfskehl das Geld auch erhielt, aber nie erfuhr, dass es von mir stammte. Preetorius zahlte nach wenigen Jahren den Betrag voll zurück. Erst viel später hatte ich Gelegenheit, die Korrespondenz zwischen ihm und dem Dichter aus dem George-Kreis zu lesen, von der ein wichtiger Brief in der vorliegenden Auswahl von Wolfskehls kürzeren Werken zu finden ist. Die Frage nach dem Fehlverhalten der intellektuellen Elite bleibt aber bis heute unbeantwortet. (WELT v. 3. Juli 1999)

Wie schwierig die Arbeit der amerikanischen »Medienwächter« und ihrer deutschen Mitarbeiter war, zeigen interne Analysen aus dem Jahre 1946. Zum einen handelt es sich um den Bericht der Abteilung für Informationskontrolle an den Leiter des Nachrichtendienstes beim OMGUS und die Auswertung von Leserbriefen an die »Neue Zeitung« und die »Süddeutsche Zeitung«. Die Haltung der Leser zu aktuellen Fragen des Alltags, aber auch der Politik dürften auch Ernst Cramer, der sich der Reeducation verschrieben hatte, einen wichtigen Anhaltspunkt gegeben haben, wie die Deutschen dachten und wie schwierig es sein würde, sie auf den Weg der Demokratie zu führen.

Nach dem Bericht hatten die Amerikaner bis Ende Mai 1946 genau 330 Lizenzen für Druckerzeugnisse erteilt. 71 der Registrierungen mussten aber widerrufen werden, »da bei den Antragstellern frühere Aktivitäten nationalsozialistischer Natur festgestellt wurden«. Zur Tätigkeit der Pressekontrolle hieß es: »Die Zeitung ›Südost Kurier‹ aus Bad Reichenhall wurde am Freitag, den 10. Mai 1946, als achtzehnte Zeitung in Bayern zugelassen. Der Abteilungsleiter B. B. McMahon überreichte die Lizenz im Rathaus. Anwesend waren sowohl die örtliche Militärregierung als auch deutsche Zivilpersonen. Geplant ist eine Anfangsauflage von 60 000 Exemplaren, womit vor allem der Südosten von Bayern beliefert werden soll, wie zum Beispiel Traunstein, Bad Reichenhall und Berchtesgaden. Der Lizenznehmer ist ein Mann namens Josef Felder, ein erfahrener Journalist und außerdem langjähriger Sozialdemokrat, der wegen seiner politischen Ansichten und Überzeugungen von den Nazis inhaftiert wurde. Man hatte stark gehofft, den christlichen Sozialisten Rupert Berger als Mitlizenznehmer zu gewinnen. Berger war jedoch Bürgermeister und nicht bereit, dieses Amt abzugeben, weshalb er nicht eingesetzt werden konnte.«

Eine Zeitung mit dem Titel »Der Neue Tag« wurde am 31. Mai 1946 lizenziert. Die Lizenz hatten zwei Deutsche erhalten, ein Sozialdemokrat und ein liberaler Katholik. Außerdem waren drei im Exil lebende deutsche Journalisten aus London gekommen, von denen man zwei in Lizenzzeitungen in Passau und Bayreuth unterbringen konnte. Die dritte Person werde vielleicht bei einer Zeitung in Schweinfurt eingesetzt.

Welche Probleme die Kontrolleure hatten, belegte die Inspektion von 41 Buchhandlungen. Dabei sei festgestellt worden, »dass vier von ihnen anstößiges Material verkaufen. Diese erhielten eine offizielle Verwarnung. Die Veröffentlichung einer Reihe von nicht autorisierten Publikationen wurde gestoppt. Um alle verfügbaren Bestände an genehmigten Büchern nutzen zu können, wurden 36 Buchhandlungen, die zum einen nicht registriert und zum anderen im Besitz ehemaliger Nationalsozialisten waren, unter Eigentumskontrolle gestellt.« Man stellte deren Bestände für andere Unternehmen zur Verfügung.

Die Amerikaner beschäftigten sich aber auch mit Musiksälen und Theatern. So wurde 1946 über den Fortbestand von Nazis geförderter Stadttheater diskutiert. Entschieden wurde, dass jeder neue Pachtvertrag mit äußerster Vorsicht abzuschließen sei. Dies sollte die Lizenznehmer vor dem lokalen politischen Einfluss der jeweiligen

RECEIVED
14 OCT 1945
6370

Public....

MG/ab
23 October 1945

SUBJECT : License of Rudolf Wagner

TO : Commanding Officer, M.G. Det. F-210, Fuersburg

1. Mr. RUDOLF WAGNER, owner and director of the Universitätsbuchhandlung Schöningh, previously the largest bookshop in Fuersburg
is proposed as licensee in the book publishing field. He was formerly
closely allied with the Schöningh Publishing Co. in Paderborn, one
of the best known of its kind in Germany.

2. Wagner has been checked by CIC, by Special Branch M.G. and
by Information Control Intelligence. All prescribed forms and question-
naires have been filled out. According to Chapter IV, part 6, par 5
of Manual for the Control of German Information Services a written
report by Military Government's reaction is required for all proposed
licensees.

3. It is requested that such a letter be furnished this office
(in 5 copies) so that the license may be issued as soon as
possible.

ERNEST
US
INTELLIGE

Classification or subject — Identify attached papers, if any. Number each memo in full marking, date and initial at right
margin, office must be indicated, draw line across sheet just below memo, avoid using small slips.

TO	MEMORANDUM (Use full width of sheet for long memos)	DATE AND INITIALS
Press Branch ICD - OMGB		RCR/EJC/gm 17 September 46

1. Number 6, Mitteilungsblatt,
Bayer. Staatsministerium für Sonderaufgaben, brings an article by Dr.PFEIFFER
in which he replied to a political speech
made by Heinrich SCHMITT (former Denazification Minister)

2. This article is considered political in nature, and therefore beyond
the scope of a Mitteilungsblatt.

ERNEST J CRAMER
U S   CIV
Chief, Media Intelligence

MILITARY 2537,3466

- 1 -

MOBKI   11 September 1946   KM/ab

SUBJECT: Reaction on the change in the editorship of
NEUE ZEITUNG -
Answer of Mr. Wolf LAUTERBACH, Editor of the
"Deutsche Beiträge".

TO : Chief, Political Affairs Section, ICD, OMGB,
APO 170, US Army.

Zu Frage 1: Hat man die Veränderung bemerkt?

Antwort: Gut die Hälfte der Personen, die ich darüber befragte,
reagierte mit einer Gleichgültigkeit, die bewies, dass man trotz
der für den Vorgang gegebenen Erläuterungen garnicht begriffen
hatte, um was es dabei ging. Die anderen begrüssten die Neuein-
führung als Fortschritt.

Zu Frage 2: Welchen Wert messen Sie ihr bei?

Antwort: Der Leitartikel hat in deutschen Zeitungen immer schon
zur nahe neben dem Tatsachenbericht gestanden. Im Leitartikel
wurde gleich eine fertige Meinung mitgegeben, eine Andeutung
der Ereignisse, die es dem bequemen Leser erspart, selbst zu denken. Besonders in politischen Fragen bestand daher die eingewur-
zelte Neigung, an einer parteimässig gefärbten Zeitung festzu-
halten, die das sagt, was dem einzelnen zu hören angenehm ist,
also das, was er ohnedies weiss und bestätigt sehen will.

Zu Frage 3: Haben Sie das Gefühl, dass diese neue redaktionelle
Praxis den Deutschen hilft, die verschiedenen Seiten
des amerikanischen Standpunktes zu allen aufgeworfe-
nen Fragen klarer zu sehen?

Antwort: Die Editorial Page ist ohne Zweifel geeignet, dem
deutschen Leser die amerikanische Meinung klar und sauber umrissen
darzustellen. Da die Fakten getrennt davon vorher gegeben werden,
kann er nicht behaupten, dass eine Auswahl und vor allem Gruppie-
rung der Tatsachen zugunsten dieser vorgebrachten Meinung getroffen
werde.

Zu Frage 4: Würden Sie es begrüssen, wenn die deutsche Presse
auch eine solche Seite der Redaktion einführen würde?

Antwort: Auch heute noch wären in Deutschland Zeitungen und
Zeitschriften zu fordern, die den Mut haben, wirklich gegensätz-
liche Meinungen abzudrucken, um damit zu einem Gleichgewicht der
Meinungen zu kommen, das als solches schon demokratisch wäre.

Zu Frage 5: Glauben Sie, dass die NEUE ZEITUNG durch diese Einführung an Nutzen, speziell für die Journalisten,
gewonnen hat?

Antwort: a) Die neue Zeitung hat dadurch ohne Zweifel gewonnen -
Das Odium, als amerikanische Zeitung für Deutsche reines Propaganda-

Stadtregierung schützen. Die Theateraufsicht wiederum forderte die Militärregierung von München auf, den Betrieb der Straßenbahn auch nach 20.30 Uhr zuzulassen; das sei wichtig, um Zuschauern auch zu späterer Stunde die Heimfahrt zu ermöglichen und insgesamt den Theaterbesuch der Bürger zu fördern.

Anhaltspunkte für die Ansichten der Bürger vermittelte die Auswertung jener Leserbriefe an die »Neue Zeitung« und die »Süddeutsche«, die innerhalb einer Woche im Juni 1946 eingegangen waren. Laut Themenstatistik standen Entnazifizierung, Besatzungspolitik, Demokratie in Deutschland, Schuldfrage und Flüchtlinge mit weitem Abstand an der Spitze. Beim Thema Entnazifizierung kamen die Amerikaner nicht gut weg, obwohl sie vergleichsweise konsequent gegen NS-Funktionäre und -Profiteure vorgingen. Etwa die Hälfte der Leserbriefschreiber vertrat die Meinung, das Vorgehen sei noch nicht radikal genug. Zudem würden Amerikaner alte Nazis schützen und beschäftigen. Auch die neuen Behörden, vor allem die Landräte, entließen NS-Belastete ungern. Diese Protektion trage dazu bei, dass die Nazis sich der Bestrafung entzögen. Uneinheitlich war die Meinung der Leser in der Frage, ob nicht lieber Deutsche die Entnazifizierung hätten leiten müssen. Die eine Gruppe hielt deutsche Behörden für völlig ungeeignet, weil diese weder willens noch fähig seien, in Deutschland der Demokratie auf die Beine zu helfen. Andere fanden dagegen, unter Leitung von Deutschen hätten Nazis keine Zeit gehabt, sich mit Alliierten gut zu stellen. Allgemein herrschte die Ansicht vor, dass die Bevölkerung keine Furcht vor Entnazifizierung haben dürfe, »denn sonst ist die Demokratie wieder in Gefahr«.

Ein kontrovers diskutiertes Thema war auch die Frage der »Kollektivschuld«. In einigen Leserbriefen wurde erwartet, dass das Volk, das in der NS-Zeit nicht den Mut aufgebracht hatte, der NS-Ideologie zu widerstehen, jetzt schnell zeigen sollte, »dass es in seiner Gesamtheit nicht so verdorben ist, als dass es nicht jetzt den Mut zur Verantwortung aus sich nehmen wollte«. Andererseits gab es auch Stimmen, die plädierten, Menschen für ihre politische Einstellung in einem Staat, der international anerkannt gewesen war, nicht zu belangen. Einige sahen die Entnazifizierung in der Wirtschaft und im Sozialbereich kritisch und befürchteten Fachkräftemangel. Lediglich »echte Täter« sollten belangt werden.

Wie hielten es die Deutschen mit der Demokratie? Leser der »Neuen Zeitung« waren der Meinung, dass die Masse des deutschen Volkes dem »wahren, anständigen deutschen Kommunismus« viel näher stehe als »der Gelddemokratie der USA«. Leser der »Süddeutschen« wollten sich nicht zur Demokratie genötigt sehen, »Gebt uns die Freiheit der Persönlichkeit, gebt uns die wahre Demokratie«, zitierte die Analyse. Zugleich äußerten Leser die Ansicht, dass große Teile des Volkes noch nicht zu ehrlicher und williger Mitarbeit bereit seien. Daher sei es zu früh, nach zwölf Jahren NS-Zeit und einem Jahr der Befreiung Deutschen »ohne vorher ausreichende Umerziehung und Presseaufklärung eine so wichtige politische Aufgabe anzuvertrauen«.

Als ein geeignetes Mittel zur »demokratischen Erziehung« sollte eine neue, in deutschen Zeitungen bislang unbekannte Rubrik beitragen: die editorial page oder Meinungsseite, auf der die Redaktion erkennbar einen Meinungsstreit austrägt. Den Anfang machte die »Neue Zeitung«. In deutschen Zeitungen war es traditionell üblich, den Leitartikel der Redaktion immer nahe neben dem entsprechenden Bericht stehen zu haben. So wurde der Leser der Nachricht direkt mit der Meinung der Redaktion konfrontiert, und man ersparte ihm, so die Sorge der Amerikaner, die eigenständige Auseinandersetzung mit den Ereignissen. Das sollte die neue Meinungsseite ändern.

Im September 1946 fragte die Medienabteilung der Militärregierung ausgesuchte Journalisten und Verleger nach ihrem ersten Eindruck. Wolf Lauterbach, Verleger der Zweimonatsschrift »Deutsche Beiträge«, stimmte zu, dass eine editorial page geeignet sei, dem deutschen Leser die amerikanische Meinung klar und sauber umrissen darzustellen und dass die räumliche Trennung von Kommentar und Fakten eine Vorentscheidung für bestimmte Meinungen verhindere. Zumal die Kommentarseite die Möglichkeit biete, wirklich gegensätzliche Meinungen abzudrucken, »um damit zu einem Gleichgewicht der Meinungen zu kommen, das als solches schon demokratisch wäre«. Damit werde schließlich »die typisch deutsche Art, dem Leser seine Meinung aufdrängen zu wollen«, wirksam bekämpft. Ganz unabhängig davon sei die Neuerung gut für das Renommee der »Neuen Zeitung«, die im Ruf stehe, als US-Zeitung nur amerikanische Propaganda in deutscher Sprache zu verbreiten.

Auch Werner Friedmann, Teilhaber und Lizenzträger der »Süddeutschen Zeitung«, beurteilte die Trennung von Nachricht und Kommentar positiv, wenngleich es eine Weile dauern werde, bis man ihren Wert sehe. Aber: »Der Leser lernt, die Meinungen jeder Richtung gelten zu lassen.« Und er erkenne, dass nicht jede Nachricht kommentiert werden muss, sondern er sich selbst einen Reim darauf machen sollte. Abschließend begrüßten die befragten bayerischen Journalisten die neue Meinungsseite der »Neuen Zeitung« als beispielhaft für deutsche Presse.

Insgesamt zeigten die Analysen der Medienarbeit, wie schwer es war, geeignete, also unbelastete Menschen zu finden, denen man ein Amt anvertrauen oder die Lizenz für die Herausgabe von Publikationen geben konnte. Und wie sehr man auf Mitarbeiter angewiesen war, denen die Verhältnisse in Deutschland vertraut waren und die damit die Lizenzantragsteller einschätzen konnten. Was allerdings Fehlurteile nicht ausschloss.

Im Sommer 1948 wechselte Ernst Cramer seine Position. Der Grund war, dass die Lizensierungs- und Presseabteilung der OMGB vom Kriegs- ans US-Außenministerium abgegeben wurde. Als Mitglied des State Departments pendelte Cramer zwischen Würzburg, München und Frankfurt am Main. An der Arbeit änderte sich nicht viel, wie ein Brief vom 3. Juni 1948 an Philipp Auerbach im Bayerischen Staatsministerium des Innern in München zeigte. Dieser hatte die Information Control Division gebeten, sich um einen Michal Mayr zu kümmern, der einen Vertrieb von Zeitungen gründen wolle, dafür aber noch die Genehmigung brauche. Cramer antwortete:

Sehr geehrter Doktor Auerbach!

Hiermit beziehe ich mich auf Ihr Schreiben vom 21. Mai 1948 bezüglich Michael Mayr, Peissenberg, Schachtstraße 10. Das Schreiben ist mit dem Aktenzeichen J./ Tho. 14510 gekennzeichnet und an Herrn Langendorf adressiert.

Leider ist es nicht mehr Aufgabe der Militärregierung, Personen zu registrieren, die Zeitungen verteilen oder auch verkaufen wollen.

Nach dem Gesetz, welches den Staat von Nationalsozialismus und Militarismus befreien soll, darf man Zeitungen verkaufen, wenn man eine Klassifizierung der Gruppe IV oder V hat. Dies gilt auch für Herrn Mayr. Zudem ist man nur von diesem Gesetz betroffen, wenn man deutsche Verordnungen oder die Bestimmungen der Militärregierung verletzt. Sofern dies nicht der Fall ist, steht es jedem frei, Zeitungen zu verteilen oder zu verkaufen.

Mit freundlichen Grüßen, Ernest J. Cramer, Presseoffizier

(HStA München, OMGUS-Akten)

Der in dem Brief erwähnte Ernest Langendorf, Cramers Vorgesetzter, schrieb einen Tag später an Auerbach, den Staatskommissar für rassisch, religiöse und politisch Verfolgte im Bayerische Staatsministerium des Innern. Es ging um eine Beschwerde vom 28. Mai 1948 wegen einer »mutmaßlich antisemitischen Ausdrucksweise« im »Münchner Merkur«. Herausgeber und Chefredakteur der Zeitung war Felix Buttersack, den Cramer im September 1946 am Rande einer Veranstaltung in Stuttgart kennengelernt hatte. Der Chef der Nachrichtenkontrollbehörde der Militärregierung in Bayern hatte Buttersack Cramer vorgestellt; im Jahr darauf hatte er die Lizenz erhalten. Zum Vorwurf des Antisemitismus hieß es in dem Schreiben, dessen Entwurf den Kanzleizeichen zufolge von Cramer stammte:

Dieses Büro ist sich durchaus bewusst, dass der Antisemitismus in Bayern wieder zugenommen hat. Insgesamt kann man jedoch definitiv sagen, dass die Zeitungen, die eine Lizenz besitzen, ganz vorne an der Spitze derer stehen, die Antisemitismus verurteilen. Zudem kämpfen sie für ein wahres Verständnis des jüdischen Problems durch die deutsche Bevölkerung. Anderseits wissen wir natürlich auch, dass vor allem viele junge Journalisten unterbewusst noch Phrasen verwenden, die sie in ihren frühen Jahren in der Hitlerjugend aufgeschnappt haben.

In diesem speziellen Fall scheint es uns angebracht, die Angelegenheit mit Dr. Buttersack zu besprechen. Wir sind zu dem Entschluss gekommen, dass solche Dinge im persönlichen Gespräch viel einfacher geklärt werden können als durch ein offizielles Schreiben.

Wir würden es definitiv begrüßen, wenn Sie uns sofort informieren würden, sobald Sie Hinweise auf Antisemitismus in der lizenzierten Presse in Bayern wahrnehmen. Zusätzlich wären wir dankbar über Informationen bezüglich einer falschen Handhabung von Artikeln über Personen, die während des Naziregimes auf Grund ihrer Rasse, Religion oder Überzeugung verfolgt wurden. (HStA München, OMGUS-Akten)

Die Tätigkeit in der Militärregierung in Augsburg, Würzburg und München war der Auftakt nach Cramers Entscheidung, in Deutschland zu bleiben und sich der Reeducation und Demokratisierung des Landes zu widmen, das ihn so brutal behandelt hatte. Cramer scherte nicht alle Deutschen über einen Kamm, spielte sich nicht als Besatzer auf, blieb menschlich. Diesen Grundsätzen blieb er auch in den späteren Jahrzehnten treu. Einem Wehrmachtsangehörigen, der sich einmal gegenüber Cramer seinen Einsatz beschämt mit »selbstverständlichem Pflichtgefühl« entschuldigte und Cramer als »besseren Deutschen« bezeichnete, antwortete dieser: »Jeder kann nur da seine Pflicht erfüllen, wo ihn der Herrgott hinstellt. Diejenigen, die damals in Deutschland ihren Dienst taten, sollte man nicht abwerten. Die Option, die mir offenstand, hatten all die nicht, die in Deutschland lebten. Und auch nicht das Wissen um die Einzelheiten der Verbrechen, die in ihrem Namen begangen wurden. Für mich gilt immer das großartige Wort aus der Bergpredigt: ›Richtet nicht, auf dass ihr nicht gerichtet werdet.‹«

Seine Arbeit in der Militäradministration behielt für Cramer Aktualität – zum Beispiel, wenn Bücher über die Rolle von OMGUS erschienen, die dann in der Regel er rezensierte. Über das Buch von Helmuth Mosberg »Reeducation: Umerziehung und Lizenzpresse im Nachkriegsdeutschland« schrieb Cramer etwa:

Als Adolf Hitler den Zweiten Weltkrieg vom Zaune brach, hatten die Alliierten zunächst nichts Anderes vor, als dem deutschen Expansionismus ein Ende zu bereiten. Erst im Verlauf des Krieges tauchte die Frage auf: Was machen wir mit den Besiegten, hauptsächlich den Deutschen, nach deren Niederlage? Darüber wurde weit weg von den Fronten viel nachgedacht, diskutiert, besonders in den Vereinigten Staaten. Gnadenlose Bestrafung forderten die einen, Umerziehung zu demokratischen Wertvorstellungen die anderen.

Helmuth Mosberg hat sich die mühevolle Aufgabe gestellt, besonders die von der amerikanischen Besatzungsmacht in ihrer Pressepolitik im Nachkriegsdeutschland praktizierten Umerziehungsversuche zu analysieren. Damit trägt er dazu bei, Dinge der Vergessenheit zu entreißen, ohne deren Kenntnis spätere Generationen nicht mehr verstehen können, wie in den westlichen Zonen Deutschlands wieder eine freie Presse entstehen konnte.

Der Autor war bis 1950 Mitarbeiter an einigen der damals von den Amerikanern lizenzierten Zeitungen in Bayern. Inzwischen ist er – nach einer Lebensarbeit im öffentlichen Dienst – Wissenschaftler geworden. Er bringt deshalb in die vorliegende Arbeit sowohl eigene Erfahrung und Erlebnisse ein, die gelegentlich ein sehr subjektives, ja verstelltes Bild ergeben, als auch die Resultate akribischer Forschung, die insgesamt doch die eigenen Vorurteile überdecken. Das Urteil, zu dem Mosberg schließlich kommt, ist fair.

Im Verlauf der zwölfjährigen Herrschaft des Nationalsozialismus in Deutschland war die Presse nach der schrittweisen »Ausschaltung« von unliebsamen Herausgebern und Redakteuren immer mehr »gleichgeschaltet« worden. Die wichtigsten Blätter gehörten der Regierungspartei, der NSDAP. Alle Zeitungen waren Sprachrohre des Staates. Als das Ende des »Dritten Reiches« nahte, waren sich die Sieger in einem Punkte einig: Die bisherigen Blätter durften nicht weiterexistieren. Den Sowjets war es nur wichtig, den Kommunismus in Deutschland zu verankern. Die Franzosen wünschten sich Zeitungen, die ihre Besatzungspolitik leichter machen sollten. Die Briten schufen eine parteigebundene Presse. Die Amerikaner wünschten parteiunabhängige Blätter.

Mosberg zeigt, dass die Amerikaner sich mit ihrer Pressepolitik von Anfang an eine unmögliche, weil in sich widersprüchliche Aufgabe gestellt hatten. Einerseits sollte eine freie Presse entstehen, andererseits waren die Lizenzträger und ihre Mitarbeiter an Richtlinien der Militärregierung gebunden. So war zunächst Kritik an den Besatzungsmächten tabu. Als allerdings der Kalte Krieg die ersten Schatten warf, wurde dieses Verbot widersinnig. Es ist dem Geschick und der Integrität vieler der von den Amerikanern herausgesuchten Lizentiaten und deren Redakteuren zu verdanken, dass doch eine Presse entstand, bei der Freiheit wichtiger war als Duckmäusertum, Zeitungen, die sich das Vertrauen ihrer Leser erwarben.

Als vier Jahre nach dem Ende des Krieges der Lizenzierungszwang aufgehoben wurde, erhielten die Lizenzträger Konkurrenz durch die sogenannten Altverleger, die, wenn sie nicht politisch sehr belastet waren, mit eigenen Produkten wieder auf den Markt drängten. Dennoch haben sich die guten Lizenzblätter bewährt.

Mit Akribie geht Mosberg in Amerika den Spuren nach, die zur Formulierung der Nachkriegspolitik geführt hatten. Er stellt fest, dass neben den Verfechtern des Morgenthauplanes auch viele linke Ideologen an der Nachkriegsplanung beteiligt waren. Einige davon waren als Presseoffiziere tätig. Sie hatten, besonders in der ersten Zeit, großen Einfluss.

Aber rückblickend kann mit Genugtuung gesagt werden: Trotz eines schwierigen Starts entstand eine freie Presse. Das war alles andere als selbstverständlich. (WELT v. 24. April 1991)

Um Reeducation und die Nachkriegszeit ging es auch in dem Buch »Zu Protokoll gegeben« des amerikanischen Presselizenzierungsoffiziers Joseph Dunner. Über dieses Werk urteilte Cramer:

In manchen amerikanischen Colleges und Universitäten gibt es im Rahmen des Literaturstudiums Kurse wie »Einführung in die Kunst des Schreibens«, ja sogar »Wie schreibt man einen Bestseller?« Joseph Dunner hat derartige Vorlesungen bestimmt nicht besucht; und wenn er, was unwahrscheinlich ist, jetzt als Professor an der New Yorker Yeshiva Universität selbst einen derartigen Kurs leiten sollte, dürfte man niemandem raten, ihn zu belegen.

Denn »Zu Protokoll gegeben« ist alles andere als ein mit dem Blick auf das (möglichst zahlreiche und zahlungskräftige) Leserpublikum geschriebenes Buch. Hier hat sich ganz einfach ein redlicher und aus tiefem Herzen engagierter Mann hingesetzt und zu Papier gebracht, was er erlebte, was ihn beschäftigt hat und noch heute bewegt.

So steht Wesentliches neben nur ihm Wesentlichem, und manche Urteile, besonders über Personen, Gruppen und gesellschaftliche Tendenzen, sind subjektiv und deshalb nicht immer gerecht. Statt des Jacob Wassermann nachgefühlten Untertitels »Mein Leben als Deutscher und Jude« hätte Dunner besser den Satz aus Goethes »Urworte. Orphisch« nehmen sollen, den er in seinem Text auch zitiert: »Nach dem Gesetz, wonach du angetreten. So musst du sein, dir kannst du nicht entfliehen.« Denn Dunner war nie ein bequemer Mensch, weder gegenüber seiner Umwelt noch gegenüber sich selbst.

Er war und ist ein Fanatiker der Wahrheit, und darin, in der Schilderung seiner Wahrheit, liegt auch die Faszination dieses Buches. Es hat seine stärksten Stellen in der Darstellung des über Deutschland heraufziehenden Unheils während der letzten Jahre der Weimarer Republik. Mit großer Objektivität schildert Dunner das damalige Zusammenwirken der rechts- und der linksradikalen Gegner der deutschen Demokratie, weist er auf die Fehleinschätzungen von Politikern aller Gruppierungen hin und zeigt er auch das Versagen der Staatsmänner im westlichen Ausland.

Bei der Schilderung des Wiederaufbaus der deutschen Presse nach dem Krieg – Dunner war während entscheidender Monate Presselizensierungsoffizier der amerikanischen Militärregierung in Bayern für München und Oberbayern – sieht er die Dinge von einem zu engen Blickwinkel und überschätzt – verständlicherweise – ein wenig die eigene Leistung. Wichtiger sind seine Beobachtungen am Rande der Pressetätigkeit.

Immer hat Dunner zugleich deutsch und jüdisch gedacht. Auch heute noch tut er das, obwohl er seit Jahrzehnten amerikanischer Staatsbürger ist. Für ihn waren auch Zionismus und Deutschtum keine Gegensätze. Er zitiert das erste jüdische Mitglied des Obersten Gerichtshofes der USA, Louis D. Brandeis, der gesagt hatte, dass »ein die jüdische Tradition und ihr zionistisches Ideal voll bejahender Jude ohne jedes Gefühl der Zwiespältigkeit« Amerikaner sein könne, und versteht so auch seine eigene Haltung zu Deutschland, besonders in seinen jungen Jahren.

Er war nie bequem. Als infolge der Borniertheit amerikanischer Militärs wenige Monate nach Kriegsende jüdische DPs, »displaced persons«, die meisten noch in ihren KZ-Monturen, gegen ihren Willen nach Polen »repatriiert« werden sollten, widersetzte sich Dunner dem erfolgreich, indem er, seine Befugnisse weit überschreitend, einen Gegenbefehl erließ. Präsident Truman, an den er sich gewandt hatte, billigte nachträglich seine Handlungsweise, ja griff Dunners Vorschlag auf, Zehntausenden dieser Heimatlosen eine Zuflucht in den Vereinigten Staaten zu gewähren.

An das 1945 bestehende Fraternisierungsverbot hat sich Dunner, wie die meisten seiner Kollegen in ähnlichen Stellungen, nie gehalten. Für die Gleichberechtigung der Deutschen hat er sich sofort nach dem Krieg eingesetzt und es hingenommen, dass man ihn in manchen amerikanischen Kreisen – nicht nur unter Juden – einen »deutschen Nationalisten« schimpfte.

Den Morgenthau-Plan hielt er von Anfang an nicht nur für eine kapitale Dummheit, sondern für ein Komplott, von dessen Durchführung nur die Sowjets hätten profitieren können. Mit den angelsächsischen Politikern, die in den Kriegskonferenzen die Weichenstellung für die heutige Vormachtposition der Sowjets in Europa nicht verhinderten, geht Dunner ebenso hart ins Gericht wie mit all denen, jung oder alt, die die heutige westliche Gesellschaft leichtfertig aufs Spiel setzen. An der Haltung zu Israel schließlich misst er heute seine Mitmenschen, und dabei kommen die Deutschen – berechtigterweise – nicht schlecht weg.

Dies ist, es sei wiederholt, kein »gekonntes« Buch. Aber es ist ein erregendes, das man lesen sollte. (NL Cramer)

Die Nachkriegszeit in Bayern bestand für Ernst Cramer nicht nur aus Arbeit. Auch im Persönlichen legte er die Grundlagen für ein neues Leben in Deutschland. Am 14. Oktober 1948 heiratete er Marianne Untermayer, im Jahr darauf wurden ihre Zwillinge geboren. Seine Ehefrau war am 10. Januar 1916 ebenfalls in Augsburg als Tochter von Besitzern eines bekannten Leinen- und Wäschehauses zur Welt gekommen. Die Familien Cramer und Untermayer verband eine enge Freundschaft. Marianne konnte im Frühjahr 1938 in die USA emigrieren, ihre Familie folgte einige Monate später, nachdem ihr Vater und Bruder wie Martin Cramer nach der Pogromnacht am 9. November 1938 in das KZ Dachau verschleppt worden waren. Um Deutschland zu verlassen, mussten die Untermayers ihr Geschäft verkaufen. Ihr Wohnhaus wurde zu einem »Judenhaus« umfunktioniert, in das Deportierte vor ihrem Abtransport in den Osten eingewiesen wurden, darunter auch Cramers Eltern und sein Bruder. Die Eltern von Marianne siedelten sich in Pueblo, Colorado, an, ihr Bruder kämpfte wie Ernst Cramer als US-Soldat im Zweiten Weltkrieg. Irgendwann in Amerika waren sich Ernst Cramer und Marianne Untermayer wieder über den Weg gelaufen und hatten sich ineinander verliebt. In Bayern setzten sie ihr Glück nach dem Krieg fort.

Einen Einblick in die Tätigkeit für die amerikanische Militärregierung, der auch seine Rolle stärker beleuchtet, gab Ernst Cramer 2004:

Ernst Cramer mit seinen einjährigen Zwillingen auf dem Arm (1948 / 49)

DIE WELT: Die US-Militärregierung in Bayern umfasste 1947 rund 1500 Soldaten. Davon waren genau 65 deutsche Emigranten in US-Uniform. Welche Rolle spielten deutschstämmige Soldaten in der Besatzungsverwaltung?

Cramer: Eine viel größere, als diese Zahlen zu zeigen scheinen. Denn sie verstanden das Land, seine Menschen und seine Kultur viel besser. Als ich zum Beispiel in Würzburg stationiert war, gab es in der gesamten Militärverwaltung dort zunächst außer mir niemanden, der die Sprache richtig beherrschte – da sind dann mir alle offenen Probleme zur Beurteilung vorgelegt worden, bis hin zur Müllabfuhr.

DIE WELT: Sie kannten sich aus …

Cramer: … ich war doch zu Hause.

DIE WELT: Die »Reeducation« der Deutschen gehörte zu den wesentlichen Zielen der US-Militärverwaltung nach 1945. Ist die Erfolgsgeschichte der Bundesrepublik Deutschland ein Ergebnis dieses Konzeptes – oder doch eher, etwa im Sinne von Günter Grass, eine Folge des ökonomischen Erfolges?

Cramer: Sowohl als auch, würde ich meinen. Ohne die Idee, die Wurzeln der Demokratie, des freiheitlichen Denkens in Deutschland wieder zu beleben, wäre die Bundesrepublik nicht denkbar. Es war eben »Reeducation«: ein Weg zurück zu etwas, das schon einmal da war. Aber natürlich hängt das auch mit dem Erfolg des wirtschaftlichen Systems zusammen. (WELT v. 5. Juni 2004)

»Eine amerikanische Zeitung für die deutsche Bevölkerung«: So lautete der Untertitel der »Neuen Zeitung«, die ab dem 18. Oktober 1945 in München erschien. Zunächst zweimal in der Woche, später dreimal und seit dem 8. Mai 1949 täglich. Die Redaktion bestand aus amerikanischen Journalisten, darunter Amerikaner mit deutschem oder österreichischem Hintergrund und oft ganz jungen Deutschen.

Als Herausgeber firmierte die Information Control Division (ICD) der US-Besatzungsbehörde in Bad Homburg, deren Mitarbeiter auch Ernst Cramer war. Anliegen der überregionalen Publikation, die sich in der Zeit bis zur Gründung der Bundesrepublik zur bedeutendsten Zeitung im Nachkriegsdeutschland entwickelte, war die Information über die Besatzungspolitik, aber auch die Umerziehung, die Reeducation der deutschen Bevölkerung.

Das betonte Dwight D. Eisenhower, der Militärgouverneur der US-Zone, in seinem Geleitwort zum Start der Zeitung: »Der moralische, geistige und materielle Wiederaufbau Deutschlands muss aus dem Volk selbst kommen. Wir werden den Deutschen in diesem Wiederaufbau helfen, aber die Arbeit selbst werden wir für die Deutschen keineswegs selbst besorgen. Das deutsche Volk muss erkennen, dass es, um diesen harten Winter zu überstehen, sich losmachen muss von jenem Herdengeist, mit dem es zwölf Jahre hindurch behaftet war. Deutschland muss ein Land friedlicher Arbeiter werden, in dem der Einzelne fähig ist, seine Initiative zu gebrauchen – oder Deutschland wird keine Zukunft haben.« Weiter verkündete der General, der Geist des Militarismus müsse »aus der deutschen Gedankenwelt ausgerottet werden«. Für alle Kulturvölker der Erde sei Krieg etwas an sich Unmoralisches, die Deutschen aber müssten zu dieser selbstverständlichen Wahrheit erst erzogen werden.

Chefredakteur Hans Habe, Cramers einstiger Ausbilder für die US-Propaganda, führte bei der »Neuen Zeitung« verschiedene Rubriken ein, die dieser Aufgabe gerecht wurden. Das »Tagebuch«, anfänglich allein von Habe geschrieben, widmete sich sämtlichen Themen der Umerziehung sowie aktuellen Ereignissen, die den Deutschen auf den Nägeln brannten. Dabei ersparte er seinen Lesern nichts, übte aber auch Kritik an der Besatzungsmacht. Im Leitartikel »Missverstandene Solidarität« prangerte er die Nachsicht vieler Deutscher mit früheren »Parteigenossen« an. Ehemalige Feinde des Nationalsozialismus sympathisierten mit ehemaligen Anhängern. Ein Grund für die »Verbrüderung« sei die Enttäuschung vieler Deutscher: »Erstens, weil die Amerikaner sich nicht als Befreier, sondern als Eroberer gebärdeten; zweitens, weil sie im Prozess der Säuberung unleugbar Fehler begingen; drittens, weil sie nicht, wie erwartet, dem Produktionsprozess sofort auf die Beine halfen.« Am Beispiel der Entnazifizierung stellte er eine angespannte Beziehung zwischen Amerikanern und Deutschen fest.

Damit traf Habe einen Nerv. Auf seinen Leitartikel »Gegenseitige Enttäuschungen« hin erhielt er rund 8000 Leserbriefe. In einem weiteren Text »Erzwungene Solidarität« ging Habe auf die Reaktionen der Leser ein. Es sei zweifellos ein Fehler, dass die Alliierten zu viel von Schuld und zu wenig von Schwäche gesprochen hätten. Andererseits sei es eine Erkenntnis der Aufarbeitung, dass man die Mitläufer aus jeder verantwortlichen Stellung entfernen müsse, nicht aus Rache, »sondern weil sie offenbar Leute schwächlicher Konstitution sind, die Bazillen leicht verschleppen: gestern die Bazillen des Nationalsozialismus, morgen die einer neuen Krankheit«. In »Missverstandene Demokratie« erinnerte der Chefredakteur die missmutigen Deutschen daran, dass sie den Krieg verloren hatten und Mitverantwortung trügen, da der Nationalsozialismus sich nicht allein auf die Mitglieder der Hitler-Partei reduzieren lasse.

Hans Habe und Hans Wallenberg

Habe schrieb offen und ehrlich, legte Wert auf eine differenzierte Sicht wie respektvolle Sprache. Es ging ihm darum, die Leser ernst zu nehmen, keine Distanz zu ihnen aufkommen zu lassen. Eine weitere wichtige Rubrik war daher »Das freie Wort«, der Platz für Leserbriefe, die zahlreich in der Redaktion eingingen, mitunter bis zu 600 Stück am Tag. Viele Leser konnten ihre Erlebnisse schildern und freimütig ihre Meinung äußern. Genauer gesagt: austauschen – die Rubrik wurde so etwas wie ein Selbsthilfeforum. Umgekehrt machten die Redakteure reichlich Gebrauch von der Leserpost: als Informationsquelle und Anregung für eigene Themen zugleich. So entstand ein System der gegenseitigen Kommunikation. Habe gab die Anweisung: »Lieber den Leitartikel als den Briefkasten weglassen.«

In nahezu allen Ressorts spielten die deutsche Kollektivverantwortung für das »Dritte Reich«, die Aufklärung über das NS-Regime, die behutsame amerikanisch-deutsche Annäherung und das Werben für die Demokratie eine große Rolle – bis hinein ins Feuilleton mit dem Bemühen, wieder Anschluss an deutsche und internationale Geisteswelt zu finden. Der »Neue Zeitung«-Redakteur Hans-Joachim Netzer schrieb später von einer »psychologisch durchdachten, vernünftigen Umerziehungspolitik im besten Sinne des Wortes«, wobei die Verantwortlichen in der Redaktion als Europäer »die notwendigen psychologischen Voraussetzungen für ihre Aufgabe« mitgebracht hätten. Dafür sorgten auch Autoren und Redakteure wie Erich Kästner, Alfred Andersch, Alfred Kerr, Bertolt Brecht, Stefan Heym, Friedrich Luft und Robert Lembke. Nicht nur die Leser goutierten das. Es begeisterte auch viele junge Kollegen in der Redaktion.

Allerdings währte Hans Habes Einfluss lediglich ein halbes Jahr. Schon länger hatte er mit seinen Kollegen in der US-Besatzungsverwaltung über Kreuz gelegen. Die schnelle Vergabe von Zeitungslizenzen an Deutsche hielt er für einen Fehler. Man könne die neue deutsche Presse nicht ohne jegliches Vorbild eines »mustergültigen demokratischen Journalismus« an den Start schicken. Er war ebenso dagegen, seine Zeitung zu einem reinen Mitteilungsblatt der Amerikaner zu machen, wenn er gleichwohl deren politische Haltung transportieren wollte. »Die Neue Zeitung« sollte vor allem eine interessante, eine »richtig« andere Zeitung sein, als die Deutschen es gewohnt waren. Sie sollte deutsche Zeitungstradition und modernen angloamerikanischen Journalismus zusammenführen – stets im Sinne der Reeducation. Dagegen argumentierten die US-Presseoffiziere, es sei nicht Aufgabe der Militärbehörden, allgemeine politische Informationen zu verbreiten oder gar für Unterhaltung zu sorgen. Die Deutschen bräuchten sich keine eigene Meinung zu bilden: »The germans have to be told.« – »Den Deutschen muss man mitteilen.«

Habes Nachfolger wurde sein ehemaliger Mitstreiter Hans Wallenberg, und er setzte ab März 1946 dessen Weg fort. Wallenbergs wohl bedeutendster Leitartikel erschien am 14. Oktober 1946; der Titel lautete »Fürchtet euch nicht!«. Die ersten freien Wahlen in Berlin seit 1932 standen bevor. Die kommunistische SED forderte, gestützt auf die sowjetischen Truppen, alle Berliner auf, für sie zu votieren. Ohne sich mit der US-Militärregierung abzustimmen, schrieb Wallenberg im Namen der Freiheit und der Demokratie, verdammte die Furcht und forderte Zivilcourage. Tatsächlich erlitt die SED eine krachende Niederlage: Sie erhielt in Gesamt-Berlin nur 19,8 Prozent der Stimmen, selbst im sowjetischen Sektor waren es lediglich 29,8 Prozent. Klar stärkste Partei wurde die SPD mit insgesamt 48,7 Prozent (im Westen 51,7 und im Osten trotz Behinderungen immer noch 43,6 Prozent). An Wallenberg und dessen Wesen erinnerte Ernst Cramer aus Anlass von dessen 100. Geburtstag:

Früher als es eine Selbstverständlichkeit wurde, schrieb er zum Ärger seiner sich noch immer an alte Abmachungen klammernden Vorgesetzten, dass sich nach dem

Ernst Cramer mit
Kollegen bei einer
Redaktionssitzung
auf dem Fußboden

Sieg über den Nationalsozialismus der internationale Kommunismus zur Gefahr für die Welt entwickelte. Aber ausgerechnet er wurde später neben anderen von den Schergen des amerikanischen Senators Joseph McCarthy als Kommunistenfreund gebrandmarkt, weil Linke – u.a. Stefan Heym – im Redaktionsstab der »Neuen Zeitung« waren. Wallenbergs oft zu lange Redaktionskonferenzen dienten nicht nur der jeweils zu gestaltenden Ausgabe, sondern waren alle Bereiche des menschlichen Lebens umfassende, an eine Universität erinnernde Seminare. Es ist kein Zufall, dass seine Redakteure sich später in allen bedeutenden deutschen Zeitungen und Sendern wiederfanden. (WELT v. 17. November 2007)

Doch auch Wallenberg wollte sich dem zunehmenden Druck der US-Presseoffiziere, die eine andere redaktionelle Gestaltung verlangten, nicht beugen. Er legte im September 1947 die Chefredaktion nieder. Nach einem Interimsleiter wurde im Februar 1948 der Amerikaner Jack Fleischer, Europakorrespondent einer Nachrichtenagentur, auf Empfehlung des inzwischen offiziellen Militärgouverneurs Lucius D. Clay als neuer Chefredakteur eingesetzt, um im sich verschärfenden Ost-West-Konflikt den amerikanischen Standpunkt lupenrein in der »Neuen Zeitung« zu repräsentieren. Fleischer verstärkte den US-Redakteursstab durch mit Ressentiments geladene alliierte Journalisten – so sahen es zumindest die deutschen Mitarbeiter in der Rückschau. Sie durften nur noch selten oder begrenzt an Redaktionskonferenzen teilnehmen, Manuskripte der deutschen Kollegen wurden streng zensiert. Selbst US-Journalisten, auf eine Mitarbeit angesprochen, warnten: »Die Neue Zeitung« könne man entweder so machen wie unter Habe und Wallenberg, »oder man macht sie kaputt«.

Neben der »politischen« Ausrichtung änderte sich auch die redaktionelle Struktur. Nachdem bereits 1947 der US-Sektor in West-Berlin eine eigene Ausgabe der »Neuen Zeitung« erhalten hatte, setzte die ICD in München die Dezentralisierung von Redaktion und Druck fort. So erschien ab Juni 1949 auch eine eigene Ausgabe in Frankfurt am Main. Der organisatorische, aber vor allem der inhaltliche Wechsel führte zu Verwerfungen in der Redaktion, die so stark waren, dass Fleischer gehen musste.

Mit seinem Nachfolger Kendall Foss, Korrespondent amerikanischer Zeitungen und einer der Initiatoren der Freien Universität in Berlin, begann auch Ernst Cramers Zeit bei der »Neuen Zeitung«. Als Mitarbeiter der Presseabteilung der US-Besatzungsbehörde hatte er die Entstehung und Entwicklung des Blattes begleitet und als Freund von Habe die Probleme aufmerksam verfolgt. Sein Start als stellvertretender Chefredakteur war alles andere als einfach. Nicht nur wegen des schlechten Klimas. Foss, der die Zeitung wieder stärker zu einem Forum der deutsch-amerikanischen Verständigung machen wollte, und Cramer bekamen ein Drei-Mann-Direktorium als Kontrollinstanz vorgesetzt.

Stück für Stück verspielte die Zeitung Kredit bei den Lesern. Bei einer Meinungsumfrage in der US-Zone im Herbst 1947 hatten sich nur etwas mehr als ein Zehntel der Befragten daran gestört, dass die »Neue Zeitung« von der Besatzungsmacht herausgegeben wurde. Mehr als die Hälfte (55 Prozent) war der Meinung, dass dies die Freiheit des Blattes nicht beeinträchtige. Im Dezember 1948 äußerten sich schon 22 Prozent der Leser kritisch zur Frage nach der Neutralität der politischen Berichterstattung, und nur noch die Hälfte hielt die »Neue Zeitung« für unparteiisch.

Gleichwohl war Cramer angetan von der Art des Journalismus, der dort praktiziert wurde. Seine erste Aufgabe bestand jedoch darin, Gemüter zu beruhigen. Er musste als Vermittler zwischen dem amerikanischen Direktorium und den deutschen Redakteuren wirken. Keine leichte Aufgabe. Jack M. Stuart, einer der drei Direktoren, hatte, als er in Bad Nauheim noch für die Lizenzierungen zuständig war, binationale Mitarbeiter aufgefordert, wie richtige Amerikaner zu agieren. »Du musst Dich entscheiden«, riet er auch Ernst Cramer, »ob Du ein Deutscher oder ein Amerikaner bist«. Cramer hatte sich jedoch längst entschieden: Obwohl er einen amerikanischen Pass besaß, sei er im Herzen immer Deutscher geblieben.

Cramers Funktion bei der »Neuen Zeitung« erwies sich in der ersten Zeit als durchaus unangenehm. So wurde Foss am 5. Februar 1949 über neue Arbeitsrichtlinien informiert, die die Chefredaktion durchzusetzen habe. Bei Cramer, der sich dem Thema Reeducation verschrieben und gute Erfahrungen in der Lizenzierungsabteilung gemacht hatte, dürfte die Anordnung nicht gerade Begeisterung ausgelöst haben. Sie ist in den Akten der US-Militärregierung überliefert. Darin wurde gleich zu Beginn klargestellt: »Der Herausgeber der ›Neuen Zeitung‹ führt alle Vorgänge nur noch gemeinsam mit seinen amerikanischen Assistenten durch. Dies soll dazu führen, dass eine sofortige Einhaltung der Richtlinien und Anweisungen möglich ist.« Aufgabe der Zeitung sei es zwar, die deutsche Bevölkerung sachlich über die amerikanische Politik und Außenpolitik und die US-Aktivitäten in Deutschland aufzuklären sowie über die kulturellen, wissenschaftlichen, politischen, historischen und wirtschaftlichen Entwicklungen in den Vereinigten Staaten zu informieren. So solle die deutsch-amerikanische Freundschaft gefördert und eine bessere Verständigung erreicht werden. Der Hauptzweck blieb jedoch: »Die ›Neue Zeitung‹ hat die grundlegende Funktion, als ein Organ der Militärregierung zu dienen und zu fungieren.«

Entsprechend galt: »Sollte die deutsche Meinung von der Meinung der amerikanischen Militärregierung in Bezug auf bestimmte Themen abweichen, wird diese Zeitung nicht als Forum dienen, um die deutsche Meinung bezüglich dieser Themen zu vertreten. In diesem Zusammenhang ist der grundlegende Zweck, einzig und allein den amerikanischen Standpunkt darzustellen.« Die Zeitung werde zudem weder die Politik noch die Aktionen der Besatzungsbehörden von Frankreich oder Großbritannien kritisieren. Was nicht bedeuten solle, »dass eine sachliche Berichterstattung über Nachrichtenentwicklungen in einer anderen Hinsicht nicht möglich ist«. Aber: »Nur wenn Artikel eindeutig als redaktionell gekennzeichnet sind, dürfen diese bearbeitet werden.«

Allein die amerikanischen Mitarbeiter der Zeitung sollten entscheiden, in welcher Form Themen journalistisch behandelt würden. Angesichts dieser Anweisung konnte der Schluss nicht überraschen: »Unter keinen Umständen wird ein Amerikaner bei jeglichen Tätigkeiten unter einen Deutschen gestellt. Außerdem werden die Pflichten eines Amerikaners nie so definiert, dass die unter ihm arbeitenden Deutschen zu irgendeinem Zeitpunkt frei von seiner redaktionellen Aufsicht sind.«

Offensichtlich herrschte nach der Zeit von Habe und Wallenberg an der Spitze des Blattes starkes Misstrauen gegenüber deutschen Mitarbeitern. Dem wollten sich vor allem junge Redakteure nicht unterwerfen. Zum Beispiel Peter Boenisch, später mehrfach Chefredakteur im Axel Springer Verlag sowie Regierungssprecher von Helmut Kohl, verließ die Redaktion. Laut einem internen Schreiben vom 7. Februar 1949, über das die »Frankfurter Neue Presse« berichtete, hatten er und andere Mitstreiter erklärt: »In Zukunft wird die ›Neue Zeitung‹ ausschließlich als Organ der Militärregierung fungieren. Dies bedeutet, dass die ›Neue Zeitung‹ in Zukunft nur noch ein offizielles Mitteilungsblatt und keine Zeitung mehr sein kann. Dieses Mitteilungsblatt wird nicht mehr als ein ›Forum für die deutsche Meinung‹ zugelassen. Die deutschen Vorstellungen und auch die Meinung der Deutschen steht im Gegensatz zu den amerikanischen Prinzipien, welche als die Offiziellen gelten. Daher dürfen weder deutsche Meinungen noch deutsche Ansichten im Mitteilungsblatt diskutiert werden. Unsere Vorstellungen von einem fairen Journalismus stimmen weder mit diesen Vorschriften noch mit der strengen Zensur durch amerikanische Beamte überein. Durch diese Forderungen wird eine Situation geschaffen, wie sie nicht einmal 1945 existierte. Der Weg der ›Neuen Zeitung‹ sollte eigentlich zu einer Verständigung zwischen den Deutschen und den Amerikanern führen. Wir bedauern sehr, dass dieser Weg erst unterbrochen und nun gänzlich blockiert wurde. Uns scheint, dass diese neue Situation das Ergebnis einer extremen Skepsis gegenüber Deutschland ist und das Resultat einer gezielten antideutschen Kampagne. Anscheinend wurden Beamte der amerikanischen Militärregierung durch diese ›Skepsis‹ irregeleitet. Daraus resultiert ein Rückfall in die schärfste Zensur. Dies steht in einem starken Widerspruch zu den außenpolitischen Zielen, welche die USA ursprünglich angekündigt hatten.«

Ihren Austritt aus der Redaktion erklärte auch Hildegard Brücher, die Leiterin des Wissenschaftsressorts und später unter dem Doppelnamen Hamm-Brücher als FDP-Politikerin bekannt. Auch sie begründete ihren Schritt mit den völlig veränderten Aufgaben, die nicht mehr den Voraussetzungen entsprächen, unter denen sie am 1. November 1945 ihrer Mitarbeit begonnen hatte. »Die Briefträgerdienste zwischen Militärregierung und deutscher Öffentlichkeit, die man uns in Zukunft zugedacht hat, können spielend von jedem anderen, der deutschen Sprache Kundigen, erledigt werden«, merkte Brücher ironisch an.

Wie Ernst Cramer zum Weggang der enttäuschten deutschen Redakteure stand, ist nicht zu erkennen. Er setzte die Vorgaben um. Am 28. Januar 1949 schickte er eine

Liste mit allen Mitarbeitern der »Neuen Zeitung« an die Nachrichtenabteilung der US-Militärregierung: »Diese Personen sind entweder für verschiedene Abteilungen zuständig oder fungieren als Chefkorrespondenten. Jede einzelne dieser Personen wird irgendwann untersucht werden müssen. Als Vorsichtsmaßnahme wird jedoch verlangt, dass alle Akten der NSDAP überprüft werden. Dabei soll festgestellt werden, ob sie Informationen über eine der Personen beinhalten, die bei der ›Neuen Zeitung‹ arbeiten«, fügte Cramer hinzu. Die Überprüfung im Berlin Document Center, in dem die US-Army alle aufgefundenen Unterlagen der NSDAP gesammelt hatte, darunter 10,7 Millionen Karten der Mitgliederkartei, gehörte in den späten 1940er-Jahren zu den Standardprozeduren.

Am 14. Februar 1949 ergingen neue Richtlinien zur Überprüfung des Personals und wurden der Redaktion zugestellt. Das Misstrauen war nicht aus der Luft gegriffen. Ende November 1948 hatte der Betriebsrat die Leitung darauf aufmerksam gemacht, dass »Kräfte in der Redaktion Eingang gefunden« hätten, die entweder früher als NSDAP-Mitglieder publizistisch den Nationalsozialismus unterstützt hätten oder in ihrer Gesinnung »heute als Neofaschisten anzusprechen sind«. Andere könnten keine befriedigenden, für ihre antinationalsozialistische Gesinnung sprechenden Beweise erbringen. »Der Verdacht besteht, dass solche Journalisten die Möglichkeit finden, ihre der demokratischen Entwicklung Deutschlands abträglichen Gedanken, wenn auch in verschleierter Form, den Lesern einzuimpfen.« Derlei könne über die Redaktion hinaus den Gesamtbetrieb beunruhigen. Zumal beispielsweise kein technischer Arbeiter eingestellt werde, dem Aktivitäten zugunsten des Nationalsozialismus nachgewiesen wurden. Da bereits einige durchaus wertvolle Mitarbeiter der Redaktion aufgrund früherer Verstrickung gegangen seien, empfahl der Betriebsrat, den Personalbestand der Redaktion insgesamt »einer eingehenden Überprüfung zu unterziehen«.

Die Situation ging noch auf die Anfangszeit unter Hans Habe zurück. Er hatte entgegen den Anweisungen der US-Behörden deutsche Redakteure angestellt, bevor sie von der Intelligence Branch überprüft worden waren. Habe hatte sich auf die Aussagen der Bewerber und seine Menschenkenntnis verlassen – und mitunter gewaltig geirrt, wie er später selbstkritisch einräumte:

Deutsche Presseausstellung 1948 in München – und Ernst Cramer mittendrin

Ernst Cramer trug die Verantwortung für den amerikanischen Stand und unterstützte deutsche Verlage bei der Vorbereitung. Dafür wurde er von seinen US-Vorgesetzten in den höchsten Tönen gelobt, da die Presseausstellung, wie der ICD-Direktor betonte, »von großer Bedeutung für die Erfüllung der Mission der Militärregierung« gewesen sei

»Mein Wirtschaftsredakteur, dem ich gleichfalls mit vollem Vertrauen entgegengekommen war, hatte ›vergessen‹, mich darüber zu unterrichten, dass er vorher im ›Völkischen Beobachter‹ die gleiche Position bekleidet hatte.« Habe suchte die Schuld bei anderen. Der Ansturm der Kandidaten für eine Mitarbeit sei fast so groß gewesen wie die der Abonnenten. »Wenn ich am Morgen mein Vorzimmer durchquerte, hatte ich den Eindruck, halb Deutschland wolle sich dem Journalismus verschreiben.« Zudem habe der Nachrichtendienst bei der Überprüfung »unheimlich langsam« gearbeitet. Das befohlene »Clearing« sei daher »praktisch undurchführbar« gewesen. Tatsächlich standen die Akten im Berlin Document Center erst ab Ende 1946 für Überprüfungen zur Verfügung – vorher hatten sie geordnet und erschlossen werden müssen.

Das Problem des Umgangs mit »politischen Altlasten« war selbstverständlich nicht auf die Redaktion beschränkt – es betraf die gesamte Nachkriegsgesellschaft. Dazu veröffentlichte Ernst Cramer 1950 unter dem Titel »Die Macht des Publikums« ein Editorial:

Vor kurzer Zeit hatten einige in Deutschland erscheinende Zeitungen die Tatsache bedauert, dass ein Rundfunksprecher in einer Reportage in den Jargon des »Dritten Reiches« zurückgefallen war. Andere Tageszeitungen haben daraufhin behauptet, eine solche Kritik sei den Ansehen Deutschlands im Ausland schädlich. Es ist in letzter Zeit öfter vorgekommen, dass deutsche und ausländische Journalisten über Entwicklungen in Deutschland berichtet haben, die man mit dem Schlagwort »Renazifizierung« zu bezeichnen pflegt. Jedes Mal, wenn solche Berichte gegeben werden, wird von anderer Seite kommentiert, dass auf diese Weise Deutschlands Kredit im Ausland »planmäßig« zerstört werde.

Es erhebt sich die Frage, ob hier nicht von vielen Ursache und Wirkung verwechselt wird. Die Worte eines Rundfunksprechers, die Reden von Bundestagsabgeordneten, die Leitartikel von Zeitungen und Zeitschriften werden vom Ausland gehört und gelesen, ganz gleichgültig, ob eine Zeitung innerhalb Deutschlands die Aufmerksamkeit darauf lenkt oder nicht. Wenn also deutsche Zeitungen Missstände oder Missgriffe aufgreifen und anprangern, so beschmutzen sie damit keinesfalls das eigene Nest. Sie erfüllen vielmehr ihre Pflicht, die deutsche Öffentlichkeit auf das Bedenkliche dieser Entwicklung hinzuweisen. Im Übrigen aber trägt die Kritik der deutschen Presse dazu bei, den schlechten Eindruck, den diese Erscheinungen im Ausland hervorrufen müssen, wenigstens bis zu einem gewissen Grad abzuschwächen.

In diesen Tagen wird die Stadt München das Schauspiel erleben, dass ein Regisseur, der während des »Tausendjährigen Reichs« in der damaligen »Hauptstadt der Bewegung« nicht nur durch Können, sondern auch durch Protektion und durch Zugeständnisse an den Geschmack der Gosse zur Prominenz gelangt war, mit einer Operettenaufführung an die Stätte seines einstigen Wirkens zurückkehrt, die er schon in anderen deutschen Großstädten gezeigt hat. Die Öffentlichkeit, die wir oben zitier-

ten, wird dazu sagen, dass sie nichts machen könne, da ja auch die Denazifizierungs-
behörden in diesem Fall anscheinend versagt hätten und der Regisseur heute wie vor
zehn Jahren Protektion genieße. Aber das stimmt nicht. So ganz machtlos ist diese
Öffentlichkeit nicht, denn von ihrem Verhalten hängt es ab, ob das Wiedererschei-
nen dieses Regisseurs in München ein Erfolg wird oder nicht. Freilich, die Freunde
dieses Mannes aus der damaligen Zeit werden auf jeden Fall da sein. Ihnen ist es
gleichgültig, auf welch schmutzige Weise er es damals zum Favoriten des Gauleiters
von Oberbayern brachte, es macht ihnen auch nichts aus, dass er für diese Arbeit
Riesensummen einsteckte und dass er seine Stellung in einer Weise ausnutze, die ihn
sogar für seine Protektoren eine Zeitlang untragbar erscheinen ließ.

Es ist fraglich, ob die Öffentlichkeit zu dem Machtmittel greifen wird, das ihr in
einer Demokratie immer zur Verfügung steht: nämlich den Vorführungen fernzu-
bleiben. Neugierde, Sensationsdrang und zu einem großen Teil auch Gleichgültigkeit
werden möglicherweise das Wiederauftreten dieses Mannes auch in München zu
einem Erfolg werden lassen. Die Freunde Deutschlands im Ausland werden es dann
sehr schwer haben zu beweisen, dass es nicht wirkliche Repräsentanten Deutschlands waren, die diesem Regisseur applaudierten. (Neue Zeitung v. 9. Juni 1950)

Cramer setzte die Vorgaben seiner amerikanischen Vorgesetzten zwar um, aber nicht
kritiklos. In der angespannten Situation Anfang 1949 suchte er das klärende Gespräch.
Wie sehr gerungen wurde, wurde in einem Trauerbrief Cramers für ein ehemaliges
Mitglied des Direktoriums deutlich. Man habe unterschiedliche Argumente gehabt,
aber alle Meinungsverschiedenheiten seien einvernehmlich gelöst worden. Beide, also
Cramer und der Verstorbene, hätten gewusst, wann man sich an die eigenen Prinzipi-
en zu halten habe und wann man Kompromisse eingehen müsse.

Sehr aufmerksam beobachtete Cramer die Stimmungen in Bayern, auch was alte
und neue Ressentiments betraf, vor allem gegenüber Juden. Ausführlich berichtete er
darüber im März 1949 in einem Rundbrief an die »Groß Breesener« zu einem Zeitpunkt, als sich die bevorstehende Gründung zweier deutscher Staaten immer deutlicher abzeichnete:

Es ist sehr schwierig, sich ein faires und vollständiges Bild von der Situation hier
zu machen. Wenn man, so wie es viele tun, behauptet, es gäbe in Deutschland weit
verbreiteten Nationalismus, bekommt man ein falsches Bild. Wenn man aber sagt,
es gäbe keinen Nationalismus, wäre das auch falsch. In Deutschland sind all jene
gefährlichen Elemente präsent, die verschiedene Gruppen zu chauvinistischen Einstellungen verleiten können. Ich lebe jedoch schon lange genug hier, um behaupten
zu können, dass die große Mehrheit des deutschen Volkes, insbesondere der deutschen Jugend, dazu bereit ist, mit dem Rest der freien Welt zusammenzuarbeiten.
Insbesondere habe ich nirgendwo in Europa eine so weit verbreitete Sehnsucht für

eine europäische Zusammenarbeit wahrgenommen, wie sie heute in Westdeutschland zu finden ist.

Es ist zu hoffen, dass diese Sehnsucht des deutschen Volkes bald international genutzt und verwendet wird. Es gibt gewiss kleine Gruppen, die versuchen, die Massen zu beeinflussen und zu nationalistischen, nazistischen, antisemitischen, faschistischen oder national-bolschewistischen Handlungen zu drängen. All diese Gruppen unterscheiden sich nicht wirklich in ihren Methoden und sind außerdem viel mächtiger als jene Gruppen, die sich wirklich ein friedliches Deutschland in einer vereinten und freien Welt wünschen. Erst kürzlich nahm ich an einem Treffen teil, bei dem sich eine große Gruppe von deutschen Bürgern versammelte und ein Schweizer Verleger über die Frage des deutschen Nationalismus sprach. Solche Bürgerversammlungen finden im ganzen Land statt, insbesondere in der amerikanischen Zone Deutschlands. Viele von ihnen werden von der amerikanischen Militärregierung gefördert und sollen den Deutschen zeigen, dass sie ihre Probleme offen diskutieren müssen.

Nach solchen Diskussionen können die gewählten Amtsträger gezwungen werden, im Interesse des deutschen Volkes zu handeln und keine Entscheidungen hinter verschlossenen Türen zu treffen. Bei dieser Sitzung warnte außerdem ein sehr prominenter SPD-Abgeordneter die Zuhörer, nicht erneut kleinen Gruppen von politischen Agitatoren zum Opfer zu fallen. Er hoffe, dass die ausländischen Mächte, von denen Deutschland abhängig ist, nicht den gleichen Fehler wie nach dem Ersten Weltkrieg machen.

In demselben Rundbrief sprach Ernst Cramer ein sehr großes Problem an, das Wiederaufleben von Antisemitismus in Deutschland. Schonungslos analysierte er die Hintergründe:

Leider muss man sagen, dass es nach 1945 zwar sehr gute Chancen gab, den Antisemitismus weitgehend auszumerzen, nun jedoch antisemitische Tendenzen wieder stärker verbreitet sind, als sie es für eine lange Zeit waren. Ich wage zu behaupten, dass der Antisemitismus nun auch Kreise erfasst hat, die nicht einmal in den Jahren des Nationalsozialismus von dieser Pest befallen waren. Dafür gibt es natürlich keine Entschuldigung, jedoch gibt es vielleicht eine Erklärung.

Während all der Jahre der nationalsozialistischen Tyrannei wurde den Deutschen von ihren Führungskräften eingebläut, die Juden seien für alles verantwortlich, was passiert. Immer wenn das Wort Jude verwendet wurde, entstand das Bild eines Juden, das in Deutschland vor 1945 fast nicht existierte. Während also in Broschüren, Büchern und Zeitungen der Jude als eine Person beschrieben wurde, der die deutsche Sprache nicht richtig spricht, andere Manieren hat als die Deutschen, ein Nomade ist und alles Deutsche hasst, waren solche Juden in Wirklichkeit kaum in Deutschland zu finden.

Nach 1945 kamen nun Zehntausende Juden direkt aus deutschen Konzentrationslagern oder aus Internierung in ihren östlichen Heimatländern nach Deutschland. Sie entsprachen dem Bild, auf das das deutsche Volk koordiniert worden war. Nun sahen die Deutschen den Juden plötzlich so, wie er von den Nazis gemalt worden war. Diese Leute sprachen die deutsche Sprache nicht richtig, stattdessen sprachen sie Jiddisch. Diese Leute waren an nichts Deutschem interessiert, sie interessierten sich nur für ihre eigene Kultur. Diese Leute hassten die Deutschen (nicht weil sie alles hassten, was nicht jüdisch war, wie die Nazis immer behauptet hatten, sondern, weil die Deutschen die meisten ihrer Verwandten getötet und sie unter unglaublich grausamen Umständen im Konzentrationslager gehalten hatten).

Dieser Hass von Juden, die nach 1945 wieder in Deutschland leben, ist noch nicht gestorben und wird es wahrscheinlich auch nie tun. Das ist sehr verständlich, aber gleichzeitig auch äußerst gefährlich. Die meisten dieser jüdischen Displaced Persons waren nach dem Krieg in Lagern untergebracht, wo sie ein menschenwürdiges Leben führen konnten. Eine sehr kleine Minderheit begann jedoch, sich »an den Deutschen zu rächen«. Man darf nicht vergessen, dass all diese Menschen ohne auch nur einen Cent nach Deutschland kamen, denn ihr ganzes Geld war ihnen weggenommen worden. Sie hofften, Deutschland bald verlassen zu können, und das hoffen sie nach wie vor. Gleichzeitig wissen sie jedoch, dass die Chance, irgendwo auf der Welt einen Lebensunterhalt zu verdienen, für arme Männer und arme Frauen sehr gering ist. Sie waren aber der Meinung, dass sie während ihres Aufenthalts in Deutschland so viel Reichtum wie möglich machen durften. Dies rechtfertigten sie damit, dass die Deutschen ihnen all ihre Besitz- und Reichtümer weggenommen hatten, ihre Lebensweise zerstört und ihre Verwandten ermordet hatten.

Deshalb versuchten sie, auf Biegen und Brechen Geld zu verdienen, was zur Folge hatte, dass eine große Zahl mit Schwarzmarktaktivitäten begann. Es ist leider wahr, dass jüdische D. P.s mit fast jedem Schwarzmarktfall, der in den letzten drei Jahren in Deutschland aufgedeckt wurde, in Verbindung stehen. Wie ich bereits sagte, ist das durchaus verständlich. Doch wenn ich sage, dass es verständlich ist, muss ich auch hinzufügen, dass ich es trotzdem für unentschuldbar halte. Noch wichtiger ist jedoch, dass es eine enorme Auswirkung auf weite Teile der deutschen Bevölkerung hat. Die meisten Deutschen berücksichtigen nicht, dass die jüdischen D. P.s verbittert und voreingenommen sind und zu Recht gegen das deutsche Volk vorgehen. Sie sehen jüdische D. P.s nur als Anführer oder Hauptbeteiligte bei Schwarzmarktringen. Sie sehen, dass einige wenige Juden innerhalb kürzester Zeit wieder viel Geld gesammelt haben. Sie sehen nicht die vielen, die noch genauso arm sind wie vor drei Jahren und immer noch auf eine Chance warten, sich irgendwo in der Welt niederzulassen, die meisten von ihnen, wenn möglich, in Israel.

Ich glaube nicht, dass der Antisemitismus ganz verschwinden wird, selbst dann nicht, wenn die meisten D. P.s Deutschland verlassen haben. Doch ich denke, dass,

sobald die D. P.s, die umsiedeln können, gegangen sind, der Kampf gegen den Antisemitismus wieder aufgenommen werden kann und dann auch eine Erfolgschance
hat. Dann werden nur noch die Juden zurückbleiben, die dazu bereit sind, ein Teil
der deutschen Wirtschaft zu werden (was die D. P.´s zurzeit nicht sind) und die, die
zu alt oder zu krank sind, um zu gehen. Dann muss eine groß angelegte Kampagne
der Aufklärung gestartet werden, um sowohl Toleranz gegenüber den Deutschen als
auch den Juden zu lehren. (18. Rundbrief an die alten Groß Breesener v. April 1949)

Neben seiner administrativen Tätigkeit im Hintergrund trat Ernst Cramer auch öffentlich in Erscheinung, als Autor in der »Neuen Zeitung« oder bei Vorträgen. Am
29. November 1950 zum Beispiel sprach er über die politische Aufgabe des Redakteurs. Jeder Journalist einer Tageszeitung, ob nun im politischen Ressort oder im
Wirtschaftsressort, dem Sport oder dem Feuilleton, sei in gewissem Sinne ein politischer Redakteur oder solle es zumindest sein. Auch ein Theaterstück oder ein Fuß-
ballspiel könne politisch sein. Beispielsweise war das erste Fußball-Länderspiel nach
dem Krieg zwischen der Bundesrepublik und der Schweiz wenige Tage zuvor auf den
ersten Blick zwar »keine politische Demonstration«, sondern eine Kundgebung sport-
licher Freundschaft. Tatsächlich sei das Spiel selbst wirklich ein Musterbeispiel echten
internationalen Sportgeistes gewesen, aber als solches, nämlich als Zeichen des Inter-
nationalismus, wiederum ein Politikum. Cramer fuhr fort:

Von einer großen, früher in Deutschland erschienenen Zeitung hat man einmal gesagt, dass ihr politischer Teil demokratisch, ihr Wirtschaftsteil freisinnig, ihr Sport-
teil nationalistisch und ihr Feuilletonteil kommunistisch gewesen sei. Ich bin der
Meinung, dass man durch eine solche Aufteilung beziehungsweise durch ein solches
Nebeneinander-, manchmal sogar Gegeneinanderlaufen der Bestrebungen innerhalb eines Blattes nichts erreicht, ja, dass damit sogar Unheil angerichtet wird. Lassen Sie uns also auf die Frage zurückkommen, ob und wie weit auch ein Feuilleton-
redakteur oder ein Theaterkritiker ein politischer Redakteur ist und sein muss. Ich
werde, wenn es Ihnen recht ist, als Beispiel heute Dinge erwähnen, die in der letzten
Zeit akut geworden sind, und zu erklären versuchen, wie wir diese Probleme bei uns
in der »Neuen Zeitung« gelöst haben.
Als Beispiel für die politische Aufgabe des Feuilletonredakteurs möchte ich die
Münchener Aufführung des Bert-Brecht-Stückes »Mutter Courage und ihre Kinder«
nehmen. Ich glaube, die Tatsachen als bekannt voraussetzen zu können: Bert Brecht
ist ein anerkannt hervorragender Dramatiker. Das Stück »Mutter Courage und ihre
Kinder« ist bereits in anderen großen Städten aufgeführt worden, und zwar überall
mit ziemlichem Erfolg. Auf der anderen Seite ist aber Bert Brechts politische Sympa-
thie für die kommunistischen Machthaber bekannt. In einer Redaktion, in der die
politische Abteilung vollkommen getrennt von der kulturellen Abteilung arbeiten

würde, würde der Theaterkritiker sich lediglich mit der Aufführung als solcher und ihrem künstlerischen Wert beschäftigen. Er müsste meiner Meinung nach, wenn er objektiv ist, zu dem Schluss kommen, dass – was schon vorher bekannt war – das Stück hervorragend ist und dass die Münchner Aufführung ausgezeichnet war. Damit allein ist aber dem Leser nicht gedient. Mit anderen Worten: Dieses Theaterstück muss auch vom Politischen her gesehen werden, und so wird es die Aufgabe des Redakteurs, dafür zu sorgen, dass auch die politische Fragestellung, die sich bei den Besuchern einstellt, in der Zeitung diskutiert wird. Für diesen Zweck hat die »Neue Zeitung« zum Beispiel den Typ der doppelten Berichterstattung entwickelt. Während also selbstverständlich die künstlerische Seite der Sache ohne jede Beziehung zum Politischen hin dargestellt und kritisiert wird, wird in derselben Nummer oder vielleicht in der darauffolgenden Ausgabe der Zeitung zu dem anderen Teil, dem politischen, Stellung genommen.

Jeder Redakteur muss sich dauernd fragen, ob und in welcher Weise das Aufgabengebiet, das er gerade bearbeitet, in irgendeiner Form eine politische Wirkung hat oder haben könnte, wobei es dann vollkommen gleichgültig ist, ob es eine innenpolitische oder außenpolitische Wirkung wäre. Erlauben Sie mir, als zweites Beispiel den Fall Harlan, der in letzter Zeit des Öfteren in der Presse zitiert worden ist, herauszugreifen. Veit Harlan, Regisseur des künstlerisch wahrscheinlich sehr guten, propagandistisch in seiner Wirkung jedoch verheerenden Goebbels-Filmes »Jud Süß«, wurde, wenn ich richtig informiert bin, sowohl von der Spruchkammer als auch von einem öffentlichen Gericht freigesprochen. Er hat also nach allen Spielregeln der Demokratie das Recht, seinen Beruf wieder auszuüben. Trotzdem gibt es aber eine große Zahl Menschen in Deutschland und eine noch größere Zahl im Ausland, die sich fragen, ob es richtig ist, dass der Film eines demokratischen Nachkriegsdeutschlands von dem gleichen Mann repräsentiert wird, der sich zum Handlanger wüstesten Rassenhasses gemacht hat. Wie weit er das freiwillig oder unfreiwillig tat, wie weit er sich über die Wirkung seines Filmes im Klaren war, tut hier nichts zur Sache. Wesentlich ist das Endprodukt.

In dieser Situation ist es nun die Aufgabe eines politisch verantwortlichen Blattes, und damit eines politischen Redakteurs, die Öffentlichkeit darauf aufmerksam zu machen, dass das Wiederauftreten eines solchen Mannes Gefahren in sich birgt, Gefahren innenpolitischer Art, aber, was in diesem Fall wichtiger ist, auch Gefahren außenpolitischer Art.

Es ist unerhört wichtig, dass Deutschland zurzeit in der ganzen Welt »good will« aufbaut. Diese Aufbauarbeit wird unerhört schwierig, wenn die Öffentlichkeit es duldet, dass Menschen, deren Namen mit der nazistischen Vergangenheit in engsten Zusammenhang gebracht werden können, heute wieder an prominenter Stelle auftreten. Diese Diskussion zu führen, ist Aufgabe der Öffentlichkeit und deshalb selbstverständlich in erster Linie die Aufgabe der Presse.

Die wichtigste politische Aufgabe einer Zeitung sei, die Leser zu informieren. Natürlich gebe es keine 100-prozentige Objektivität. Trotzdem müsse der Versuch gemacht werden, die Nachrichten dem Leser so objektiv wie möglich weiterzugeben. Dieses »Primat der Nachricht« sei besonders in den amerikanischen Zeitungen auffällig. So habe er vor einigen Wochen einen Brief eines früheren Kollegen erhalten, der über seine Zeitung folgendes schrieb: »Our news-part is excellent – our editorial policy stinks. But I am only responsible for the news-part.« Unabhängig vom persönlichen Urteil sei die Trennung von Nachricht und Kommentar typisch für die US-Presse. Daran schloss Cramer an:

> Die Tradition in Deutschland war, wie Sie wissen, etwas anders. Es war hier sehr oft üblich, Nachrichten und Kommentare zu vermengen, sodass der Leser nie genau wusste: Wo hören die Tatsachen auf und wo fängt die Meinung des Redakteurs bzw. des Blattes an? Seit dem Krieg ist die Trennung zwischen Nachricht und Kommentar auch in deutschen Zeitungen viel stärker ausgebildet, besonders in den Zeitungen, die wirklich Anspruch darauf erheben, international anzuerkennende Informationsblätter zu sein. An einem solchen Blatt mitzuarbeiten, ist für einen politisch wachen Menschen meiner Meinung nach ein reines Vergnügen, während ich mir vorstelle, dass die Arbeit an einem Blatt, das Nachrichten, wenn auch nicht verfälscht, so doch zumindest so aussucht, dass sie im Endeffekt nur für eine Richtung günstig aussehen, eine Qual sein muss. Ich habe mir in den letzten Wochen öfter Zeitungen verschiedener Parteien – es handelt sich hauptsächlich um Splitterparteien, die bis jetzt kaum irgendwelchen Einfluss erringen konnten – angesehen. Ich muss sagen, dass das, was in diesen Blättern an Information dem Leser aufgetischt wird und besonders die Form, in der es gemacht wird, eine politische Verantwortungslosigkeit ist, die manchmal nur noch von den Reden, die die Vertreter dieser Parteien in der Öffentlichkeit halten, übertroffen wird.

Cramer formulierte einen hohen Anspruch an den Berufsstand, zu dem er nun gehörte:

> Ich bin nun einmal der Meinung, dass jeder in der Öffentlichkeit wirkende Mensch, und zu diesen gehören ja wir Redakteure, eine Aufgabe hat. Diese Aufgabe ist, aufklärend zu wirken. Aufklärung kann aber eben nur auf echtem Wissen beruhen. Dieses Wissen zu vermitteln, ist wiederum unsere Pflicht. Eine Zeitung, die nur Nachrichten bringt, hat schon einen großen Schritt auf dem richtigen Wege getan. Die Kenntnis der Tatsachen allein genügt aber noch nicht. Jeder in der Öffentlichkeit stehende Mensch ist meiner Meinung nach verpflichtet, auch noch seine Auffassung von den Dingen kundzutun. Das ist dann der zweite große Schritt zur öffentlichen Aufklärung, die ja die Aufgabe einer Zeitung ist. Es ist wichtig, dem Leser zu erklä-

ren, wie die einzelnen Ereignisse zusammenhängen. Es ist wichtig, ihm zum Beispiel darzustellen, wie der Angriff in Korea und die Aufstände auf den Philippinen und die Unruhen in Indonesien und die Guerillakämpfe in Indochina und der Einfall in Tibet und der Nationalistenaufstand in Nepal zusammenhängen. […]

In vielen politischen Analysen werden die meisten politischen Beobachter zu denselben Schlüssen kommen. In anderen werden sie zu genau dem entgegengesetzten Ergebnis kommen, weil die Tatsachen zwar immer dieselben sind, weil aber die Begründung, die Analyse, etwas ist, das sich auf die Meinung des Analytikers aufbaut; und glücklicherweise sind die Menschen der Welt nicht immer einer Meinung. Ein politischer Redakteur muss natürlich in dem Bestreben, seinem Leser die Ereignisse plausibel zu machen, versuchen, möglichst alle Gedankengänge mit zu verarbeiten. Wenn er über eine lange Zeit hinweg mit seinen Analysen das Richtige getroffen hat, dann wird er das Vertrauen seiner Leser gewinnen und sie werden ihm auch für kühnere Projekte Glauben schenken. Ein guter politischer Redakteur vertritt also das, was er bzw. seine Freunde sich in langwierigen, genauesten Überlegungen erarbeitet hat. Ein schlechter politischer Redakteur hört darauf, was die »vox populi«, die Stimme des Volkes, gern hören möchte, und kommentiert dann in diesem Sinne.

Einfache Antworten, warnte Ernst Cramer seine Zuhörer, seien meistens falsch. Schon Vereinfachungen könnten in die Irre führen. Als Beispiel griff er die Frage der europäischen Zusammenarbeit auf:

Zur selben Stunde, da wir hier zusammensitzen, tagt in München eine Gruppe junger Europäer, die sich wahrscheinlich, genau wie vor einigen Tagen eine Gruppe in Straßburg, leidenschaftlich für Europa aussprechen wird. Ich glaube, wir alle dürfen froh sein, dass es diese Leidenschaften gibt, und ohne Sie zu kennen, möchte ich beinahe sagen, dass die Majorität von Ihnen gleich mir diesen europäischen Wünschen mit ganzem Herzen zustimmend gegenübersteht. Aber auch der Verwirklichung von Europa stehen dieselben Gründe im Wege, die man nicht einfach durch einen Ruf »Europa steht hier!« aus der Welt schaffen kann. Ich habe mich vor einigen Wochen mit einem der Organisatoren dieser Straßburger Demonstration von 3000 jungen Europäern unterhalten. Ich habe ihn auf die Schwierigkeiten aufmerksam gemacht und ihn gefragt, welchen Weg er sieht, um diese Schwierigkeiten zu überwinden. Er sah keinen Weg. Er sagt mir nur: »Ich bin kein Politiker. Ich bin nur mit ganz heißem Herzen Europäer. Die anderen wollen die Schwierigkeiten beiseiteschaffen. Ich will nur eines: Ich will Europa! Der Weg ist mir gleich, ich will Europa!« Es ist nicht einfach, einem solchen Mann – es handelt sich hier um einen erwachsenen Menschen und nicht um einen kleinen Jüngling – die richtige Antwort zu geben. (NL Cramer)

Begeisterung für eine Idee sei schön, begründete Cramer seine Skepsis. Jedoch schadeten irreale Forderungen dem Gedanken »Europa« mehr als sie dienten. Ebenso, bestehende Hindernisse einfach nicht anzuerkennen. Ein politischer Mensch müsse diese Schwierigkeiten sehen und Wege finden, um sie zu überwinden. Wer der Meinung sei, dass in Straßburg zum Beispiel nicht genügend getan werde, möge das sagen. Aber mit der Feststellung sei noch nichts erreicht. Man müsse aus den Sackgassen einen Ausweg zeigen können, denn nur dann habe man das Recht, die anderen, die angeblich auf den falschen Wegen gehen, zu tadeln.

Zum Schluss seines Vortrages lobte Ernst Cramer den Beruf des Journalisten, den er erst seit kurzer Zeit ausübe. Er sei dazu gekommen »aus einem Bedürfnis heraus, mitzuhelfen, den Lesern, der Allgemeinheit, das Material an die Hand zu geben, das sie brauchen, um sich selbst eine Meinung formen zu können«.

Inzwischen hatten sich die Verhältnisse in der Redaktion der »Neuen Zeitung« wieder verändert. Zum einen war Wallenberg als Chefredakteur zurückgekehrt, um an die Erfolge 1946/47 anzuknüpfen. Zugleich wurden die Münchner und die Frankfurter Ausgabe in der hessischen Metropole zusammengelegt, mit der Folge, dass die Redaktion 1951 München verlassen musste. Ernst Cramer organisierte den Umzug mit. Allerdings ergaben sich für ihn, der mit seiner Familie seit Wochen in Pueblo (US-Bundesstaat Colorado) bei seinen Schwiegereltern weilte, Probleme, nach Deutschland zurückzukehren. Am 6. August 1951 schrieb Cramer an Wallenberg:

Lieber Hans,
dieser Brief informiert Dich über die traurige Neuigkeit, dass ich bisher immer noch keine Bestätigung habe, welche es mir erlaubt, nach Deutschland zurückzufliegen. So wie Dir bereits mitgeteilt hatte ich ursprünglich geplant, am 20. August wieder in München zu sein. Selbst wenn ich noch eine Fluggenehmigung bekomme – was ich jedoch ernsthaft bezweifle – werde ich dennoch nicht mehr in der Lage sein, München an dem geplanten Datum zu erreichen. Ich hatte bereits alle Vorkehrungen für eine Abreise am 10. August aus Pueblo getroffen, um eine neuntägige Dienstreise von Mississippi nach New York anzutreten. Alles, was ich für den Osten geplant hatte, musste ich heute nun wieder absagen und meinen Freunden erklären, dass ich sie erst ein paar Tage später besuchen kann. Durch diese ganze Sache stehe ich nun äußerst blöd da. Ich habe jedem erzählt, dass die US-amerikanische Hochkommission mich schnell zurückhaben möchte und ich daher nach ein paar Wochen Aufenthalt wieder abreisen müsste. Nachdem ich Dein Telegramm und Deinen Brief erhielt, musste ich sogar einen Vortrag absagen, den ich bereits für das kommende Wochenende provisorisch arrangiert hatte. Ich erkläre den Leuten hier ständig, dass trotz allem, was sie hören, das amerikanische Personal in Deutschland großartige Arbeit leistet. Ich habe ihnen bis jetzt nichts von meiner Unzufriedenheit darüber erzählt, dass die Geschäftsführer die Arbeit der Mitarbeiter verpfuschen. Doch in einem

Staat, in dem die Menschen eine eher regierungskritische Haltung haben, kommen diese schnell zu offensichtlichen Schlussfolgerungen. […] Mir persönlich tut es leid, dass ich es nicht pünktlich schaffe, da ich Dir gerne mit den Vorbereitungen für den großen Umbruch helfen würde. Mir tut es außerdem leid, dass diese ständige Entscheidungsänderung es unmöglich gemacht hat, meine Abreise etwas vorteilhafter zu planen.

Das Leben hier ist sehr teuer, zeitgleich verdienen die Leute jedoch auch eine Menge Geld; zumindest die meisten. Deswegen haben sie kein Problem damit, Geld auszugeben, auch wenn sie sich zeitgleich über Regierung und die hohen Steuern beschweren. In den Zeitungen steht viel über die örtliche und wahrscheinlich interne Situation der USA. Neuigkeiten, die die Welt betreffen, sind entweder nicht vorhanden oder befinden sich in den Zeitungsecken von Seite 7. (NL Cramer)

Cramer besuchte bei der Gelegenheit auch die Mississippi State University, was in der US-Presse registriert wurde. »Ernest Cramer aus München, stellvertretender Chefredakteur der ›Neuen Zeitung‹, einer amerikanischen Zeitung in Deutschland, besuchte am vergangenen Wochenende Miss Nannie Rice. Sie ist die Bibliotheksassistentin an der staatlichen Hochschule, und Cramer wohnte bei ihr zu Hause, als er 1941 hier studierte. ›Es ist erstaunlich, wie sehr mich das State College innerhalb eines Semesters auf meine späteren Aufgaben vorbereitet hat‹, bemerkte Herr Cramer.« Der Artikel schilderte weiter, dass Cramer immer noch hoffe, in die USA zurückzukehren und Landwirt zu werden, wahrscheinlich in der Nähe von Pueblo, Colorado, wo die Eltern seiner Frau lebten. »Aber vorerst kehrte er am Donnerstag mit seiner Frau und ihren zweijährigen Zwillingen mit dem Flugzeug nach München zurück und wird ein weiteres Jahr als Redakteur der ›Neuen Zeitung‹ arbeiten.«

Nach seiner Rückkehr trat Cramer stärker als Autor in Erscheinung. In den zurückliegenden Jahren hatte er sich nur gelegentlich, aber zu allen möglichen Themen geäußert. Er hatte ein nur auf den ersten Blick unpolitisches, launiges Stück über die Bier-Tradition des Maibocks geschrieben und Selbstbedienungswaschsalons als »praktische Erfindung für praktische Leute« gelobt. Allerdings bezweifelte Cramer, dass sich diese Salons, die er aus den USA kannte, in Deutschland durchsetzen würden – da »der deutsche Kunde keine Lust zum Selbstbedienen habe, sondern sich gerne beraten und bedienen lasse«. Diese Einstellung würde solche Dienstleistungseinrichtungen nur verteuern.

Immer wieder rezensierte Cramer auch Bücher, etwa die anthropologische Studie »Die Amerikaner«, die den Versuch unternahm, einen amerikanischen Typus zu bestimmen, dann die Satire »Wenn Deutschland gesiegt hätte« oder das Buch »Bitterer Lorbeer« von Stefan Heym, einem Mitarbeiter der »Neuen Zeitung« der ersten Stunde. Alle drei Bücher fielen bei Cramer durch: Weil es den Amerikaner ebenso wenig gebe wie den Deutschen, den Engländer oder den Juden; weil die Satire in ihrer einfachen Verdrehung – die Amerikaner würden nazifiziert und die Sowjetunion in eine deutsche und eine japanische Zone geteilt – billig und plump sei und weil es falsch sei anzunehmen: »Wer auch an der Macht ist, sie machen alle die gleichen Fehler«; Heyms Roman schließlich, eine kritische Sicht auf die US-Gesellschaft und die Bilanz dessen, was die Alliierten mit ihrem Eingreifen in Europa erreicht hatten, weil die dargestellten Charaktere blutlos und untypisch seien. Der Autor habe zudem lediglich Ressentiments angesammelt.

Im Juni 1951 kommentierte Cramer den Skandal um das Bayerische Landesentschädigungsamt. Die an sich vorbildliche Einrichtung war heftig in die Kritik geraten. Bereits im Juni 1945 hatte die US-Militärregierung die neue bayerische Staatsregierung angewiesen, dass eine besondere Abteilung des Bayerischen Roten Kreuzes die Betreuung der rassistisch Verfolgten zu übernehmen habe. Später wurden spezielle Staatskommissariate eingerichtet und Entschädigungsgesetze erlassen, die Opfern ermöglichte, Rechtsansprüche einzuklagen, und schließlich das Landesamt gebildet. Es sollte vor allem Juden beim Neuaufbau einer Existenz und der Wiedergutmachung erlittener Schäden helfen. Das Aufgabenspektrum reichte von der Wiederherstellung jüdischer Friedhöfe und Synagogen bis zur Versorgung Einzelner mit Kleidung und Brennholz. Schwieriger zu regeln als Dinge für die Existenz war die Wiedergutmachung erlittener Schäden: Darunter wurden der Raub von Eigentum, der Abbruch der beruflichen Karriere oder auch gesundheitliche Einschränkungen verstanden. Ernst Cramer gehörte ebenfalls zu den Antragstellern. Bayern erwies sich mit dieser frühen Weichenstellung als Vorreiter, auch wenn die nötigen Mittel erst 1952 im Staatshaushalt eingestellt wurden. Gravierend schädigten den Ruf des Amtes Vorwürfe, es gebe Unregelmäßigkeiten in der Buchführung und Missbrauch von Entschädigungsleistungen. Im Mittelpunkt der Kritik stand sein unorthodoxer, kantiger Leiter Philipp Auerbach, der im Januar 1951 aus dem Amt entfernt wurde. Nach seiner Verurteilung in einem von antisemitischen Tönen begleiteten Prozess wegen Veruntreuung und Betrug beging Auerbach, Sohn jüdischer Eltern und Holocaust-Überlebender, 1952 Selbstmord. Richter und Staatsanwalt hatten eine NS-Vergangenheit. 1954 wurde er durch einen Untersuchungsausschuss des Bayerischen Landtags posthum vollständig rehabilitiert.

Hausdurchsuchungen durch Polizei und die Untersuchung durch den Landtag legten die Arbeit des Amtes für Monate lahm. Hier setzte Ernst Cramers Kritik ein. Es sei verständlich, dass die Behörden gründlich ermitteln und dabei umfangreiche Aktenstapel durchforsten müssten – was entsprechend Zeit koste, schrieb er. Anschließend listete Cramer chronologisch die Schritte der Untersuchung der vergangenen Monate auf, um dann zum eigentlichen Problem zu kommen:

Wenn aber der Verband der Jüdischen Invaliden Münchens mitteilt, dass es immer noch nicht gelungen ist, für die jüdischen Invaliden, Witwen und Waisen die notwendigen Unterstützungsgelder festzusetzen, wenn Anträge auf Genehmigung von Heilkosten entweder nicht bearbeitet oder abgelehnt werden, so dass sich eine Kranke bereits aus Verzweiflung das Leben genommen hat, so kann man nur sagen: Da stimmt doch etwas nicht.

Cramer sah die Gefahr eines Aufrechnens und neidvollen Vergleichs zwischen verschiedenen Verwendungen von knappen Mitteln. Das wiederum könne zu neuen Ressentiments führen:

> Selbstverständlich darf man die Frage der Millionen, die für den Bau eines staatlichen Theaters über den genehmigten Betrag hinaus verbraucht wurden, nicht mit der Frage der Wiedergutmachungsgelder vermengen. Aber kann es dem Invaliden, der jahrelang in Konzentrationslagern war und jetzt darauf wartet, dass er einige hundert Mark bekommt, übelgenommen werden, wenn er diesen Vergleich dennoch anstellt? Selbstverständlich wird jeder rechtlich denkende Mensch damit einverstanden sein, dass auch die ehemaligen Berufssoldaten und ihnen ähnlich gestellte Gruppen wieder in den Besitz der ihnen zustehenden Pensionen und Renten kommen. Und genauso selbstverständlich besteht keine Verbindung zwischen den Geldern, die dafür freigemacht werden müssen, und den Ansprüchen auf Wiedergutmachung. Aber kann man denen, die nach dem Gesetz eine Wiedergutmachung beanspruchen können, verargen, wenn sie sich fragen, warum es so viel leichter war, die Renten für die ehemaligen Berufssoldaten festzulegen, als die Entschädigungssumme für sie selbst.
>
> Wir sind davon überzeugt, dass die leitenden Beamten der bayerischen Regierung und auch des Landesentschädigungsamtes sich dafür einsetzen, dass die Frage der Wiedergutmachung gerecht gelöst wird. Man darf dabei aber nicht vergessen, dass nur eine schnelle Lösung eine gerechte Lösung ist. (»Neue Zeitung« v. 2. Juni 1951)

Ernst Cramer schrieb nun öfter über die USA. Anlass war die Präsidentschaftswahl im November 1952: eine gute Gelegenheit, den deutschen Lesern das besondere Wahlsystem der Amerikaner mit Konvents und den Wahlmännern zu erklären, aber auch deren Verständnis von Parteipolitik und demokratischen Spielregeln. Im Rückblick hielt er dieses Jahr 1952 für besonders: »Nicht etwa, weil der Halbschwergewichtsboxer Hein ten Hoff seinen Titel als Europameister verlor. Schon eher wegen der Stalin-Note zur deutschen Wiedervereinigung am 10. März, die eine Westbindung der Bundesrepublik verhindern sollte«, schrieb Cramer ein halbes Jahrhundert später. Hätte man die in der Note enthaltenen Vorstellungen angenommen, wäre Deutschland der Weg in die freie Wertegemeinschaft verwehrt worden. Die klare Haltung des damaligen Bundeskanzlers Konrad Adenauer wäre ohne die schon ein halbes Jahrzehnt gültige, der Freiheit gewidmete Politik Washingtons nicht möglich gewesen.

Am 26. Mai 1952 schlossen die Besatzungsmächte Frankreich, Großbritannien und USA zudem mit der Bundesrepublik Deutschland den Deutschlandvertrag. Es war der erste diplomatische Höhepunkt des Prozesses der Wiedereingliederung Deutschlands in die Gemeinschaft freier Völker. Wesentlicher Bestandteil des Vertrags war die Offenheit der »deutschen Frage«. Die Westmächte hoben das Besatzungsstatut auf. Nur einen Tag später, am 27. Mai, wurde unter Einbeziehung der Bundesrepublik der Vertrag über die Schaffung einer »Europäischen Verteidigungsgemeinschaft« (EVG) unterzeichnet, die, obwohl sie nie in Kraft trat, doch ein Vorläufer der heutigen EU war. Am 10. September 1952 schließlich schloss die Bundesrepublik das Wiedergutmachungsabkommen mit Israel. Cramers Urteil: »Nach dem millionenfachen Mord zwischen 1933 und 1945 öffnete sich der Weg zu einer Annäherung und Versöhnung, obwohl nicht nur Axel Springer immer wieder feststellte, dass es für diese Verbrechen eine Wiedergutmachung im wahren Sinn des Wortes nicht geben könne.«

Über das Kandidatengedränge bei den Demokraten nach Harry S. Trumans Ankündigung, nicht noch einmal anzutreten, schrieb Cramer im Juli 1952:

> Gleichgültig, ob nun Präsident Truman selbst Kandidat wird oder nicht – auf dem Parteitag ist er die wichtigste Persönlichkeit. Die großen amerikanischen Parteien, die Republikaner wie die Demokraten, sind keine straff durchorganisierten Parteien im europäischen Sinne. Sie bestehen aus einer Vielzahl nur lose miteinander in Verbindung stehender regionaler Gruppen, die sich eigentlich nur einmal alle vier Jahre zu einer Einheit zusammenfinden, nämlich auf den Parteikonventen. Die amerikanischen Parteien haben auch keinen Vorsitzenden. Als zentrales Gremium funktioniert nur das sogenannte Nationale Komitee, dessen Vorsitzender aber im Wesentlichen organisatorische Aufgaben zu lösen hat und niemals als Parteiführer angesehen werden kann. Der Präsident gilt in Ermangelung eines Parteiführers gleichsam als Symbol der Einheit der Regierungspartei. Dadurch hat er auch auf den Parteitagen eine Schlüsselstellung, die für die Nominierung des nächsten Kandidaten ausschlaggebend ist. Das ist auch die Erklärung, weshalb es so völlig unmöglich ist, vorauszusagen, in welcher Richtung sich der demokratische Parteitag bewegen wird. Denn so klar Präsident Truman immer wieder betont hat, dass er selbst nicht Kandidat sein wolle, so hat er es auch peinlichst vermieden, durchblicken zu lassen, für welchen der anderen Kandidaten er sich einsetzen wolle. (»Neue Zeitung« v. 21. Juli 1952)

Aufmerksame Leser wussten aus Cramers Texten bereits, dass sich der amerikanische Wähler ungern festlege. Er wünsche sich vor allem Männer und Organisationen, denen er menschlich vertrauen kann. »Ob ein Kandidat etwas weiter rechts oder links steht – Dinge, die in Europa so wichtig sind – ist völlig unbedeutend.« Nur so sei zu erklären, dass im vorigen Jahr der republikanische Senator Robert A. Taft, gegen dessen Wiederwahl die Gewerkschaften opponiert hatten, auch einen Teil der Arbeiterstimmen bekam – weil man ihn als einen Mann kannte, der kompromisslos für seine Prinzipien eintrat. Nur so sei zu verstehen, dass 1948 Truman viele Farmer, die mit seiner Wirtschaftspolitik unzufrieden waren, zu seinen Wählern zählen konnte: weil er ein »gradliniger Mensch, nur einer wie du und ich« sei. Überraschend für deutsche Leser war auch eine weitere Erklärung Cramers: Wenn zum Beispiel Polizisten (=Schutzmann) in New York Schmiergelder annehmen, oder wenn Postboten in Mississippi Gelder veruntreuen, dann falle es keinem Menschen in den Vereinigten Staaten ein, »die Demokratie« zu beschimpfen, sondern man verlange Bestrafung der Schuldigen und Ausschaltung ihrer politischen Freunde aus dem öffentlichen Leben. Die großen amerikanischen Parteien wüssten, dass ihnen die Wähler nur dann folgten, wenn sie für die höchsten ebenso wie für die kleinen lokalen Ämter menschlich absolut zuverlässige Persönlichkeiten nominieren. Diese müssen dann allerdings in der Lage sein, für ihre Überzeugung einzustehen.

In mehreren Artikeln beschrieb Cramer die Bewerbung des republikanischen Kandidaten Eisenhower als »Quadratur des Kreises«. Denn um die seit Langem regierenden Demokraten abzulösen, musste er eine ausschlaggebende Zahl bisheriger Anhänger der Demokraten gewinnen – obwohl diese der Partei viele ihrer sozialen und wirtschaftlichen Fortschritte verdankten. Zudem habe Eisenhower mit Senator Joseph R. McCarthy einen Parteifreund an seiner Seite, »der als eine der extremsten Persönlichkeiten des rechten Flügels der Partei gilt«, so Cramer. McCarthy behauptete, das amerikanische Außenministerium sei von einer Unzahl Kommunisten durchsetzt, was zu einer zeitweisen Vergiftung der öffentlichen Debatten führte. Die bange Frage der Freunde Eisenhowers: Könnte ihn das die Stimmen nicht parteigebundener Wähler kosten?

Als Eisenhower und Adlai Stevenson als Kandidaten ihrer jeweiligen Partei feststanden, warb Cramer in seinem Artikel »Der Wille des Volkes« noch einmal für das Wahlsystem der USA. Man müsse »sich völlig von dem hier in Europa als selbstverständlich erscheinenden Begriff der politischen Partei lösen«, um es einigermaßen zu verstehen:

Diese Tatsache, dass in Demokratien, aber ganz besonders in den Vereinigten Staaten, der führende Politiker nichts unternehmen kann, was nicht auch im Tiefsten von dem ganzen Volke verstanden und gebilligt wird, muss man sich gerade in diesen Wochen des amerikanischen Wahlkampfes vor Augen halten, wenn vielleicht Äußerungen einzelner Kandidaten in manchen Teilefn der Welt so verstanden werden, als hätten sie eine den Weltfrieden gefährdende Tendenz. Die Ergebnisse der Parteikonvente der großen amerikanischen Parteien haben gezeigt, dass die Majorität des Volkes sich in keine Abenteuer einlassen möchte. Beide Präsidentschaftskandidaten sind an die Spitze ihrer Parteien emporgetragen worden, weil sie diesen Wunsch der Bürger nach einem friedlichen Leben in Freiheit zu erfüllen scheinen, weil sie den Patriotismus zu haben scheinen, von dem Stevenson sagt, er könne nicht durch augenblickliche wilde Gefühlsausbrüche ausgedrückt werden, sondern nur durch beständige Arbeit eines ganzen Landes. Der Kandidat hat die größten Aussichten, der die amerikanischen Wähler am wirkungsvollsten davon überzeugt, dass er den Weg zu einem Weltfrieden in Weltfreiheit geht. (NL Cramer)

Überraschend war schließlich der Blick Cramers auf die künftige Bedeutung des Fernsehens bei Wahlkämpfen, wobei er vor zu hohen Erwartungen, aber auch vor Befürchtungen warnte. Bei einem Vortrag im Münchener Amerika-Haus am 14. Oktober 1952 führte er aus:

Das Fernsehen ist überhaupt die große, neue Unbekannte, die diesem Wahlkampf zum ersten Male beigefügt wurde. Im Jahre 1948 gab es in den Vereinigten Staaten etliche 10.000 Fernsehapparate – jetzt sind es Millionen, die sich von einer Küste des gewaltigen Landes zur anderen erstrecken. In den 1930er-Jahren hat Präsident Roosevelt das Radio so genial für seine Zwecke ausgenützt, dass seine Gespräche am Kamin von beinahe jedem Amerikaner mit Vergnügen gehört wurden.
Von diesem Jahr an fällt dem Fernsehen vielleicht eine ähnliche, vielleicht eine noch bedeutendere Rolle zu. Eine erstaunliche, von den meisten gar nicht vorgesehene Wirkung hat das Fernsehen schon gehabt. Der Wunsch nach persönlichem Erscheinen der Kandidaten wurde in allen Teilen des Landes eher stärker als schwächer, wie man oft vermutet hatte. Die Wähler haben den Kandidaten am Fernsehgerät beobachtet, sie waren von seiner Rede, von seinen Argumenten beeindruckt, nun aber wollten sie ihn auch persönlich kennenlernen, wollten die Chance haben, ihn auch […] zu sehen, ihm vielleicht sogar einige Fragen zu stellen.
So hat also Television keinesfalls dazu geführt, die Kandidaten zu entpersönlichen, sondern ganz im Gegenteil den Wunsch nach einem persönlichen Kennenlernen noch verstärkt. Wie ja überhaupt derjenige die Wirkung des Fernsehens gänzlich verkennt, der Television bereits heute für eine angebliche Verflachung der Allgemeinbildung in der Zukunft verantwortlich machen will. […] Wir haben oft so eine schreckliche Angst vor dem Fortschritt, und es gibt Autoren, die besonders die Gefahren der Technik gar nicht dunkel genug malen können; das ist immer großartiger Lesestoff […]. Die Technik schuldig zu sprechen, heißt meiner Meinung nach, Angst davor zu haben, dass sie zum Dämon wird und uns beherrscht, anstatt dass wir sie beherrschen. Man wirft der Technik in den Vereinigten Staaten vor, nach Gottes Thron zu greifen, nach dieser letzten Grenze, die noch zu überschreiten sei, und sieht dabei nicht, dass zwischen der Technik von heute und dem Tag, da man zwei Steine aneinander rieb, um so künstlich ein Feuer zu entfachen, lediglich ein gradueller Unterschied besteht. (NL Cramer)

Die intensive Berichterstattung über den US-Wahlkampf dürfte die Liebe Cramers zum Journalismus weiter angefacht haben – trotz aller Missstimmung in der Redaktion. Wie stark das Klima für die Tatsache verantwortlich war, dass er Anfang der 1950er-Jahre offenbar an eine Rückkehr in die USA dachte und seine Familie auf gepackten Koffern saß, muss unbeantwortet bleiben. Andererseits war er unabkömmlich, wie der Brief von Chefredakteur Hans Wallenberg am 24. Oktober 1952 an Ted Kaghan zeigte, den Chef der Information Division des Hohen Kommissars der USA in Bonn-Bad Godesberg; es ging um eine Lohnerhöhung für Cramer:

Lieber Ted,
dies ist keine Anfrage oder Bitte, sondern ein sehr persönlicher Brief an Dich, den ich ohne jegliches Wissen anderer verfasse. Ich schreibe diesen Brief an Dich als einen Freund und außerdem als einen Mann, dessen soziales Gewissen ich immer bewundert habe. Der Brief betrifft meinen Freund und Stellvertreter Ernest J. Cramer. Wie du weißt, habe ich ihn vor einiger Zeit überzeugt – und es benötigte wirklich Überzeugungskraft – weiterhin der stellvertretende Chefredakteur der »Neue Zeitung« zu bleiben. Als Ernest einwilligte, tat er dies bedingungslos und zudem auch unmissverständlich. Er hatte bereits alle Vorbereitungen für seine Heimreise getroffen. Er änderte seine Meinung und auch seine Pläne nur, weil ich ihn nachdrücklich auf die Liebe zu seiner Arbeit aufmerksam machte. Wärest Du Zeuge des Briefaustausches mit seiner Familie gewesen, welcher begann, nachdem ich ihn bereits dazu gebracht hatte, seine Meinung zu ändern, hättest Du bemerkt, wie weit seine Planung bereits fortgeschritten war.
Ich spreche Dich auf dieses Thema an, um Dich an die Frage bezüglich einer Gehaltserhöhung für ihn zu erinnern. Ich könnte diese Frage mit Aufrichtigkeit und absoluter Überzeugung auf Grundlage seiner Leistungen und Errungenschaften diskutieren. Ernest hat in diesen letzten drei Jahren nicht nur enorme Arbeit geleistet, sondern dies auch auf eine äußerst verantwortungsvolle und freundliche Art und Weise getan. Als ich nach Deutschland kam, zählte ich Ernest nicht zu den Menschen, die ich als Freund bezeichnet hätte. Doch das Ergebnis unserer engen Zusammenarbeit ist, dass ich genau dies nun tue. Wenn Loyalität nicht nur ein Ausdruck von Unterwürfigkeit, sondern ein Ausdruck ethischer Grundsätze von Menschen ist, dann war Ernest immer einer der loyalsten Menschen, und ist es auch nach wie vor. Da ich hier nicht für einen persönlichen alten Freund argumentiere und auch nicht möchte, dass dieser Eindruck entsteht, erkläre ich all dies so ausführlich. Ich argumentiere hier für jemanden, der durch unermüdliche Hingabe für seinen Job und die Menschen, die dort mit ihm arbeiteten, mein Freund wurde. Ich sehe es nicht von Nöten, den Fakt zu diskutieren, dass er sich für eine Gehaltserhöhung qualifiziert hat.
Trotzdem möchte ich darauf hinweisen, dass er, abgesehen von seiner Qualifikation für eine Gehaltserhöhung, diese in meinen Augen auch benötigt. Wie Du weißt, hat er zwei Kinder. Wenn diese krank werden, muss er die Arztrechnungen bezahlen.

Sobald eine Familie größer wird, kommen viele kostspielige Verpflichtungen auf einen zu. Da Du selbst eine Familie hast, die Du versorgen musst, gehe ich nicht davon aus, dass ich Dir all dies erklären muss. Außerdem weißt Du, dass die derzeitige Finanzentwicklung auf eine Verringerung des wirklichen Wertes eines Gehalts hinausläuft. Bitte lass mich all dies nicht im Detail ausführen. Ich bin davon überzeugt, dass Ernest nicht nur aus Ehrgeiz eine Gehaltserhöhung bekommen möchte. So wie jeder andere Mensch, der sein Bestes gibt, ist natürlich auch er erpicht darauf, dass seine Bemühungen wahrgenommen werden und er auf dieser Grundlage eine höhere Position zu erhält. Doch abgesehen davon könnte er ein höheres Gehalt sicherlich sehr gut gebrauchen.

Wie ich bereits am Anfang sagte, ist dies eine vollkommen private und persönliche Empfehlung. Hiermit frage ich Dich, was wir beide tun können, damit Ernest das bekommt, was er unserer Meinung nach voll und ganz verdient?

Ganz herzlich, Hans Wallenberg (NL Cramer)

Vor dem Schreiben Wallenbergs hatten sich Mitarbeiter der „Neuen Zeitung" in mehreren Briefen direkt an Cramer mit der Bitte gewandt, in Deutschland zu bleiben. In einem wurde sein mögliches Ausscheiden als ein nicht wiedergutzumachender Verlust bezeichnet. Cramer sei unersetzlich für den inneren Zusammenhalt der Redaktion. Er besitze die notwendige Anerkennung und die Autorität, zusammen mit Wallenberg die »Neue Zeitung« zu leiten. Seinem Einsatz sei es zu verdanken, dass zwischen Chefredaktion und Mitarbeitern der einzelnen Ressorts »wirklich ein Verhältnis auf Vertrauen und gegenseitiger Wertschätzung« herrsche, meinte der Verfasser des Briefes und fügte hinzu: »Sie gehören einfach dazu, und wenn Sie weggehen, reißen Sie eine Lücke auf.«

In einem weiteren Schreiben, das 32 Mitarbeiter unterschrieben hatten, ist ebenfalls vom Bedauern über Cramers geplanten Weggang zu lesen – aus menschlichen wie dienstlichen Gründen. Sein gutes Verhältnis zu Chefredakteur Wallenberg, das geradezu harmonisch gewesen sei, habe sich »äußerst segensreich« auf alle Zweige der Redaktionsarbeit ausgewirkt. Im Interesse dieses Klimas, der Zeitung insgesamt »und nicht zuletzt aus Verbundenheit zu Ihren Mitarbeitern« baten die Unterzeichner Cramer, seinen Entschluss, in die USA zurückzukehren, noch einmal zu überdenken. Sie seien sich durchaus bewusst, dass die Erfüllung ihrer Bitte »für Sie einem materiellen Verlust gleichkommen würde«.

Ob Ernst Cramer die Gehaltserhöhung erhielt, ist nicht klar. Jedenfalls blieb er mit seiner Familie in Deutschland. Nach dem Sieg von Eisenhower über Stevenson allerdings führte der Regierungswechsel von Demokraten zu Republikanern zur Neuausrichtung der Reeducation- und Reorientation-Politik. Sie sollte, auch im Hinblick auf die zunehmende Souveränität der Bundesrepublik, aus der grundsätzlich immer noch militärischen Struktur der Besatzungsverwaltung gelöst und in

Festliche Eröffnung

der Volkshochschulvorträge

im Amerikahaus

Donnerstag, den 22. Oktober 1953, 20 Uhr, Amerikahaus

Mr. Ernest Cramer

Stellvertretender Chefredakteur der Neuen Zeitung, Frankfurt/Main

Rückblick

und Ausblick

Deutschland und die USA - gestern - heute und morgen

Eintritt frei!

AUGSBURGER VOLKSHOCHSCHULE

Druck: Josef Mayer, Augsburg 3

eine zivile Form überführt werden. Dazu entstand im August 1953 die US Information Agency als Unterabteilung des US-Außenministeriums. Die Arbeit dieser neuen Behörde sollte sich allerdings nicht auf die ehemaligen Feindstaaten des Zweiten Weltkriegs beschränken, sondern überall in der Welt im Sinne einer »öffentlichen Diplomatie« US-Kultur verbreiten und US-Politik erklären. Dieser internationale Ausbau erzwang Mittelkürzungen für Deutschland. Unter anderem wurde die Hauptausgabe der »Neuen Zeitung« in Frankfurt am Main eingestellt. Außerdem fielen die Gelder aus Washington für die Amerika-Häuser in Gießen und Würzburg weg. Auch die Dependance in Augsburg sollte geschlossen werden. Wie in anderen Städten fanden sich neue Träger oder Finanziers. Das Veranstaltungsprogramm und die Bibliothek des Amerika-Haus Ruhr in Essen wurden zum Beispiel dank Spenden amerikanischer Bürger fortgeführt, das Würzburger Haus ohne Vortragsprogramm als deutsch-amerikanische Bibliothek. In Augsburg entwickelte sich aus dem Amerika-Haus die Volkshochschule. Am 22. Oktober 1953 hielt Ernst Cramer den Vortrag zu ihrer festlichen Eröffnung. Er war kurzfristig eingeladen worden. Angekündigt als stellvertretender Chefredakteur der »Neuen Zeitung«, teilte er den Zuhörern mit, dass dies wahrscheinlich sein »Schwanengesang nach einer Reihe für mich unerhört wertvoller Nachkriegsjahre im neuen Deutschland« sein werde, weil er in die USA zurückkehre:

Ich bin der Volkshochschule Augsburg, die das Erbe des Amerika-Hauses angetreten hat, auch wirklich ganz besonders dankbar dafür, dass ich heute hier, gerade hier in Augsburg, vor Ihnen sprechen kann. Es hat sich vielleicht schon bei ihnen herumgesprochen, dass ich, obwohl amerikanischer Staatsbürger, ein Sohn dieser Stadt bin. Ich habe diese Tatsache nie verschleiert, auch damals nicht, als diese Stadt ebenso wie alle anderen in Deutschland, in einen Irrsinnstaumel geriet, wie man ihn bis dahin in der modernen Geschichte des Abendlandes noch nicht erlebt hatte.
So viele wollen, der Einfachheit halber, alles vergessen. Das aber wäre ein neues Verbrechen. Da man Geschehenes nicht ungeschehen machen kann, da man auch, abgesehen von rein materiellen Dingen, das was geschehen ist, nicht »wieder gut machen« kann, müssen wir alle wenigstens eines versuchen: Aus dem, was geschehen ist, zu lernen. Deshalb, wenn aus keinem anderen Grund, darf man nicht vergessen.
Als man mich vorige Woche fragte, was ich mir als Thema des heutigen Abends dachte, da habe ich sehr spontan gesagt »Rückschau und Ausblick«. Daraus ist nun auf dem offiziellen Programm »Rückblick und Ausblick, deutsch-amerikanische Beziehungen in Vergangenheit, Gegenwart und Zukunft« geworden. Ich möchte aber, wenn Sie mir das gestatten, doch bei meinem ursprünglichen Titel bleiben. Ich möchte nicht nur von den Beziehungen zwischen Deutschland und Amerika sprechen, sondern möchte hier vor Ihnen stehen wie irgendein anderer, der in Augsburg

geboren wurde, und Bilanz ziehen und daraus vielleicht einige Gedanken für die Zukunft fassen.

Wenn ich von Bilanz spreche, so denke ich dabei nicht an ein Abrechnen mit der jüngsten Vergangenheit, wenn ich auch glaube, dass niemand diese jüngste Vergangenheit vergessen darf. Wenn ich von Bilanz spreche, so stelle ich mir die Frage: »Wo stehen wir heute, und wie ist das alles gekommen, und was für Möglichkeiten bieten sich uns in der Zukunft?«

Ich selbst war, wie Sie vielleicht wissen, während der vergangenen Jahre Redakteur in der »Neuen Zeitung«. Ich habe da also mitgeholfen, täglich zu notieren, was geschah. Ich werde jetzt, nachdem die Hauptausgabe der »Neuen Zeitung« aus denselben Gründen ihr Erscheinen eingestellt hat, aus denen das hiesige Amerika-Haus nicht mehr unter amerikanischer Verwaltung stehen kann, wieder in die Vereinigten Staaten zurückkehren. So ist diese Ansprache, zu der Sie mich freundlicherweise eingeladen haben, wahrscheinlich auch mein Schwanengesang nach einer Reihe für mich unerhört wertvoller Nachkriegsjahre im neuen Deutschland.

Als ich im Jahr 1939 am Abend vor meiner Auswanderung nach Amerika zum letzten Mal durch die Gassen und Winkel unserer Stadt gegangen bin, von denen heute viele nicht mehr existieren, da habe ich zwar nicht davon geträumt, dass ich eines Tages als Vertreter der amerikanischen Regierung hier arbeiten könnte. Aber ich habe auch damals im Innersten meines Herzens den Glauben daran nicht aufgeben können, dass das andere Deutschland eines Tages wieder sein Angesicht zeigen wird. Die Frage, die wir uns heute vorlegen müssen, ist die, ob das, was Sie heute bauen und was die freie Welt Ihnen in gewissem Umfang bauen hilft, dieses andere Deutschland ist. Das wird auch die Frage sein, die mir meine amerikanischen Freunde vorlegen werden, wenn ich in ein paar Monaten wieder drüben sein werde. Nur wenn ich mit ja antworten kann, werden sie mir zugestehen, dass ich recht daran getan habe, wichtige Jahre meines Lebens für die Arbeit hier zu verwenden.

Die Beantwortung dieser Frage, ob hier ein neues Deutschland gebaut wird, ist aber nicht nur für mich selbst wichtig, sondern, und das ist viel wesentlicher, von ihr hängt die Zukunft Europas ab. […]

Was ist eigentlich unsere westliche Zivilisation? Sicher geht sie in gewissem Maße zurück auf griechisch-römische Ideale; sicher ist sie wesentlich beeinflusst von der Entwicklung des Christentums durch die Jahrhunderte. Aber fassen können wir den Gedanken der westlichen Zivilisation eigentlich erst seit dem 17. Jahrhundert, als die neuen Ideen »Freiheit und Toleranz« als Forderungen in die Gedankengänge der Politiker und Philosophen aufgenommen wurden. […]

Die politische Verwirklichung der Ideale des 17. Jahrhunderts wurde am weitesten vorangetrieben außerhalb Europas, eben in jenen überseeischen englischen Kolonien, die sich von Restaurationsbewegungen der alten Welt freihalten konnten. Dort schälten sich langsam die Charaktereigenschaften der neuen, modernen Zivilisation heraus, einer Gesellschaftsform, die keine Vorrechte duldete und jedem die gleichen Möglichkeiten zu geben suchte. Will man versuchen, diese Philosophie, die dann die Basis für die Gründung eines Staats bildete, auf einen ganz einfachen Nenner zu bringen, so kann man vielleicht sagen, sie gipfelt in dem Postulat, dass jeder einzelne nicht nur gleiches Recht für sich beanspruchen darf, sondern dieselben gleichen Rechte auch all seinen Nebenmenschen als Selbstverständlichkeit zubilligt. Die Schaffung dieser Form der modernen Gesellschaft war in den Vereinigten Staaten durch eine besonders wohltätige, freigebige, reiche Natur etwas erleichtert. […]

Die Ereignisse der vergangenen zwanzig Jahre haben auch in den Vereinigten Staaten mit der Selbstzufriedenheit aufgeräumt, die glaubte, die Errungenschaften der westlichen Zivilisation seien sicher, brauchten nicht immer neu erkämpft zu werden. Sobald man sah, dass Freiheit, um zu bestehen, eben immer wieder errungen werden muss, war es nur natürlich, dass sich auch falsche Apostel fanden, die den Teufel mit Beelzebub auszutreiben versuchen wollten. Aber die überwältigende Majorität ist für eine ideologische Gefahr dieser Art nicht anfällig.

Der Amerikaner macht heute einen Umwandlungsprozess durch, der hier sehr oft nicht richtig verstanden wird. Seit den Tagen der Revolution versuchte er, sich fernzuhalten von den Krisen und Strömungen der Alten Welt. Nun kann er das nicht mehr; er weiß, dass ein Wiederaufleben des Isolationismus, das er im innersten seiner Seele eigentlich gerne sehen würde, das Ende Europas und damit eine tiefe Bedrohung auch seines eigenen Landes und seiner Weltauffassung mit sich brächte. Und darum drängt er auf eine möglichst enge Zusammenarbeit der westlichen Welt. Darum hofft er auch, dass der Einfluss der westlichen Ideen weiter und weiter um sich greifen möge, denn der Amerikaner ist überzeugt, dass im Kampf der Ideen die Idee der Freiheit über die Idee der Unfreiheit und der Anbetung der Macht gewinnen muss.

Wenn dieser Glaube richtig ist – und ich bin davon überzeugt, dass er richtig ist – dann ist damit auch die Frage nach dem »Untergang des Abendlandes« beantwortet. Wir leben sicher in einer Zeit großer, ja gewaltiger Umwandlungen. Meine hier in Augsburg begrabenen Urgroßeltern sind gestorben, ehe es noch ein Flugzeug gab. Und meine vierjährigen Kinder kamen bereits per Flugzeug von einem Ferienbesuch in Amerika zurück; welch eine Entwicklung in 60 Jahren, wenn wir dann noch an die Möglichkeiten der Atomenergie denken – wobei nicht die Bombe, sondern die Energiegewinnung für friedliche Zwecke das Wesentliche ist – dann können wir wirklich sagen, dass wir an der Schwelle zu einem neuen Abschnitt in der Geschichte der Menschheit stehen. Soll nun dieser neue Abschnitt, der uns auf technischem Gebiet mit Riesenschritten vorwärts tragen wird, auf dem Gebiet der Beziehungen der Menschen zueinander und zu den Organisationen, die sie sich errichtet haben, nach rückwärts führen? Ich kann es nicht glauben, und die Amerikaner als Volk glauben es nicht nur nicht, sondern setzen sich aktiv dafür ein, dass wir auch auf dem Gebiet der »Human Relations«, der Beziehungen der Menschen zueinander, vorwärts und nicht rückwärts schreiten. Aus diesem Geist heraus sind all die internationalen Pläne zu verstehen, die die Vereinigten Staaten in den letzten Jahren unterstützt haben – vom Marshall-Plan zum Plan für Unterstützung unterentwickelter Gebiete bis zu den regionalen Verteidigungsplänen.

Der Gedanke der unabänderlichen Grundrechte der Menschen, die in der amerikanischen Verfassung verankert sind und die der Amerikaner in der einen oder anderen Form in der ganzen Welt anerkannt sehen möchte, war die Triebfeder für all diese Pläne. »Gebt den Menschen die Chance frei zu sein, und sie werden sich dieser Freiheit würdig erweisen.«

Es ist manchmal schwer, hinter all den verschiedenen Projekten und Plänen immer wieder dieses eine Grundkonzept zu finden, aber es ist überall da. Hilfe an unterentwickelte Gebiete oder wirtschaftliche Unterstützung der vom Krieg geschädigten Länder – die Idee ist, die Lebensbedingungen des Einzelnen zu heben, um sein Leben lebenswert zu machen; denn wenige nur sind zum Märtyrer geboren und wenn der Hunger droht, haben die Agenten der Unfreiheit mit ihren Scheinversprechen leichte Arbeit.

Militärischer Zusammenschluss der freien Länder – die Idee ist, den Einzelnen die Garantie dafür zu geben, dass eine ganze Welt aufsteht, wenn ein Angreifer ihre Freiheit antasten sollte.

Und hier, bei der Frage, wie hoch der Einzelne seine Freiheit einschätzt, kommen wir wieder zurück zu der Frage, die wir uns am Anfang gestellt haben: Haben die Menschen des heutigen Deutschlands den Wert der Freiheit den Einzelnen nun wirklich erkannt? Nicht nur den Wert ihrer eigenen Freiheit, sondern auch der Freiheit des Anderen?

Oder sind sie immer noch anfällig für Schlagworte oder nationalistische Parolen? Die Arbeiter der Sowjetzone und Ost-Berlins haben am 17. Juni auf diese Frage eine nicht zu überhörende Antwort gegeben, eine Antwort, die von der freien Welt auch richtig verstanden wurde. Aber die Antwort kam von Arbeitern. Und die deutschen Arbeiter waren ja eigentlich in der Welt schon lange dafür bekannt, dass bei ihnen der Gedanke der Demokratie festeren Fuß gefasst hatte als bei den meisten anderen Bevölkerungsgruppen in Deutschland. Bisher hat der deutschen Demokratie ja immer Gefahr von der anderen, der sogenannten rechten Seite des politischen Lebens gedroht.

Haben wir nun im heutigen Deutschland auch Parteien der Rechten, die wir unbedingt als demokratische Parteien ansehen können? Wird es in Deutschland endlich so etwas wie einen demokratischen Konservatismus geben und nicht nur, wie fast immer bisher, eine politische Reaktion?

Die endgültige Antwort auf unsere Frage wird erst die Geschichte geben können. Ich aber vertraue darauf, dass die Ideen des Westens, die Ideen der Toleranz der Freiheit

Familie Cramer in Frankfurt am Main, 1954

Die »Großfamilie« in den USA, 1954
Marianne und Ernst Cramer mit den Zwillingen rechts

des Einzelnen der unparteilichen Gerichtsbarkeit hier jetzt nicht nur zur Kenntnis genommen worden sind, sondern wirklich die Basis für das Denken jedes Einzelnen bilden. (NL Cramer)

Die Zeit bei der »Neuen Zeitung« gehörte für Ernst Cramer zu jenen Lebensstationen, die er nie missen wollte. Das musste er auch nicht, denn wie bei den »Groß Breesenern«, die bis ins beginnende 21. Jahrhundert durch Rundbriefe und gelegentliche Treffen Kontakt hielten, versammelten sich auch regelmäßig frühere Redaktionsmitglieder. Zu einem solchen Treffen am 5. November 1988 in München im »Austrotel« waren 94 »Ehemalige« eingeladen. Ernst Cramer hatte zunächst zugesagt, war dann aber verhindert. Ihm waren solche Treffen sehr wichtig, wie er an Uta Maaß schrieb, die Schwester des ehemaligen Kollegen Michael Maaß: »Damals entwickelten sich Freundschaften, die das ganze Leben lang andauerten.«

Zunächst aber stand für ihn Anfang 1954 eine neue Station an: Cramer kehrte in die USA zurück, um für die Nachrichtenagentur United Press zu arbeiten. An Reeducation und Demokratisierung mitzuwirken, gab er dennoch nicht auf. Auch ließ er mit Wehmut neue Freunde zurück. Dass er in diesem Deutschland überhaupt Freundschaften schließen würde, hatte er sich bei seiner Ankunft dort nicht vorstellen können, wie er in einem Rundbrief an die »Groß Breesener« schrieb, verfasst an Silvester 1953 / 54:

Draußen schneit es. Endlich ist vor einigen Tagen auch in diesem Winter der Schnee gekommen. Fast haben die Schnee-Enthusiasten und die an diesem Enthusiasmus Verdienenden verzweifeln wollen. Da, kurz nach Weihnachten, fing es plötzlich richtig zu schneien an; 15 Zentimeter hoch liegt der Schnee schon, und immer noch kommen riesige, schwere Flocken vom Himmel herunter.
Ich bin in Garmisch, um von guten Freunden Abschied zu nehmen, denn mein Aufenthalt in Europa, der, abgesehen von einigen Urlaubs-Unterbrechungen, seit Mai 1944 gedauert hat, nähert sich jetzt seinem Ende: Zu Beginn des neuen Jahres werde ich mit meiner Familie in die Vereinigten Staaten, und zwar zunächst nach Colorado, zurückkehren. Seit der Auflösung der Hauptausgabe der von der amerikanischen Regierung herausgegebenen deutschsprachigen »Neuen Zeitung« war ich dienstlich nur noch mit Liquidierungsarbeiten beschäftigt, die mir Zeit ließen, ein wenig umherzureisen. So war ich auch kurz vor Weihnachten mit Bondy im Harz zusammen, nachdem ich vorher, in Norditalien, Berlin, Nürnberg und München gewesen war. In diesen letzten Wochen habe ich auch endlich die Zeit gefunden, die Vorauswahl für den Rundbrief zu treffen.
Aber hauptsächlich tue ich in diesen Tagen das, weshalb ich auch hier in Garmisch bin: Abschied nehmen von Freunden. Von Freunden! Wenn ich das so sage, dann sehe ich, wie einige von Euch die Stirne runzeln; ich sehe es, da ich in einigen Eurer

Briefe die Frage gefunden habe, wieso es Menschen geben kann, die nach unseren Erlebnissen noch einmal in Deutschland zu arbeiten bereit wären. Nur wenige haben diese Frage so klargestellt, wie ich sie hier formuliert habe; aber versteckt, hinter anderen Fragen und Bemerkungen tauchte sie doch immer wieder auf, und ich glaube, dass ich jetzt, da mein Aufenthalt hier nur noch nach Tagen gezählt werden kann, versuchen sollte, darauf eine Antwort zu geben.

Noch immer schneit es draußen, aber es ist kälter geworden; winzig klein sind die Schneeflocken jetzt, und sie glitzern und sprühen wie Bienenwachskerzen am Weihnachtsbaum. Tausendmal habe ich das sicher schon beobachtet, und doch ist jeder Schneefall von neuem ein Erlebnis. Winterabend, Schnee, warme Stube und Briefeschreiben, das eine gehört beinahe selbstverständlich zum anderen. Wenn ich versuche, die Antwort auf die oben gestellte Frage zu geben, so weiß ich genau, dass es nur meine Antwort sein kann. Es gibt keine Antwort, die für jeden Gültigkeit hat, und ich gar bin der Letzte, der es nicht verstehen könnte, dass andere zu entgegengesetzten Entscheidungen gekommen sind.

Nie in meinem Leben habe ich es fertiggebracht, in Kollektivbegriffen zu denken; die Juden, die Neger, die Engländer – das sind Sammelbegriffe, die es nicht gibt; ich habe, auch als die Nazis an der Macht waren, nie anerkennen können, dass die Deutschen besser sein sollten als andere; aber genau so wenig konnte – und kann – ich zugeben, dass die Deutschen schlechter sind als andere. Das heißt nicht, dass ich alles, was geschehen ist, vergessen habe, vergessen könnte, ja vergessen wollte. Aber als sich mir direkt nach dem Kriege die Möglichkeit bot, im Dienste der amerikanischen Verwaltung in Deutschland zu arbeiten, da habe ich diese Aufgabe doch ohne Zögern angenommen. Ich fand, dass genug des Unsinnigen getan worden war, fand, dass es gerade die Aufgabe der Menschen war, die Deutschland kannten, mitzuhelfen, dass nicht durch neue Fehler der Grundstein für neues Unrecht gelegt würde.

Meine Arbeit im Redaktionsstab der »Neuen Zeitung« war dann fast die Erfüllung eines Traumes: ein Blatt zu redigieren, das sich die Aufgabe gestellt hatte, ein Vorkämpfer der Toleranz in Deutschland und ein Werber um die Herzen der Deutschen für die Ideen des Westens zu sein. In diesen letzten acht Jahren bin ich mit vielen, vielen Menschen in Berührung gekommen. Darunter waren einige, die mit die Hauptverantwortung zu tragen hatten für die Verbrechen des tausendjährigen Wahns; sie leben heute nicht mehr, und ihr Tod bedeutete mir nichts; ich war weder froh noch berührte es mich in irgendeiner anderen Form: Als Menschen, als meinesgleichen – da stimme ich mit Martin Buber überein – hatten sie für mich nie existiert.

Viele von den Menschen, die ich kennenlernte, blieben mir persönlich gleichgültig; sie waren Repräsentanten der Masse, die ohne Überlegung »ja« und »heil« gerufen hatte, die bedenkenlos zunächst die Freiheit des Nächsten, aber dann auch die eigene Freiheit dahingegeben hatte, weil sie einem Phantom Glauben schenkte und nachjagte. Um diese Menschen hat unsere Zeitung in den letzten Jahren geworben; sie davon zu überzeugen, wo die echten Werte des Lebens liegen, war unsere wesentlichste Aufgabe. Ob wir Erfolg hatten, wird nur die Zukunft sagen können. Aber ich bin guten Mutes.

Ich habe aber geschrieben, dass ich in diesen Tagen von den Freunden Abschied nehme, die ich im Laufe der vergangenen Jahre gefunden habe; und wenn ich dieses Wort in den Mund nehme, so meine ich wirkliche Freunde von der Art, wie jeder Mensch in seinem Leben nur ein beschränktes Maß finden kann. Es genügt nicht – oder mir zumindest nicht –, nur die Familie zu haben, so sehr ich in ihr auch Glück und Erfüllung gefunden habe; es sind die Freunde, die eigentlich das Leben erst wirklich wertvoll werden lassen. Und ein gnädiges Schicksal hat es gewollt, dass, wo auch immer ich bisher war, der eine oder der andere der Menschen, mit denen ich zusammentraf, mir langsam zum Freund geworden ist. Und es ist sicher kein Zufall, dass einige der wertvollsten Freundschaften meines Lebens in Groß Breesen entstanden sind.

Dass es auch in Deutschland nach dem Kriege wieder Menschen gab, die mir zu Freunden werden sollten, war zwar in sich selbst keine Überraschung; aber dass ich sie fand, dass ich hier Menschen kennenlernen durfte, ohne die mein Leben ärmer geblieben wäre, das war ein besonderes Glück; das allein schon hätte den Aufenthalt in Deutschland lohnend gemacht. Und so kann ich also nicht nur vom Sachlichen, von der Arbeit her, sondern auch vom Persönlichen nur feststellen, dass ich keine Sekunde lang bereue, während dieser Nachkriegsjahre in Deutschland gewesen zu sein. Im Gegenteil.

Draußen hat es zu schneien aufgehört; wie dicke Watte liegt der Schnee auf den uralten Tannen und den flachen Dächern der Bauernhäuser; silberweiß erscheinen die Berge im Mondlicht. Die letzten Stunden des alten Jahres rinnen dahin, und ein neues mit all seinen Hoffnungen steht vor der Tür. Ich könnte mir keine passendere Zeit denken als eben diese, um Euch allen meine Grüße zu senden. Euer Ernest.

(19. Rundbrief an die alten Groß Breesener v. Januar 1954)

HAMBURG

Nach seiner Rückkehr in die USA teilte Ernst Cramer die Kenntnisse aus den neun Jahren als Besatzungsoffizier und Journalist in seiner alten mit Menschen seiner neuen Heimat – in Artikeln, aber auch mit öffentlichen Auftritten. Die Amerikaner hätten die Freundschaft Deutschlands gewonnen, berichtete er Anfang März 1954 einem Redakteur des »Pueblo Star Journal«. Gleichzeitig warnte er davor, unachtsam und nachgiebig zu sein: »Die Demokratie in Deutschland kann am besten unterstützt werden, wenn man die Nazis entfernt.«

Sieben Wochen später sprach Cramer vor der Handelskammer von Pueblo, dem Wohnort seiner Schwiegereltern. Sein Vortrag am 27. April 1954 trug den Titel »US-Hilfe für Europa zahlt sich aus«. Er legte dar, dass sich die Vereinigung Europas – gemeint war Westeuropas – zwar langsam entwickle, dass aber die meisten Länder »in relativ kurzer Zeit einen bemerkenswerten Wiederaufbau« erreicht hätten. »Der britische und der deutsche Boom halten an«, betonte er und fuhr fort, Europa sei inzwischen, möglicherweise mit Ausnahme von Frankreich und Italien, stark genug, um eine Rezession zu überstehen. »Das System von freiem Unternehmertum, das die USA unterstützten, hat viel von Deutschlands Wiederaufbau möglich gemacht.« Obwohl das teuer war, sei es besser, als Deutschland und den Rest von Westeuropa an den Kommunismus zu verlieren.

In einem langen Beitrag im »Pueblo Chieftain« erklärte Cramer seinen Lesern am 18. Juni 1954, warum Berlin nur ein Dutzend Jahre nach dem Massenmord deutscher Polizisten an tschechischen Zivilisten im Dorf Lidice ein »Symbol der Opposition gegen Tyrannei« sei. Er verwies auf den Volksaufstand in Ostberlin am 17. Juni 1953 und die Reaktion der ostdeutschen Kommunisten wie der sowjetischen Armee. Dann schilderte er, warum es im US-Sektor der Stadt eine »Freie Universität« genannte Neugründung gebe: »Während Studenten im Osten staatliche Unterstützung bekamen wie zusätzliche Lebensmittelrationen und andere Wohltaten, erhielten die Jungs und Mädchen an der Freien Universität keinerlei Privilegien; im Gegenteil: Sie mussten Nachteile in Kauf nehmen gegenüber ähnlichen Hochschulen. Es war kurios zu sehen, wie sie von Veranstaltungsort zu Veranstaltungsort wechselten, denn die einzelnen Fakultäten waren in Häusern untergebracht, die oft einige Meilen auseinander lagen.« Cramer beschrieb lobend, dass die Ford-Stiftung ein neues Hauptgebäude für die Freie Universität errichten ließe, das immerhin acht Millionen Mark kostete. Das Ziel sei, die zeit- und energiefressenden Wechsel von Ort zu Ort unnötig zu machen.

In den USA arbeitete Ernst Cramer als Journalist für United Press, kehrte aber bald

Rough Road to Unity

By ERNEST J. CRAMER

Ernest J. Cramer, author of the following article written exclusively for The Roundup, was managing editor of Die Neue Zeitung, the official German language newspaper established and maintained in Frankfurt, Germany, by the U. S. state department. He occupied that position between January 1, 1948, and September, 1953. Mr. Cramer and his wife, a daughter of Mr. and Mrs. Eugene Untermayer of Pueblo, now reside in that Colorado city. Cramer was born in Germany, came to the United States in 1939, returned to Europe with the U. S. army and remained there after the war with the U. S. military government.

ALMOST overnight Abbe Pierre has become a national hero in France. He is a 41-year-old Jesuit, a son of wealthy merchants in Lyon, was a member of the resistance movement during the German occupation and got elected to the national assembly after the war.

He is founder and sponsor of EMMAUS, a settlement for homeless persons and tramps near the Paris suburb Neuilly-sur-Seine. Several weeks ago he decided that it was not enough for him just to help 200 homeless in Emmaus. Night after night he had walked through the deserted streets of Paris and found people sleeping wherever they could find a spot that provided a bit of protection against the bitter, freezing cold.

France's critical housing shortage has been discussed again and again. Newspapers reported since years that there are families of six, even of ten, living in one room. It is public knowledge that in Paris alone 50,000 families of three to six live in so-called one-room apartments, consisting of one room and a living-kitchen, without bathroom facilities.

For years France's Communists have managed to utilize such conditions for their own political advantage. The areas with the worst living conditions are the strongholds of the Communist party.

ABBE PIERRE decided that something had to be done. Unlike the much discussed "worker-priests," some of whom were taken in by Marxist propaganda and participated in Communist-dictated strikes and demonstrations, the Jesuit from Neuilly-sur-Seine was not motivated by political but by purely caritative reasons. He made radio speeches, wrote newspaper articles, addressed audiences in movie theaters. Soon public opinion demanded that "something be done." "Humanite," the official Communist newspaper, condemned Abbe Pierre's action as "sentimental display of crocodile-tears by the bourgeoisie."

The government leaders became as aroused as the general public. The minister for reconstruction personally expressed the sympathies of the government when he appeared at the funeral of a little boy who froze to death in an emergency shelter.

Minister President Joseph Laniel incorporated the Abbe's plans to build 12,000 housing units in the government's reconstruction program. Within four days the Abbe managed to collect 120 million francs ($400,000), and 90 tons of blankets, clothing, heaters, food, etc.

The French housing program, which has been a stumbling block for many a postwar government, falls pitifully short of the required needs. England and West Germany each were able to build approximately 1.5 million units since the end of the war, and the annual ratio is being increased in both countries. France has only been able to build about 350,000 units—and it is estimated that within the next 30 years France will need approximately 6 million new units.

HOUSING is only one of the many social problems which plague France today.

But it provides most powerful arguments. The war in Indochina, which is as unpopular in France as the Korean campaign was in the United States, has cost the French taxpayer more than $5 billion to date.

The Communists are quick in translating this figure in housing units; but at the same time they conceal the fact that in most of those communities or towns where they gained control the output of new dwellings was even below the national average.

Abbe Pierre's action has shown it is possible to wrest the initiative from the Communists—and if they loose the initiative, they also loose the political power. (This is just as true on the international as on any national scene.)

Today the Communists in France still control the most important labor unions; roughly one-fourth of all voters in France voted the Communist ticket at the last national elections. The grip that Communism holds on public life has a direct bearing on the way France can conduct all of its national and international affairs.

THERE is only one other country in western Europe where Communism presents a real problem: Italy. And it is not by chance that these two countries experience the greatest difficulties to have the European defense community treaty ratified. Of the six nations concerned, Belgium, Holland and West Germany have approved the European army plan. Ratification in tiny Luxembourg is a foregone conclusion. The two crucial countries are France and Italy.

The Communist party in Italy claims 2 million card-carrying members; it is estimated that this figure is correct. One out of every three Italian voters supports the Communist or their close political friends and allies, the left-wing, or Nenni Socialists.

A tourist who cant manage to tear himself away from conducted sightseeing trips, museums, galleries, ruins and fashionable hotels will be amazed to learn how many and what kind of people are supporters of extreme marxist ideologies in Italy today. In addition to the masses of industrial workers (labor unions, like in France, are almost completely dominated by the Communists) there are the incredibly poor agricultural laborers and tenants in southern Italy, but there also are thousands of white-collar workers—in government and in industry—as well as middle-class merchants, lawyers, doctors, etc.

The primary reasons for this situation are the same that helped Mussolini to establish a Fascist regime some 30 years ago: Overpopulation, underproduction, unemployment, and additionally the failure of the postwar governments to come through with the promised land reform in the south.

HOWEVER, there are additional factors which materially helped the Communists to gain and keep such a prominent position. The most virulent propaganda against the Italian government appears in the Communist party newspaper "Unita," which is printed on government - owned presses in government-owned buildings.

Communist headquarters are located in government-owned offices. Party gatherings, organized regularly like big carnivals all over the country, are held in government-owned parks and sports grounds. In addition to such indirect subsidies the Communist party receives a fixed percentage from the gross intake of the so-called Italian-Russian trading companies. This amounts to a subsidy of at least $50 million per year.

The present Italian premier, Mario Scelba, is determined to stem the tide of political deterioration in his country. Since the general elections of last summer which gave the Christian Democratic party, of which Scelba is a member, only a shaky plurality, Italian governments have come and gone as fast as those in France.

They were torn by inner-party strife and by various attempts to make concessions to either right- or left-wing elements. Scelba refused to buy goodwill from either one of the extremist camps, and by doing so gained the support of the right-wing Socialists. Now his government has the necessary majority.

It is significant that the Italian premier has three points on top of his agenda: A social policy to combat unemployment, a tough anti-Communist campaign which first of all aims at eliminating of special privileges, and finally ratification of the E. D. C. treaty.

Scelba, like his well-known predecessor Alcide de Gasperi, considers the establishment of the European defense community a must. Like most western statesmen he realizes that the structure of the whole North Atlantic Treaty Organization is incomplete as along as it excludes West Germany, the country that has made the most remarkable economic and political recovery of all European nations. And since no responsible politician—inside or outside Germany—likes the idea of independent German armed forces, a closely integrated, supra-national European army is the only solution.

WEST GERMANY has gone a long way to make this solution possible. Its economic recovery since 1948 has been termed phenomenal. By experience the Germans have learned the real meaning of communism: They see a daily stream of refugees from Soviet-controlled East Germany and from various satellite countries; they hear what returning prisoners of war can report about conditions inside the "workers' paradise." West Germany also has a stable government and the majority of its people has indicated that it is willing to change from a narrow-minded national to a supra-national European policy.

After long parliamentary and legal struggles, during which even the question was raised whether rearming within EDC was compatible with the constitution, the German parliament approved the EDC treaty and the peace treaty between West Germany and the three principal western allies.

The two treaties which were signed in May, 1952, are closely intertwined. The peace treaty, which is officially called the "Bonn contractual agreements," provides for nearly complete independence of West Germany. The "agreements" will, however, become effective only if and when the six-nation European defense community plan has been ratified by all governments concerned.

To avoid all possible constitutional complications, Chancellor Konrad Adenauer requested the parliament in which his coalition had won a two-thirds majority to amend the constitution. (The German constitution can be changed by a two-thirds majority in both houses!) The amended section of Germany's so-called "basic law" now reads:

(One of the prerogatives of the German Federal Republic is) "Foreign affairs as well as defense including compulsory military training of all males of 18 years and over, and protection of the civilian population."

When this amendment was passed, the foreign affairs committee of the French national assembly immediately asked that it be vetoed by the French representative at the allied high commission in Germany. Only after the German government formally declared that the amendment was written with the exclusive purpose to make German participation in EDC possible and that it would not become part of the constitution unless EDC is realized, did France consent.

TO FULLY understand the French reaction one must know that even today many a Frenchman is more afraid of the Germans than of the Soviets. While the most virulent objection to EDC comes from the Communist groups, which act as the Kremlin's mouthpiece, it would be completely wrong to assume that only the Communists are opposed to the rearming of Germany within a European army. Every political party is split on this issue.

The great dilemma facing every Frenchman today is how to reconcile his realization that EDC is a political and military necessity with his apprehensions of the "German danger"; he just cannot forget 1914-18 as well as 1939-45—and he even remembers 1870-71.

German statesmen, notably Dr. Adenauer who is regarded as the "grand old man" of continental Europe, are doing everything in their power to dispel French suspicions. Above all they point to the results of the second German post-war elections last September, in which Adenauer's coalition "captured 307 of the 487 seats. The anti-EDC, b u t nevertheless strongly anti-

(Concluded on page 6.)

122

wieder in die Bundesrepublik zurück – nun als Verkaufsleiter der Nachrichtenagentur, die in Europa neue Kunden für ihre Dienstleistungen suchte. Für den deutschen Markt war Cramer verantwortlich. Nebenbei engagierte er sich in Deutschland bei der US-Army, obwohl er schon Jahre zuvor aus dem Militärdienst ausgeschieden war. Am 10. Juli 1956 wurde er im Rang eines Captain Reserveoffizier, ein Jahr später absolvierte er bei der 3. US-Panzerdivision den ersten Lehrgang für Kompaniechefs. Er suchte nach einer neuen Aufgabe.

In seiner Funktion als UP-Verkaufsleiter für Deutschland lernte er den aufstrebenden Verleger Axel Springer kennen. Über das erste Zusammentreffen berichtete Cramer mehr als vier Jahrzehnte später:

Auf Anregung eines gemeinsamen Freundes traf ich den damals 45-Jährigen im Dezember 1957 in seinem Hamburger Büro. Er war gerade von seiner ersten Amerikareise zurückgekommen. Ganz offensichtlich hatte er dabei die falschen Leute getroffen. Von den angeblich dort herrschenden Zuständen zeigte er sich entsetzt, sprach von der Notwendigkeit, »gefährliche« amerikanische Einflüsse einzudämmen und suchte Möglichkeiten eines »dritten« Weges, unabhängig sowohl von der Sowjetunion als auch von den USA. Ich widersprach, höflich zwar, aber doch recht bestimmt. Wir wurden beide etwas laut. Als wir uns trennten, meinte ich, es würde kein Wiedersehen geben.

Aber ziemlich früh am nächsten Morgen rief mich Springers engster Mitarbeiter an: »Der Verleger möchte Sie unbedingt heute noch einmal sehen.« Es kam dann tatsächlich zu einem neuen Treffen. Als ich im Vorzimmer wartete, kam Springer leichtfüßig aus seinem Büro und sagte: »Ich weiß, Sie haben wenig Zeit, deshalb ganz kurz: Haben Sie Lust, in die Chefredaktion der WELT einzutreten?« Ich erinnerte an die Wortgefechte vom Vortag und sagte, ich würde meine Meinung über die Notwendigkeit transatlantischen Zusammenwirkens auch dann nicht ändern, wenn ich einer seiner Redaktionen angehörte. Lächelnd unterbrach mich Springer und sagte: »Das weiß ich. Ich habe genügend ›Yes-men‹ in meinem Verlag. Aber ich suche Leute mit eigener Meinung, die auch zu ihr stehen.« »Auf der Basis nehme ich an«, war meine schnelle Antwort. (WELT v. 13. Januar 2000)

Zum 15. Juni 1958 trat Ernst Cramer als stellvertretender Chefredakteur in die Redaktion der »WELT« ein. Sie hatte ihren Sitz zu dieser Zeit in der Hamburger Innenstadt. Seine Ambitionen in der neuen Funktion beschrieb er rückblickend: »Ich wollte einfach helfen, eine Zeitung mit erstklassiger Nachrichtengebung zu machen, ein Blatt, das auf allen Gebieten kompetent und auch international ausgerichtet sein sollte. Solide recherchierte Nachrichten waren für mich damals das Wichtigste. Und das sind sie noch heute.«

Kurz vor Cramers Eintritt in die »WELT«-Redaktion widerfuhr Axel Springer sein politisches Damaskus-Erlebnis. Am 6. Januar 1958 hatte der Verleger den sowjetischen Botschafter in der Bundesrepublik gebeten, ihm einen Termin beim starken Mann der Sowjetunion zu verschaffen; er wollte »mit Herrn Chruschtschow über die Wiedervereinigung sprechen«. Das war für einen Medienunternehmer ein ungewöhnliches Ansinnen. Sechs Tage später reiste Springer, nur in Begleitung seiner damaligen Frau Rosemarie und zweier enger Mitarbeiter, mit großen Erwartungen nach Moskau. Einem Reporter sagte er vor dem Abflug: »Ich weiß wohl, dass es Leute gibt, die mich für naiv halten. Aber ich glaube an die Wiedervereinigung binnen fünf Jahren.« An seinem Ziel harrte jedoch eine schwere Enttäuschung: Niemand erwartete die kleine

Ernst Cramer gemeinsam mit Axel Springer auf US-Reise, 1959

Gruppe. Es kam noch schlimmer: Der Kreml hielt den westdeutschen Gast 17 Tage lang hin, bis am 29. Januar 1958 endlich ein Treffen zustande kam. Knapp zwei Stunden sprachen Nikita Chruschtschow und Axel Springer miteinander. Doch der Erste Sekretär der KPdSU war an Springers Plan für die Überwindung der Teilung Deutschlands überhaupt nicht interessiert, sondern wollte dem westdeutschen Verleger ein Interview geben. Das Erlebnis war frustrierend: Springer reiste schnellstmöglich nach Hamburg zurück. Die Enttäuschung führte dazu, dass der Verleger sich nun rasch zum »leidenschaftlichen Atlantiker« entwickelte, der »den USA als antitotalitärer Kraft vertraute«, erinnert sich Cramer, der diese Überzeugung aus tiefstem Herzen unterstützte. Rasch avancierte er sozusagen zum Außenminister des Verlages. Bereits 1959 begleitete er Springer zu einem Zeitungskongress nach New York, mit stilvoller Anreise auf dem Luxusdampfer »Queen Elizabeth«.

Zu seinem Amtsantritt im Sommer 1958 hatte Cramer eine in Nürnberg produzierte, »nagelneue Triumph-Schreibmaschine geschenkt« bekommen, die ihn fortan begleitete und auf der er noch Anfang Januar 2010 seinen letzten Artikel verfasste. In seiner neuen Funktion kümmerte er sich neben seinen

Aufgaben als Blattmacher und Kommentator weiter um die Themen, die ihm besonders am Herzen lagen: die Überwindung des düsteren Erbes der Judenverfolgung, die Stärkung der Freundschaft mit den USA sowie Reeducation und Demokratisierung Deutschlands. Hinzu kam ein Thema, das für ihn bis dahin nicht im Vordergrund gestanden hatte: die Teilung Deutschlands.

Zwei Jahre zuvor, im Frühjahr 1956, hatte Ernst Cramer einmal Ostberlin besucht, wie er in einem Rundbrief den alten »Groß Breesenern« berichtete: »Nach vielen Jahren der Trennung sollte ich sie endlich wiederfinden, die ich seit meinem Weggang von Deutschland im Jahre 1939 nicht mehr gesehen hatte.« Mit »sie« war auf den ersten Blick eine Frau gemeint, die Cramer 1937 in Dresden bei einer Reise nach Berlin wohl kennengelernt und nie vergessen hatte; auf einer Fahrt mit seinem Freund Hänschen Quentin, der Cramers Bedenken wegen der Reiseverbote für Juden in jener Zeit zerstreute: »Das darfst Du Dir nicht entgehen lassen, Nürnberger oder ähnliche Gesetze hin oder her; mit mir gemeinsam wird schon nichts passieren!« Nun also, fast 20 Jahre später, kamen die Erinnerungen hoch, die sich mit neuen Eindrücken mischten:

Die Bahn raste am Tiergarten vorbei. Wo früher Häuserblocks gestanden hatten, war jetzt kilometerweite Öde. Weiter im Hintergrund, zur Tauentzienstraße zu, sah man allerdings die Neubauten, die sich langsam, allzu langsam wieder in das steppengleiche Ödland vorschieben. Die besten und berühmtesten Architekten der Welt helfen mit, gerade an diesem zentralen Punkt Berlins zu zeigen, wie eine Stadt modern wieder aufgebaut werden kann. Der Kontrast zwischen diesen Bauten und dem Schauviertel Ost-Berlins, der Stalinallee (früher Frankfurter Allee), könnte gar nicht augenfälliger sein. Wieder flogen die Gedanken zu der Gestalt in dem rotbraunen Kleid. Wie viele ihresgleichen war sie nach dem Ende des Krieges nach Russland verschleppt worden. Vorher, in den letzten Monaten vor dem Zusammenbruch des »Dritten Reiches«, war sie in Notquartieren untergebracht gewesen. Ein Glück, sonst wäre sie wahrscheinlich im Flammenmeer des Fastnachtsdienstag 1945 in Dresden verbrannt, so wie Zehntausende von Menschen umkamen und ungezählte Kunstwerke in Schutt und Asche versanken. [...]

Nur Sekunden dauerte der Aufenthalt am Lehrter Stadtbahnhof, und dann begann eine andere Welt, der Ostsektor. Von den Regierungsstellen dort wird er der Demokratische Sektor genannt; er steht unter sowjetischer Verwaltung. Der Besuch des Ostsektors ist zwar völlig legal, dennoch hatte man oft ein ganz ähnliches dumpfes Gefühl im Magen wie damals bei den verbotenen Besuchen in Dresden. Man wusste, dass hier, mitten im Herzen Berlins, ein anderes Rechtssystem beginnt, ein System, das leider in vielem dem anderen System verteufelt ähnlich ist, dessen logische Konsequenzen Nürnberger Gesetze, Buchenwald, Auschwitz und schließlich Zerstörung des Reiches waren.

Man müsste es jedem wünschen, einmal den Übergang gemacht zu haben vom westlichen Berlin mit seinen Neonlampen, seinen vollen Schaufenstern und seinen vergnügten, modern gekleideten Menschen zum östlichen ehemaligen Zentrum dieser Stadt, wo nur wenige Schaufenster Waren zeigen, wo solche Waren qualitativ minderwertiger und dennoch teurer sind, und wo Bauten, Läden und Menschen um etwa fünf bis acht Jahre hinter der Entwicklung des Westens herzuhinken scheinen. Ein solches direktes Nebeneinander gibt es sonst nirgendwo auf der Welt.

Die Grenze geht quer durch die Stadt, so wie sie quer durch ganz Deutschland geht. Ist es auch eine Grenze, die die Menschen in West und Ost trennt? Es ist unmöglich, auf diese Frage klar mit Ja oder Nein zu antworten. Noch überwiegen die Bindungen zwischen den beiden Teilen der Stadt, den beiden Teilen des Landes; noch werden von der Mehrheit der Bevölkerung hier wie dort die Bundesrepublik Deutschland (im Westen) und die Deutsche Demokratische Republik (im Osten) nur als Übergangsformen angesehen. Aber auf beiden Seiten entwickelt sich langsam ein Eigenleben, das vielleicht ein wirkliches Staatsbewusstsein werden wird, so dass eines Tages die heute noch künstliche Grenze eine echte Grenze werden könnte. Gäbe es heute allerdings freie Wahlen, so wäre die Trennungslinie morgen verschwunden.

Am Bahnhof Friedrichstraße leerte sich der Zug; neue Menschen stiegen ein; sie waren anders gekleidet als die, welche aus dem Westen mitgekommen waren. Grauer, schäbiger die Anzüge und Mäntel, schlechter das Schuhwerk, die Taschen der Frauen aus Kunstleder; anstelle der kecken bunten Hütchen herrschten jetzt eintönige blassfarbige Kopftücher vor. Nur noch eine ganz kurze Weile war es bis zum Bahnhof Börse, der jetzt Bahnhof Marx-Engels-Platz heißt. Wie jedes Mal, wenn ich in den Ostsektor fahre, sah ich mich um, ob ich nicht vielleicht einem der paar »Groß Breesener« begegnen würde, die nach dem Kriege in den kommunistisch beherrschten Teil Deutschlands zurückgekehrt waren. Wie würde eine solche Begegnung ausfallen? [...]

Der Zug hielt. In der grauen Dämmerung und bei leichtem Schnürlregen hastete ich zur Museumsinsel hinüber. Im dritten Stock der mit roten Fahnen umsäumten und von Scheinwerferlicht bestrahlten Nationalgalerie fand ich die Gesuchte – und die Jahre der Trennung waren vergessen. Allerdings erkannte ich mit Staunen und Schrecken, dass das blühende Rot auf ihrem Gesicht nicht die Röte der Jugend war, sondern Ausdruck eines Fiebers, eines tödlichen Fiebers sogar. Aber – ich hatte sie noch einmal wiedergesehen, kurz vor ihrer endgültigen Rückkehr nach Dresden, das zu besuchen mir heute nun völlig verboten ist; ich sah sie wieder, von der ich in den ganzen Jahren eine Fotografie mit mir herumgetragen hatte, die »Saskia mit der roten Blume«, Rembrandts nicht allzusehr bekanntes Gemälde seiner ersten Gattin, das er – wie ich jetzt feststellte – kurz vor ihrem Tode gemalt hatte. (20. Rundbrief an die alten Groß Breesener v. Januar 1956)

Ernst Cramer mit seinen Kindern in den Bergen

In nahezu allen politischen Fragen vertrat Cramer persönlich wie als Kommentator der »WELT« gegenteilige Ansichten zur SED. Mit seiner spezifischen Kombination von persönlichem Hintergrund, liberal-konservativen Überzeugungen und beruflichen Funktionen wurde er so etwas wie ein »idealtypischer Klassenfeind«. Das Ministerium für Staatssicherheit machte daher gerade in Cramer den Hauptverantwortlichen für den Haltungswechsel des Verlages zu einem strikten Antikommunismus aus. Das ging so weit, dass die Ostberliner Spione sich einredeten, Cramer habe den Verlag im Auftrag der CIA mit frischem Geld ausgestattet. Den Hass der SED hatte sich Cramer redlich verdient, denn er kritisierte in seinen Meinungsbeiträgen die Diktatur in Ostdeutschland ebenso schonungslos wie die Sowjetunion.

Über das für die Weltöffentlichkeit inszenierte Verfahren gegen Gary Powers, den Piloten eines am 1. Mai 1960 über der Sowjetunion abgeschossenen US-Spionageflugzeuges vom Typ U-2, etwa schrieb Cramer:

Von jeher war der Schauprozess ein Mittel der Diktatoren, um ihre Gegner zu erledigen, Anhänger zu beschwichtigen und sich selbst den Mantel von Ehrenmännern umzuhängen. Der Prozess gegen den amerikanischen Piloten Powers war keine Ausnahme. Das erste Ziel der Sowjets war, die verantwortlichen Männer Amerikas als Kriegstreiber hinzustellen und gleichzeitig die Verbündeten der Vereinigten Staaten davon zu überzeugen, dass sie durch das »leichtsinnige« Verhalten der Amerikaner ständig der Todesgefahr ausgesetzt seien. Wieweit dieses Ziel erreicht wurde, muss dahingestellt bleiben.

Zum zweiten sollte die russische Öffentlichkeit beruhigt werden. Denn sie war erregt darüber, dass amerikanische Flugzeuge jahrelang ungestraft in großen Höhen über der Sowjetunion fliegen konnten. Powers Geständnis, dass ihn in etwa 20.000 Meter Höhe »irgendetwas« getroffen habe, was dann der Ankläger sofort als Rakete bezeichnete, war genau die Bestätigung, die der Kreml für seinen propagandistischen Hausgebrauch benötigte. War damit nicht der »Beweis« erbracht, dass die sowjetische Luftabwehr jedes Flugzeug abschießen kann?

Es war das dritte und wohl wichtigste Ziel, vor aller Welt zu demonstrieren, die Sowjetunion sei ein Staat, in dem wirklich Recht gesprochen werde. In diesem Punkt gelang Moskau der eigentliche Erfolg. Journalisten aus allen Ländern nannten den Prozessverlauf fair, und Präsident Eisenhower ebenso wie Powers Vater äußerten, von einer Gehirnwäsche könne keine Rede sein. Dabei wissen die Fachleute sehr wohl, dass man unter gewissen Voraussetzungen, die bei Powers gegeben sind, einem Menschen das »Ich« rauben kann, ohne dass er deshalb einen gebrochenen, ja überhaupt einen veränderten Eindruck macht. Dass Powers vor dem Prozess keinen nichtsowjetischen Anwalt, keinen Angehörigen der amerikanischen Botschaft und kein Mitglied seiner Familie sehen durfte, sollte in diesem Zusammenhang nicht übersehen werden.

Wenn der Prozess zum Erfolg für die Sowjets wurde, dann deshalb, weil der Westen die Ereignisse in der Sowjetunion immer noch mit seinen Maßstäben misst.
(WELT v. 20. August 1960)

Cramer verstand sich in seinen Kommentaren als kritischer Beobachter der Weltpolitik; er schonte weder die USA noch andere Staaten des westlichen Bündnisses. Als Nikita Chruschtschow ohne offizielle Einladung als selbst ernanntes Mitglied der UN-Delegation im September 1960 nach New York reiste und die Fahrt auf dem Flaggschiff der sowjetischen Handelsflotte zum Verschicken von Telegrammen nutzte, konfrontierte Cramer jene, die auf eine bevorstehende grundlegende Verbesserung der politischen Beziehungen hofften, mit der Realität:

»Die russischen Friedenstöne können möglicherweise schnell zu einer Entspannung der Ost-West-Beziehungen führen!« Mit diesen Worten kommentiert eine englische

Zeitung die Botschaft, die Chruschtschow von Bord der »Baltika« an MacMillan gesandt hat und die er bei der Ankunft in New York zu seinem Wunsche verdichtete, er möchte »ernsthaft mit Eisenhower verhandeln«.

Auch wir würden gern so gutgläubig sein wie unsere Londoner Kollegen. Aber genügen schon ein paar Worte, können sie allein hoffen lassen, dass es Chruschtschow dieses Mal ernst sei mit seinen Friedensbeteuerungen?

Genügen Worte,

- obwohl die Sowjets, die wochenlang versuchten, das Ansehen der UN im Kongo zu untergraben, nach ihrem dortigen Fehlschlag zur Attacke gegen Generalsekretär Hammarskjöld ausholten?
- obwohl die Kommunisten in Laos ausgerechnet in diesen Tagen, unterstützt von ihren Freunden in Nordvietnam, wieder einmal den durch Parteikämpfe geschwächten Staat zu erstürmen trachten?
- obwohl in Berlin, der gefährlichsten Nahtstelle zwischen Ost und West, Ulbricht von seinen sowjetischen Vorgesetzten ermuntert wird, alles zu tun, den Frieden zu gefährden, den Frieden, von dem Chruschtschow in so hohen Tönen spricht?

Erst wenn der starke Mann der kommunistischen Welt seine Satrapen zurückpfeift – in Berlin, in Laos, im Kongo oder wo auch immer –, erst dann werden wir den Friedensschalmeien des Chefs der sowjetischen UN-Delegation wieder unser Ohr leihen. (WELT v. 21. September 1960)

Von Hamburg aus behielt Cramer die Verhältnisse in Ostdeutschland im Blick, das er gewöhnlich »die Zone« nannte. Dabei scheute er sich nicht, diese zweite Diktatur auf deutschem Boden im 20. Jahrhundert mit der ersten zu vergleichen, die ihn aus seiner Heimat vertrieben hatte. Als der Leiter des Leipziger Thomanerchors, Kurt Thomas, sein Amt in der DDR aufgrund politischen Drucks aufgab und in die Bundesrepublik zurückkehrte, kommentierte Cramer:

Kann man in einer Diktatur eine führende Stellung auf irgendeinem Gebiet übernehmen, ohne damit gleichzeitig dieser Diktatur selbst und nicht nur der Aufgabe, die man sich gestellt hat, zu dienen? Vor dieser Frage standen in den Jahren der nationalsozialistischen Willkür viele Beamte, Militärs, Wissenschaftler und Künstler. Dieselbe Frage stellt sich heute vielen, die in leitenden Positionen im Kulturleben, in der Wissenschaft, im Fürsorge- und Schulwesen, ja in der Verwaltung der Zone tätig sind.

Kurt Thomas, der Kantor des Leipziger Thomanerchors, glaubte vor vier Jahren, als man ihm die Nachfolge Günther Ramins anbot, dass es möglich sei, im Bereich der roten Diktatur von dieser Diktatur unabhängige Arbeit zu leisten. Die Verhältnisse haben auch ihn, den Mann, der nach einem erfolgreichen Frühwerk ehrgeizig immer nach oben strebte, eines Besseren belehrt. Eine Arbeit in der Diktatur ist auf die

Dauer nur möglich, wenn man Kompromisse zu schließen bereit ist, die die Grundlagen dieser Arbeit gefährden. Dennoch – um der Menschen willen, die drüben sind – müssen und wollen viele derjenigen bleiben, denen der Druck der Unfreiheit das Leben und die Arbeit besonders schwer macht: Ärzte, Geistliche, Rechtsanwälte und Professoren. An dem Tag, an dem der Thomaskantor erklärt, warum er Leipzig verlassen hat, verneigen wir uns in Achtung vor solchen Menschen, die es für ihre Pflicht halten, drüben auszuharren. Nur sollten wir uns und sie sich nichts vormachen: Ihre für die Menschen in der Zone so wichtige Arbeit wird, wann immer es möglich ist, von den Funktionären des Staates und der Partei für ihre Zwecke eingespannt und missbraucht. Die schwere Entscheidung, wann dieser Missbrauch sein Ausharren sinnlos macht, muss jeder nach seinem Gewissen treffen. (WELT v. 14. November 1960)

Für den NS-Verfolgten Ernst Cramer hatte der im April 1961 eröffnete Prozess gegen den Organisator des millionenfachen Judenmords Adolf Eichmann in Jerusalem große Bedeutung. Schon seit Ende der 1950er-Jahre hatten die Blätter des Verlags deutlicher und ausdauernder als alle anderen westdeutschen Medien die konsequente Bestrafung von NS-Verbrechern eingefordert. Das hing sicher auch, aber nicht nur mit Cramers Einfluss auf Axel Springer zusammen. Kurz vor Beginn des Eichmann-Prozesses schrieb der stellvertretende »WELT«-Chefredakteur:

Am Ostersonntag, ausgerechnet am Ostersonntag, werden Millionen Amerikaner eine Fernsehsendung zu Gesicht bekommen, die sich mit der deutschen Reaktion auf den bevorstehenden Eichmann-Prozess befasst. Die American Broadcasting Company, eigentlich fast nur unter ihren Initialen ABC bekannt, eine der großen überregionalen Rundfunkgesellschaften, hat diese Sendung vorbereitet. Führende deutsche Parlamentarier, wie Eugen Gerstenmaier, Carlo Schmid und Fritz Erler, sowie der Vorsitzende der Berliner Jüdischen Gemeinde, Heinz Galinski, kommen zu Wort, aber auch der so oft bemühte »Mann auf der Straße«, den man in Berlin, Bonn, Köln und anderen Städten der Bundesrepublik gesucht und getroffen hat.
Die Antworten sind so, wie wir sie wohl alle gegeben hätten:
- Verständnis dafür, dass viele Israelis diesen Prozess als wichtigen Beitrag zur Festigung ihres Staates betrachten;
- Bedauern, besonders vieler junger Menschen, dass Eichmann nicht in Deutschland abgeurteilt wird;
- Gewissheit, dass keinerlei nationalistische Begleitmusik aus der Bundesrepublik zu hören sein wird (abgesehen vielleicht von ein paar hakenkreuzschmierenden »Halunken«, wie sich Carlo Schmid ausdrückte), und
- Sorge, dass dieser Prozess in manchen Ländern antideutsche Ressentiments, die man überwunden zu haben glaubte, wieder aufbrechen lassen wird.

Man könnte fragen, ob ein solches Programm am Ostersonntag – dem einzigen Osterfeiertag, da der Montag dort wieder ein Arbeitstag ist – den Fernsehzuschauern in den Vereinigten Staaten nicht zu viel abfordere, sie vielleicht sogar vor den Kopf stoße. Ostern ist doch – dort wie hier – das bedeutendste Fest der Christenheit, das Fest der Freude an der Wiederauferstehung; es wird drüben meist in der Form der »Easter Sunrise Services«, der Gottesdienste zum Sonnenaufgang am Ostermorgen, begangen. Hunderte von Kilometern fährt man oft in der Nacht vom Karsamstag zum Ostersonntag, um an einem dieser Gottesdienste – wie etwa im Stadion der »Hollywood Bowl« oder an der atlantischen Küste bei Miami oder im »Garden of the Gods« in den Rocky Mountains – teilzunehmen. Nachher, im Laufe des Tages, kommt dann noch die freudevolle Begrüßung des erwachenden Frühlings, deren übermütigstes Symbol die »Easter Parades« sind, bei denen die Frauen und Mädchen sich in ihren neuen Frühjahrskleidern, oft mit närrischem Kopfschmuck, auf den Hauptstraßen der großen Städte in einer Art des südländischen Korsos zeigen.

So ist der Ostersonntag eigentlich ein Tag der Freude, der fröhlichen Hoffnung auf die schöne Jahreszeit gewidmet, ein Tag fernab der Politik. Und dennoch glauben wir, dass sich eine unverhältnismäßig große Zahl von Fernsehern die Sendung am morgigen Ostersonntag ansehen wird. (WELT v. 1. April 1961)

Fast täglich berichteten natürlich »WELT«, aber auch »BILD« in den kommenden Monaten aus Jerusalem, während der Eichmann-Prozess in anderen westdeutschen Medien, etwa dem linksliberalen »Stern«, kaum vorkam. Allein in der Boulevardzeitung erschienen zwischen April und Dezember 1961 mehr als 100 Artikel über den Prozess gegen Eichmann, oft die längsten Texte, die an jenen Tagen gedruckt wurden.

Den selbstkritischen Blick auf den eigenen Berufsstand bewahrte sich Cramer. Auch nachdem am 14. April 1961 dem sowjetischen Kosmonauten Juri Gagarin der erste Flug eines Menschen in den Weltraum gelungen war – ähnlich wie der Start des ersten künstlichen Erdtrabanten Sputnik dreieinhalb Jahre zuvor eine Demütigung des Westens. Knapp drei Wochen später mahnte Cramer die westliche Öffentlichkeit, weil sich die Spekulationen über den bevorstehenden ersten Start eines Amerikaners zu einem Raumflug überschlugen:

Die Freiheit der Information, das Recht, zu wissen, was um uns und besonders bei unseren Regierungen vorgeht, ist eines der Grundrechte in demokratischen Ländern. Dennoch: Wenn diese Freiheit bis zur Neige ausgekostet wird, kann ihr Nutzen sich in Schaden verwandeln.

Seit Tagen wird die Welt durch Meldungen in Atem gehalten, der erste Weltraumflug eines Menschen in einer amerikanischen Rakete stehe kurz bevor. Eine Meldung jagt die andere. Und dann die Mitteilung, der Flug sei wegen ungünstigen Wetters um zwei Tage verschoben worden. Also werden die fieberhaften Meldungen über

In der Hamburger Redaktion

die fieberhaften Vorbereitungen weitergehen, bis am Donnerstag – vielleicht – der Versuch unternommen werden kann und gelingt, hoffentlich gelingt, denn es handelt sich ja um ein Menschenleben.

Die Sowjets machen das anders: Da gibt es keine Vorschusslorbeeren. Erst nach dem Erfolg ertönt die Propagandafanfare, die dann allerdings kaum noch nötig wäre; denn jeder Erfolg spricht für sich selbst.

Wenn aber, wie bei uns im Westen, ein Ereignis schon zerredet wird, bevor es überhaupt stattgefunden hat, wie soll dieses Ereignis noch wirken? Es droht, sich an der Grenze der Lächerlichkeit zu bewegen. Was aber, wenn es gar misslingt? Dann wird ein vielleicht nur geringes technisches Versagen zur kompletten Niederlage, und das nur, weil vorher der Mund zu voll genommen worden war.

Man sollte sich die alte Weisheit ins Gedächtnis rufen, dass angesagte Revolutionen meist nicht stattfinden. (WELT v. 3. Mai 1961)

Zwei Tage später gelang der nur rund 15 Minuten lange Flug des ersten US-Astronauten Alan Shepard; der von Cramer befürchtete schlimmste Fall trat nicht ein. Gleichwohl beobachtete er weiter skeptisch die eigene Branche. Zum Beispiel reagierte er auf Vorwürfe, einen führenden US-Politiker »despektierlich« dargestellt zu haben – nicht ohne allerdings daraus eine weiterführende Lehre für ein bevorstehendes Gipfeltreffen abzuleiten:

Dass die Amerikaner nicht ganz ernst zu nehmende »Playboys« mit schlechtem Benehmen seien – allerdings sehr idealistisch veranlagt und recht hilfsbereit –, diese Anschauung ist bei uns auch heute noch weit verbreitet. In der gestrigen Ausgabe der WELT findet sich auf der Titelseite ein Foto des amerikanischen Justizministers, wie er, eine Golfjacke tragend und die Beine auf dem Schreibtisch kreuzend, ein wichtiges Ferngespräch mit dem Gouverneur von Alabama führt.

Dieses Foto veranlasste einige unserer Leser, uns anzurufen: »Wie könnt ihr«, sagten einige, »einen amerikanischen Minister, der dazu noch der Bruder des Präsidenten ist, in so despektierlicher Pose zeigen?« »Da sieht man eben wieder einmal«, sagten andere, »dass für die Amis alles nur Spielerei ist.«

Es wäre gefährlich, ließen wir uns – oder ließen sich andere – von derartigen Manifestationen einer legeren Lebensauffassung täuschen. Robert Kennedy, der amerikanische Justizminister, ist ein kalter, harter Mann der Tat. Seine Entschlossenheit hat den Rassenkrawallen in Alabama die Spitze genommen. Er ist heute, da der Präsident sich von manchen älteren Mitarbeitern, besonders in der Kubafrage, falsch beraten sah, wieder wie im Wahlkampf der engste Vertraute seines Bruders.
Und auch dieser Bruder, der Präsident, ist trotz seiner oft lässigen Haltung ein Mann, der genau weiß, was er will. Vielleicht ist dies eine der wichtigsten Aufgaben Kennedys bei seinem Wiener Aufenthalt: zu verhindern, dass Chruschtschow durch Bilder, die falsch interpretiert werden, und durch Berichte, die dem Empfänger nach dem Munde geschrieben sind, dazu verleitet wird, den Mann im Weißen Haus, die Mannschaft, die er führt, und das Volk, das er vertritt, zu unterschätzen. (WELT v. 25. Mai 1961)

Offensichtlich misslang genau das Kennedy beim Wiener Gipfeltreffen mit Nikita Chruschtschow und in den Wochen danach. Jedenfalls gab der sowjetische Staatschef der DDR seine Erlaubnis für die Sperrung der innerstädtischen Grenze in Berlin am 13. August 1961. Unmittelbar nach diesem einschneidendsten Ereignis des Jahres und noch bevor aus den provisorisch gezogenen Stacheldrahtbarrieren eine dauerhafte Mauer wurde, kritisierte Cramer, ganz Journalist, die Programmgestaltung des deutschen Hörfunks scharf:

Es war früh am Sonntagmorgen. Ein westdeutscher Rundfunksender brachte die ersten Meldungen über die neuen Sperrmaßnahmen des Ulbricht-Regimes im Herzen von Berlin; brachte die Kunde darüber, dass der einzige verbleibende Fluchtweg aus dem »deutschen Arbeiter- und Bauernstaat«, den Zehntausende in den letzten Wochen benutzt hatten, mit Waffengewalt gesperrt worden war. Wir saßen noch erstarrt und erschüttert vor unserem Lautsprecher, als der Ansager fortfuhr: »Und nun bringen wir unsere beliebte Sendung: ›Beschwingte Weisen am Wochenende‹.« Es folgten moderne und ältere Schlager, Foxtrott, Charleston und Cha-Cha-Cha.
Wir wissen, wie das vor sich geht: Die Programme werden Wochen vorher festgelegt; niemand ist am frühen Morgen – besonders an einem Sonntag – in den Studios, der berechtigt ist, das Programm umzustürzen. Aber der Tag ging weiter, und das Programm wurde auch um zehn und um zwei und um vier Uhr eingehalten: Tanzmusik, Melodienreigen zum Sonntag – kein Mensch dachte daran, vielleicht für einen Tag auf ernste Musik umzuschalten.
Und das zur gleichen Zeit, da sich in Ost-Berlin empörte Menschen zusammenrotteten, die nur durch die bewaffnete Macht wieder auseinandergetrieben werden konnten; zur gleichen Zeit, da einer namenlosen Zahl von Verzweifelten die Hoffnung auf die Flucht in die Freiheit mittels Stacheldrähten und Maschinenpistolen genommen wurde.

Einen Tag, nur einen einzigen Tag lang, hätten wir uns angesichts der deutschen Tragödie, die sich jetzt in Berlin abspielt, die Abkehr von der leichten Musik gewünscht. (WELT v. 14. August 1961)

Der Mauerbau erschütterte Cramer; viele seiner Texte aus den folgenden Jahren und Jahrzehnten kreisen um diese zwar absehbare, aber in ihrer Radikalität nicht erwartete Maßnahme. Nie sparte er in seinen Kommentaren an klaren Urteilen über das Regime in Ostberlin, zugleich aber forderte er die freien Gesellschaften des Westens auf, Konsequenzen aus dieser Erfahrung zu ziehen. Dabei nahm er auf niemanden Rücksicht und warnte, abermals zu wenig unvorbereitet auf neue Herausforderungen des Ostblocks zu sein:

Heute vor sechs Monaten ist die Mauer gebaut worden, die man eine Bankrotterklärung des kommunistischen Systems genannt hat und die dennoch einen Sieg dieses Systems im Kalten Krieg darstellt. Es ist wahr: Die Tatsache, dass Ulbricht die Menschen in seinem Herrschaftsbereich nicht anders von der Flucht zurückhalten konnte als durch die Errichtung dieser Mauer und die Verstärkung der Befestigungen entlang der gesamten Zonengrenze, ist ein Eingeständnis, dass der Kommunismus, zumindest der in der Zone praktizierte, versagt hat.

Aber dass das Hasardspiel Ulbrichts und des Mannes im Kreml, der ihm die Erlaubnis dazu gab, die Zerstückelung Berlins so ohne jede Schwierigkeit, ohne den geringsten ernsthaften Versuch Amerikas, Englands und Frankreichs, ihre Rechte zu wahren, über die Bühne gehen konnte – das war eine psychologische Niederlage des gesamten Westens. Ein führender amerikanischer Senator hatte zwar schon einige Zeit vor der Errichtung der Mauer höchst unnötigerweise in aller Öffentlichkeit gesagt, dass man die Machthaber der Zone nicht daran hindern könne, den Flüchtlingsstrom zum Versiegen zu bringen. Dass die Gewaltmaßnahmen des 13. August aber so reibungs- und reaktionslos vor sich gehen würden, das hat selbst keiner der Verantwortlichen im kommunistischen Herrschaftsbereich auch nur zu hoffen gewagt. […]

Dennoch ist die Frage berechtigt, ob wir wenigstens nach diesem schwarzen Sonntag des vergangenen Sommers aufgewacht sind. Einiges ist sicher geschehen. Die Errichtung der Mauer hat die westliche Welt, hat besonders Amerika aufgerüttelt wie nichts seit den Tagen, als sowjetische Panzer die antikommunistische Revolution in Ungarn niederwalzten. Nicht nur die amerikanische Regierung, das gesamte amerikanische Volk ist bereit, wenn nötig den Krieg in Kauf zu nehmen, wenn Chruschtschow es in Berlin zum Äußersten treiben sollte. Und es besteht kein Zweifel, dass die Alliierten Amerikas ihrem großen Bundesgenossen zur Seite stünden, selbst wenn jetzt aus manchen europäischen Hauptstädten manchmal merkwürdige Dissonanzen ertönen.

Chruschtschow hat zweifellos erkannt, dass er in Berlin dem Abgrund, der zum Kriege führt, bedenklich nahegekommen ist. Und er denkt wohl kaum daran, sich und seine Gegner zum Sprung in diesen Abgrund zu zwingen, gibt ihm doch die bisherige Entwicklung Grund zu der Hoffnung, auf andere Weise gefahrenlos zum Ziel zu kommen. […]

So werden wir, wenn Chruschtschow morgen die Daumenschrauben wieder um eine Windung enger dreht, ähnlich unvorbereitet sein, wie vor einem halben Jahr. Dieser Chruschtschow weiß, dass er Schiffbruch erleiden würde, wenn er sich alles, was er haben will, mit einem Schlag holen wollte. Dürfen wir es zulassen, dass er sich alles, was er will, in kleinen Teilen holen kann? (WELT v. 13. Februar 1962)

Nicht müde wurde Ernst Cramer, vor dem SED-Regime zu warnen und seinen verbrecherischen Charakter klar zu benennen. Über die Eröffnungsrede eines Gewerkschaftstags der IG Metall schrieb er im Mai 1962:

Solange in Mitteldeutschland der Terror herrsche, wurde da gesagt, sei es für freie Gewerkschafter eine Selbstverständlichkeit, das SED-Regime abzulehnen.

Enthält diese im Grunde zu begrüßende Feststellung nicht einen Denkfehler? Einen Denkfehler zumal, wie man ihn in Kreisen, die ebenso wie die Kommunisten ihre Ideologie auf Karl Marx zurückführen, leider noch immer öfters antrifft? Ein kommunistisches Regime ist ohne Terror nicht denkbar, weder in der Zone noch irgendwo sonst in der Welt. Ohne die brachiale Gewalt der Zonenpolizei, hinter der schützend die Rote Armee steht, und ohne den Missbrauch der Justiz würde das Regime Ulbrichts binnen Stunden zusammenbrechen.

Ebenso wie es falsch war, wenn in früheren Jahren geflüstert wurde: »Wenn Hitler nur nicht die schrecklichen Dinge zulassen würde …«, ist es falsch, zu sagen: »Wenn es in der Zone nur keinen Terror gäbe …« Regierungen, die das Recht missachten, können sich nur durch skrupellose Anwendung der Macht halten. Die SED wäre ohne Terror unmöglich. (WELT v. 9. Mai 1962)

Gegen das Modell der kommunistischen Staatsdiktatur stellte Cramer die Vision einer freien und offenen Gesellschaft. Allerdings wusste er zugleich, dass selbst die »Ausstrahlungskraft der westlichen Ideen« an Grenzen stoßen konnte. Gegenüber der Gewissheit der Kennedy-Regierung, »dass nicht nur die westliche Konzeption des freien Menschen über die Pseudoversprechen des Kommunismus siegen wird, sondern dass wir uns bereits auf dem Weg zu diesem Sieg befinden«, blieb er vorsichtig:

Aber ist das ganz richtig? Ist die gerade erst erwachende Welt in Südamerika, Afrika und Asien reif und fähig, sofort einen Sprung über Jahrhunderte, ja Jahrtausende in die aufgeklärteste Gedankenwelt der menschlichen Entwicklungsgeschichte zu tun, eine Gedankenwelt, die, abgesehen von den Angelsachsen, sogar nur wenige westliche Völker ganz verstehen? Wir befürchten, dass es noch schreckliche regionale und nationale Erschütterungen geben wird, bis der Zeitpunkt, an dem die Gleichheitstheorie überall auf dem Erdball anerkannt wird und praktiziert werden kann, erreicht ist.

Dennoch zeigte sich Cramer optimistisch – unter einer wesentlichen Bedingung:

Der Geist der »westlichen Zivilisation« hat heute, wenn auch trotz der technischen Entwicklung noch nicht die ganze Erde, so doch weite Teile diesseits und jenseits des Atlantischen Ozeans erfasst, in denen noch vor Kurzem das Autoritätsdenken die Staatsdoktrin war. Und die Ausstrahlung dieser Gedanken auf die übrige Welt, also auch auf die kommunistische Welt, gibt die Kraft, nicht ohne Hoffnung in die Zukunft sehen zu müssen.
Voraussetzung dafür ist allerdings, dass der Mensch des Westens seinen eigenen Ideen nicht untreu wird und dass er auch in seinem Bereich dem Moloch Staat Einhalt gebietet, wo immer dieser an die Liberté zu tasten versucht. (WELT v. 23. Juni 1962)

Trotz so bedeutender politischer Themen wie dem angemessenen Umgang mit der Last des Nationalsozialismus und seiner Verbrechen, dem Systemkonflikt mit dem Ostblock und der Entwicklung der Demokratie ließ Ernst Cramer andere Fragen nicht außer Acht. Die Entwicklung der Presse hatte für ihn weiterhin einen hohen Stellenwert. »Gut informierte Leser sind in einer Demokratie die besten Bürger«, war seine in Varianten oft wiederholte Überzeugung. Am 22. März 1963 legte er Richtern und Staatsanwälten aus West-Berlin, Bremen, Hamburg und Schleswig-Holstein, die sich zu einer Tagung über Fragen der Presse und des Presserechts versammelt hatten, die Bedeutung der Medien dar:

Das Thema ist etwas weit gesteckt: Die Presse der Vereinigten Staaten und der Bundesrepublik Deutschland. Ich glaube, wir sollten heute nur versuchen, uns ein paar interessante Dinge aus der amerikanischen Presse klarzumachen und dann sehen, ob das interessant ist für Deutschland und für die deutschen Verhältnisse.
Obwohl mich das gar nichts angeht, danke ich Ihnen dafür, dass Sie sich die Zeit nehmen, sich um die Fragen der Presse zu bemühen. Denn wir sehen, gerade bei einer Zeitung wie der »WELT«, wo ja die Mitarbeit der Leser und die Reaktion des Publikums außerordentlich stark und für die Redaktion wichtig sind, wie sich die Menschen Sorgen machen um Fragen der Presse, der Meinungsfreiheit. Und dass auch Sie sich diese Sorgen machen, nicht nur von Berufs wegen, sondern sozusagen in Ihren zusätzlichen Stunden, dafür kann sich eigentlich ein Mann, der sich der Presse verbunden fühlt, die ja ein wichtiger Teil unserer Demokratie ist, nur bedanken. […]
Die Pressefreiheit in Amerika ist garantiert durch einen Zusatz und zwar den ersten

Zusatz zur amerikanischen Verfassung. Man hat schon bei der Staatsgründung gesehen, und daran ist überhaupt niemals gerüttelt worden, dass die Freiheit der Presse gleichbedeutend mit der Existenz der Demokratie überhaupt ist. Die dreizehn amerikanischen Gründerstaaten hätten die Verfassung damals gar nicht ratifiziert, wenn ihr nicht sofort diese grundsätzlichen Freiheitsgarantien beigegeben worden wären.

Dieser erste Zusatz zur amerikanischen Verfassung lautet in deutscher Übersetzung: »Der Kongress darf kein Gesetz erlassen, das die Einführung einer Religion zum Gegenstand hat, die freie Religionsausübung beschränkt, die Rede- und Pressefreiheit oder das Recht des Volkes einschränkt, sich friedlich zu versammeln und die Regierung durch Petition zur Abstellung von Missständen zu ersuchen.«

Das sind die Grundfreiheiten aus der Gründerzeit und – das ist das Hochinteressante an der Sache: Das gilt bis in den heutigen Tag hinein.

Auf Grund dieses Satzes der Verfassung ist es dem Präsidenten, dem mächtigsten Mann in Amerika, nicht möglich, irgendetwas gegen die Freiheit und die Unabhängigkeit der amerikanischen Presse zu unternehmen, selbst wenn er das wollte. Der Kongress kann auch nichts unternehmen, und auch die Gerichte können nichts gegen die Grundfreiheiten der Presse unternehmen.

Auch Ernst Cramer neigte wie die meisten Menschen dazu, im Rückblick mitunter milder zu urteilen, vielleicht zu milde. Das zeigen seine Ausführungen zur ersten Redaktion, in der er selbst an verantwortlicher Stelle gearbeitet hatte:

Die Freiheit der Presse ist in Amerika etwas Selbstverständliches. Vielleicht erinnern sich einige von Ihnen noch an die »Neue Zeitung«; das war eine zuerst von der amerikanischen Militärregierung und später von der US High Commission in München, Frankfurt und Berlin herausgegebene Tageszeitung; obwohl das eigentlich ein offiziöses, d. h. von einer Regierung, einer Regierungsstelle herausgegebenes Blatt war, an dem mitzuarbeiten auch ich die Ehre hatte, ging diese Zeitung in ihrer redaktionellen Freiheit, in den Möglichkeiten, die man ihr ließ, weiter, als irgendeine einem Privatmann gehörende Zeitung in Deutschland jemals vorher oder nachher. Die amerikanische Regierung, die sozusagen selbst Herausgeber dieses Blattes war, hat sich gesagt: Die Informierung der Öffentlichkeit ist ein derartiges Sakrosanktum, dass wir da unmöglich eingreifen können. So ist der merkwürdige Zustand eingetreten, dass die von einer Regierung herausgegebene Zeitung in ihrer Nachrichtenpolitik – bitte unterscheiden Sie zwischen Nachrichtenpolitik und Leitartikel- oder Meinungspolitik – meiner Meinung nach die wirklich unabhängigste, die wirklich objektivste Zeitung war, die es jemals in Deutschland gegeben hat.

Grundlage jeder seriösen Beschäftigung mit einem Thema war für Cramer, die Fakten zu kennen. Deshalb mutete er seinen Zuhörern auf der Juristentagung einige Kennzahlen der internationalen Zeitungsstatistik zu: Demnach hatte es Ende der 1950er-Jahre laut Unesco in der ganzen Welt 7520 Tageszeitungen gegeben, in 53 Ländern oder Territorien allerdings überhaupt keine. In Deutschland erschienen laut Statistik 1275 Tageszeitungen mit einer Gesamttagesauflage von 16 Millionen. Die Gesamtauflage aller Tageszeitungen in der ganzen Welt lag bei 217 Millionen, die Hälfte in englischer Sprache. 25 Prozent aller Tageszeitungen der Welt wurden in den Vereinigten Staaten herausgegeben mit einer Tagesauflage von 55 Millionen. Interessant sei, wie viel Zeitungen auf 1000 Menschen entfielen. Hier lag das Vereinigte Königreich mit 611 Tageszeitungen auf 1000 Menschen vorn, gefolgt von Amerika und Deutschland mit jeweils etwa 300. Daraus zog Cramer die Schlussfolgerung:

Es ist kein Zufall, dass in den beiden größten englisch-sprechenden Ländern das Zeitungswesen eine derartige Rolle spielt. Es ist überhaupt interessant, wie eng das Interesse an Nachricht, an freier Information zusammenhängt mit dem demokratischen Gedanken überhaupt.

Es ist auch hochinteressant zu beobachten, wie unterschiedlich junge Menschen verschiedener Herkunft auf Nachrichten reagieren bzw. auf Nachrichten erpicht sind. Ich habe vor drei Jahren Gelegenheit gehabt, einen internationalen Studenten-Kongress mitzumachen. Dabei hat sich nicht nur herausgestellt, dass die aus den englisch-sprechenden Ländern kommenden Studenten – gleichgültig, welcher Hautfarbe – alle wesentlich besser in den Prinzipien des Parlamentarismus erfahren waren, sondern, dass das Interessiertsein an Nachrichten, am Zeitunglesen, an Informationen, bei all diesen Menschen ungleich stärker war als bei fast allen aus anderen Gebieten kommenden Menschen.

Irgendwie besteht eine Wechselwirkung zwischen Informationshunger und Demokratie. Wir sollten uns vielleicht einmal überlegen, wie weit auch hier in Deutschland die Frage der Notwendigkeit der Informierung, der Informierung der Öffentlichkeit und der Informierung des Einzelnen, eine Grundlage, eine Grundfrage des gesamten demokratischen Aufbaues ist.

In Amerika ist das eine Selbstverständlichkeit. Und es ist gar kein Zufall, dass man den jetzigen amerikanischen Präsidenten beinahe jedes Mal, wenn er nicht irgendeine Staatsfunktion ausübt, irgendwo sitzen sieht, irgendwelche Zeitungen oder Zeitschriften lesend. Deshalb ist auch Kennedy nach wie vor wahrscheinlich einer der am besten informierten Männer, die je auf dem Präsidentenstuhl saßen. Denn das ist ja das Merkwürdige dieser großen amerikanischen Presse, dass sie wirklich informiert.

Cramer kam dann auf das Wesen amerikanischer Zeitungen zu sprechen: Selbst die großen Regionalzeitungen wie die »Denver Post« und der »St. Louis Dispatch«, der »San Francisco Chronicle« und die »Los Angeles Times« lebten eigentlich davon, dass die Lokal- oder die Regionalereignisse dauernd auf den Vorderseiten erschienen, dass aber darüber hinaus die Zeitungen sich wirklich nach wie vor »die Aufgabe gesetzt haben – und die Aufgabe besteht ja auch – aufklärend zu wirken, einzugreifen«. Die amerikanische Presse sei gegründet oder gedacht worden nicht etwa als ein Blatt, »das nur berichtet, was die Bundesregierung oder die örtliche Regierung oder die Stadtverwaltung tut, sondern als eine eigene Gruppe, als eine eigene Macht im Staat, die aufdeckt, gute Dinge als gute Dinge hinstellt, aber auch das faul nennt, was faul ist«.

Anschließend wandte Cramer diese Einsicht über die US-Presse auf die bundesdeutschen Zeitungen an und kritisierte so manche Entwicklung im eigenen Blatt wie in der Regionalpresse, aber auch in dem erst im Jahr zuvor durch eine juristische Schlammschlacht herausgeforderten »Spiegel«:

Mit anderen Worten – das, was hier in Deutschland die Presse (ich schließe da immer die »WELT« mit ein) zum großen Teil nicht tut; deshalb bekam ja auch ein Blatt wie der »Spiegel« diese besondere Macht, weil diese Zeitschrift eine Lücke ausgenutzt hat, die bei den deutschen Zeitungen besteht. Dabei will ich um Gottes willen nicht sagen, dass die Art und Weise, wie der »Spiegel« arbeitet, in jedem Fall oder auch nur in den meisten Fällen meine Billigung gefunden hat. Nur, dass es überhaupt möglich war, dass auf Bundesebene in Deutschland ein Magazin, also eine Zeitschrift, derartig sich nur auf die negativen Erscheinungen hat konzentrieren können, die Schuld dafür liegt meiner Meinung nach bei der Presse.

Die Tatsache, dass z. B. kleine Zeitungen auch heute wieder – was in der Weimarer Republik noch viel, viel schlimmer war – aus wirtschaftlichen und sonstigen Gründen der Abhängigkeit darauf angewiesen sind, aufzupassen, dass man möglichst keine unangenehmen Dinge über die Verwaltung oder über Menschen, die mit der Verwaltung zusammenhängen oder über potentielle Anzeigenkunden in das Blatt bringt, das ist eben ein Grund dafür, dass dann in sehr vielen dieser Verwaltungen etwas faul ist oder faul bleiben kann. So konnte dann eine Zeitschrift von außerhalb, die die Unabhängigkeit hat oder das Geld, eingreifen.

Es ist ja eigentlich ein Irrsinn zu überlegen, dass eine in Hamburg erscheinende Zeitschrift über Machinationen in Wallgau in Oberbayern berichten muss, weil das meistens nicht von der örtlichen Presse aufgegriffen wird. Der Grund liegt in dem Mangel an echter Unabhängigkeit bei vielen kleineren Blättern; bei den großen Zeitungen, wie etwa der »WELT« oder der »Frankfurter Allgemeinen Zeitung« liegt es daran, dass man glaubt, diese Dinge seien vielleicht oft nicht »fein« genug.

Ich glaube, wir machen da einen Fehler. Ich glaube, die Aufgabe gerade der verantwortlichen großen Zeitungen wäre, in diese Dinge einzusteigen, weil man da einmal der örtlichen Presse auf diese Weise das Rückgrat stärken würde und weil man auf diese Weise auch verhindern könnte, dass die Dinge von anderen manchmal in einer Form gebracht werden, die eben nicht mehr die Verantwortung, d. h. die Verbesserung im Auge hat, sondern nur noch das Bloßstellen von Dingen, die einem nicht passen.

Trotz seiner Begeisterung für die amerikanische Presse übersah Cramer nicht, dass natürlich auch die Redaktionen zwischen New York und San Francisco, zwischen Seattle und Miami mit Problemen zu kämpfen hatten. Ein Mangel der meisten amerikanischen Zeitungen bestehe in der Abneigung gegen Außenpolitik. Das sei unter anderem darauf zurückzuführen, dass die Zeitungen derart stark beschäftigt seien mit Dingen der kleinen lokalen oder regionalen Politik in einem unheimlich großen Land. Die Folge: Die Leser solcher Zeitungen würden oft von internationalen Ereignissen überrascht. Darin sah Cramer zwar keine Gefährdung der Presse, wohl aber der Informiertheit der Bürger:

> Und der amerikanische Mensch muss heute informiert sein, weil man ihm ja klarmachen muss oder weil ihm klar sein muss, dass die Entwicklungen in der ganzen Welt so eng miteinander verbunden sind, dass die Notwendigkeit nach wie vor besteht, und auf Jahre, wenn nicht Jahrzehnte bestehen wird, dass Amerika sozusagen der »policeman«, der Polizist in einer ganzen Reihe aller Krisenpunkte in der ganzen Welt ist. Wie kann man aber einem Mann in Keokuk, Iowa, ich nenne diesen Namen, weil das einer der charmantesten, aber einer der gottverlassensten Plätze der Welt ist, die ich je gesehen habe, wie kann man diesem Mann klarmachen, dass es notwendig ist, seine Steuergelder dafür auszugeben, dass in Süd-Vietnam amerikanische Ausbildungstruppen sind und dass diese Ausbildungstruppen sogar militärische Niederlagen einstecken müssen? Wie kann man dem beibringen, dass er dafür sein Geld hergeben muss, wenn er nicht informiert ist über all diese Zusammenhänge?
> (NL Cramer)

Cramers intensive Überlegungen zur US-Presse hingen auch damit zusammen, dass der stellvertretende »WELT«-Chefredakteur in eine neue Funktion hineinzuwachsen begann. 1964 übernahm Cramer als Geschäftsführer den Aufbau des redaktionellen Beirats, in den Axel Springer alle Chefredakteure seines Verlags berief. Wenig später allerdings kehrte Cramer zur »WELT«-Redaktion zurück. Nach dem krankheitsbedingten Wechsel des nominell weiterhin amtierenden Chefredakteurs Hans Zehrer nach West-Berlin und einem kurzen Intermezzo mit dem früheren Chef der »Neuen Zeitung« Hans Wallenberg amtierte Cramer als Primus inter Pares eines Trios geschäftsführender Redakteure, das die »WELT«-Redaktion leitete. Doch das erwies sich als nicht tragfähige Konstruktion, und so wurde nach Zehrers Tod im August 1966 der bisherige Intendant des Deutschlandfunks H. F. G. Starke zum neuen und nun auch formellen Chefredakteur berufen. Cramer rückte stattdessen noch näher an die Seite des Verlegers, wurde fast drei Jahrzehnte vor Entwicklung des World Wide

Axel Springer und Ernst Cramer, 1966

Web Beauftragter für »elektronische Publikationsmittel« und erhielt 1967 die Gesamt-
prokura für die Axel Springer Verlags GmbH.

Ungefähr zur gleichen Zeit begann eine breite öffentliche Kampagne gegen Axel
Springer und seinen Verlag, auch mit durchaus eigennütziger Unterstützung seiner
Hamburger Konkurrenten Rudolf Augstein (»Der Spiegel«) und Gerd Bucerius (»Die
Zeit«). Das Schlagwort »Enteignet Springer!«, ursprünglich eine Erfindung der SED-
Propaganda und verbreitet vom Stasi-gelenkten West-Berliner »Extra-Blatt«, wurde
zur Losung linker Studenten. Der angegriffene Verleger wehrte sich dagegen, indem
er auf eine Idee zurückkam, die er im Spätsommer 1961 gehabt hatte, nach dem Bau
der Berliner Mauer. Mit Hans Zehrer hatte Springer darüber gesprochen, die Zeitungen seines Unternehmens auf Grundsätze zu verpflichten: »Vielleicht sollten wir das
für alle unsere Redaktionen verbindlich schriftlich festhalten. Ich meine die Wiedervereinigung und eventuell noch ein oder zwei andere Grundhaltungen. Etwa unser
Verhältnis zu den Juden und zu Israel, oder unsere Ablehnung der extremen Ideolo-

gien.« Zehrer widersprach: »Selbstverständlichkeiten sollte man nicht als Regeln festklopfen, noch nicht einmal niederschreiben.« Erst sechs Jahre später, nach Zehrers Tod und angesichts einer hasserfüllten Kampagne gegen seinen Verlag und gegen sich persönlich, kam Springer im Herbst 1967 auf seine Idee zurück. Er nutzte die Gelegenheit einer Rede im Hamburger Übersee-Klub zum Thema »Viel Lärm um ein Zeitungshaus«. Darin legte er dar, dass seinem Unternehmen der Erfolg nicht geschenkt wurde. Die hohen Auflagen – nahezu 40 Prozent aller verkauften Zeitungsexemplare stammten aus dem Springer Verlag – kämen ja nicht durch Zwang zustande, sondern durch »eine Art demokratischer Abstimmung am Zeitungskiosk und an der Haustür«. Springer wies darauf hin, dass er lediglich sieben Tages- und Sonntagszeitungen verlege, während es insgesamt in der Bundesrepublik 160 Blätter mit Vollredaktionen gab. Warum also der »Lärm«, fragte er rhetorisch.

Doch er beschränkte sich nicht auf die Richtigstellung der erhobenen Vorwürfe, sondern nutzte die Gelegenheit und verkündete: »Für unser Haus gelten vier Prinzipien, die weitgehend auch im Grundgesetz verankert sind. Diese Prinzipien haben seit eh und je die Politik der Zeitungen des Verlags bestimmt: 1. Friedliche Wiedervereinigung in Freiheit; 2. Aussöhnung zwischen Juden und Deutschen; 3. Kampf gegen Totalitarismus von links und rechts; 4. Festhalten am Prinzip der sozialen Marktwirtschaft.« Und Springer stellte fest: »Offenbar sehen manche in allen diesen Punkten – oder in einigen von ihnen – eine Gefahr für die eigenen Absichten.« Wie zur Bestätigung stand im Saal des Hotels Atlantic an der Außenalster eine junge Frau auf, schrie »Haut dem Springer auf die Finger!« und verteilte Flugblätter, bis sie mit sanftem Druck hinausbegleitet wurde.

Der Entschluss, tatsächlich das Eintreten für den Staat Israel explizit als weiteren Punkt in die Grundsätze aufzunehmen, war nach Axel Springers Israelreise 1966 und dem frischem Eindruck des Sechstagekriegs vom Juni 1967 gereift – wesentlich beteiligt daran war Ernst Cramer, der den Verleger nach Jerusalem begleitet hatte und zum Beispiel bei den Treffen mit Teddy Kollek oder David Ben Gurion anwesend war. Cramer nannte die vier Prinzipien den »Tugendkatalog des Hauses«, die Inhalte zugleich aber »ziemlich selbstverständlich«:

> Heute kann man rückschauend sagen: Es war notwendig und richtig, vor 25 Jahren diese Grundsätze festzulegen. [...] In vielem hat Axel Springer recht behalten. Er war ein Optimist. Und hatte oft gesagt: »Auch wenn ich es nicht erlebe, eines Tages werden all meine Visionen Wirklichkeit werden.« (BILD v. 2. Mai 1992)

Ernst Cramer trifft David Ben Gurion, 1967

WEST-BERLIN

Nach der Fertigstellung des Springer-Hochhauses an der Kochstraße im früheren Berliner Zeitungsviertel 1966 verlagerte sich der Lebensmittelpunkt von Axel Springer immer mehr von Hamburg in die geteilte ehemalige Hauptstadt. Entsprechend zog auch Ernst Cramer, seit 1969 in neuer Funktion als Leiter des Verlegerbüros tätig, dauerhaft von Hamburg nach West-Berlin um. Hier hatte er die Berliner Mauer jederzeit vor Augen, die geografisch betrachtet entlang der nördlichen Grundstücksgrenze des Verlags verlief. Denn wenn er aus den Fenstern der kleinen Bibliothek im 19., dem obersten Stock nach Westen sah, lag der Todesstreifen auf der Zimmerstraße unübersehbar vor ihm. Das bestärkte ihn in seiner Überzeugung, das Ziel der friedlichen Wiedervereinigung Deutschlands in Freiheit mit nie erlahmendem Elan zu verfolgen. West-Berlin und damit die Freiheit ruhe auf zwei Säulen, betonte er: »Zum einen – und das ist das Wichtigste – auf dem Willen der Berliner, frei zu sein und frei zu bleiben, und zum anderen auf der Anwesenheit der westlichen Schutzmächte«. Er schien im Westen der Stadt den richtigen Ort gefunden zu haben: »Berlin ist durch die Ereignisse der vergangenen Jahrzehnte, gewiss nicht aus eigenem Willen, ein Leuchtturm und ein Mahnmal der Freiheit geworden. Aber in dieser geteilten Stadt prallen auch Freiheit und Unterdrückung deutlicher, entschiedener und härter aufeinander als irgendwo sonst auf der Erde. Hier in Berlin muss die Freiheit für alle gewonnen werden, sonst ist sie für alle verloren.«

An dieser Überzeugung hielt Cramer fest, auch wenn sein Ziel einer Wiedervereinigung angesichts der Ostpolitik der sozialliberalen Koalition in Bonn zunehmend unzeitgemäß erschien. Dennoch hielt er, als es darüber zum Bruch zwischen Bundeskanzler Willy Brandt und Axel Springer kam, den Kontakt zur Bundesregierung, nicht zuletzt über Brandts Vertrauten Egon Bahr. Dabei verleugnete er seine Grundüberzeugung niemals, sondern formulierte sie stets klar, allerdings eher nachdenklich als polemisch:

> Nur noch als Utopie sei der Wille zur Wiedervereinigung der beiden Teile Deutschlands und der beiden Hälften Berlins greifbar, schrieb dieser Tage ein angesehener deutscher Publizist. Ich muss das wiederholen: Die Hoffnung, den Menschen im sowjethörigen Teil Deutschlands die Freiheit bringen zu können, soll nicht mehr sein als Utopie, laut Duden ein »als unausführbar geltender Plan ohne reale Grundlage«, nicht mehr als ein unerfüllbarer Wunschtraum, aus dem man am besten so schnell wie möglich in die raue Wirklichkeit der so oft zitierten Realitäten erwachen sollte?

Es ist das eine Frage, die gerade am 13. August eine Antwort erheischt.

An jenem Sonntag vor sechzehn Jahren, der in den Annalen der deutschen Geschichte als Tag besonderer Niedertracht verzeichnet bleiben wird, wurde mit dem Bau der Mauer quer durch die alte Hauptstadt ja eine dieser Realitäten geschaffen. Wie steht es nun heute mit dieser Mauer in Berlin? Wie steht es mit den Drahtzäunen, Minenfeldern und Todesmaschinen mitten durch Deutschland? Gewiss ist all das Realität, täglich schmerzlich erlebte Realität. Aber ist deshalb der Wunsch, Mauer und andere Barrieren zu überwinden und abzubauen, tatsächlich nur noch eine als unausführbar geltende Hoffnung ohne reale Grundlage, nicht einmal die »konkrete Utopie«?

Die Herrschenden im anderen Deutschland, das heißt, die Funktionäre der kommunistischen Staatspartei und deren Moskauer Vorgesetzte, reden uns pausenlos ein, dass

Porträt, 1972

dem so sei. Schon jeder Gedanke an eine Wiederherstellung der Einheit Deutschlands und damit auch Berlins sei frevelhaft, sei ein Vergehen gegenüber dem Frieden in Europa, sei eine Verletzung der Abkommen von Helsinki, sei gar ein Versuch, historische Entwicklungen zurückzudrehen. Und da es in diesem Sinn immer wieder von drüben herüberschallt, wird es im unbesetzten Teil Deutschlands auch weitgehend akzeptiert – und natürlich ebenso in den anderen Ländern der freien Welt.

Von hier, von der Sonnenseite der Mauer, ist auch kaum etwas zu erwarten, das sie aushöhlen, den Drahtzaun erschüttern und die zerschnittenen Teile des Landes und der Stadt wieder zusammenführen könnte. Als Folge der deutschen Ostpolitik und der weltweiten Jagd nach dem schmetterlingsgleichen Phantom Entspannung ist es heute nicht mehr »in«, sich über die Wiedervereinigung Gedanken zu machen; ja nicht einmal mehr über die Tatsache soll man nachdenken, dass im anderen Teil Deutschlands sowohl mittelalterliche Unfreiheit als auch grenzenlose Willkür herrschen.

Statt eines politischen Wollens ist hierzulande das Konsumdenken gepflegt worden mit dem Ergebnis, dass das eigene Wohlergehen mit immer neuen Haushaltsmaschinen und regelmäßigen Ferien an irgendeinem sonnensicheren Strand wichtiger wurde als die Sorgen der von den Kommunisten beherrschten und drangsalierten Landsleute. Heute wird das Wort von den »versklavten Schwestern und Brüdern im anderen Teil unseres Vaterlandes«, wenn überhaupt, nur noch als emotionale Pflichterfüllung verstanden. Wie anders war die Haltung doch vor dreißig Jahren, als es allen schlecht ging!

»Wiedervereinigung? Lasst uns damit doch in Ruhe, das ist ja nur noch Utopie!« Dass diese oft und in vielen Variationen in allen Teilen der Bundesrepublik Deutschland zu hörende Behauptung nicht stimmt, ist keinesfalls die Folge von politischen oder auch nur moralischen Regungen im Westen, sondern die Konsequenz einer Entwicklung im kommunistischen Osten, die zwar schon lange zu beobachten ist, aber nie so deutlich wurde wie in diesem Jahr.

Die Freiheit, die im Westen missachtet wird, weil man sie für selbstverständlich, für gottgegeben hält, ist im Machtbereich Moskaus zu einem Sprengstoff geworden, mit dem die Herrschenden immer weniger fertig werden. Täglich laufen über offizielle und geheime Kanäle Informationen ein, die Zeugnis davon geben, dass dieser Durst nach Freiheit in allen Ländern Osteuropas fast unstillbar geworden ist.

Da geht es um religiöse Freiheit: Stärker als je zuvor ist der Drang zu den Kirchen; Gebetbücher und Bibeln werden Verkaufsschlager auf dem schwarzen Markt. Da geht es um nationale Freiheit, nicht nur in den Satellitenländern, sondern auch in den nichtrussischen Teilen der Sowjetunion. Aber da geht es hauptsächlich um die persönliche Freiheit.

Man hört von den russischen Dissidenten, liest über das polnische Menschenrechtskomitee, man kennt die Charta ›77, in der sich tschechoslowakische Bürger trotz der üblen Erfahrungen von 1968 für die Freiheit in ihrem Lande einsetzen. Auch in der DDR manifestiert sich diese Sehnsucht nach Freiheit auf den verschiedensten Ebenen. Man weiß das durch Verwandtenbesuche; die immer wiederkehrenden Fluchtversuche sind ein weiteres Indiz. Man erfährt noch mehr von denen, die legal ausreisen durften.

Dabei ist klar: Alles, was man hier im Westen erfährt, ist nur die Spitze eines Eisbergs. Nur die Mutigsten wagen es, in der Sowjetunion, in der Tschechoslowakei, in Polen und im kommunistischen Deutschland, ihre Meinung zu sagen. Aber wenn einer mundtot gemacht wird, kommen zwei, drei andere nach. Das Reservoir der Freiheitsliebenden scheint unerschöpflich zu sein. Es widerspräche der menschlichen Natur, wenn dem anders wäre.

Dieser Drang nach Freiheit ist wie eine ansteckende Krankheit, gegen die es keine wirksame Medizin gibt. Die Machthaber in Moskau und Ost-Berlin ebenso wie in den anderen Hauptstädten werden zwar mit allen Mitteln versuchen, der Gefahr

Herr zu werden, manchmal mit drakonischen Mitteln, manchmal durch kontrollierte Liberalisierungstendenzen. Aber sie werden den Bazillus Freiheit nicht ausrotten können, weil er, wie die Erfahrung im Prager Frühling zeigte, selbst vor ihren eigenen Reihen nicht haltmacht.

Es ist das Wissen um diesen Hunger nach Freiheit – in der »DDR« ebenso wie sonst wo im kommunistischen Imperium –, das uns gestattet, die Wiedervereinigung Deutschlands in Freiheit nicht nur als Utopie zu betrachten. Dass es bis dahin noch ein langer Weg ist, auf dem auch noch viel Unheil geschehen kann, steht auf einem anderen Blatt. Und auch die Frage: Sind wir im Westen bereit? (WELT v. 13. August 1977)

Genauso wichtig blieb Cramer die enge Verbindung zu den USA. Zu deren 200. Unabhängigkeitsjubiläum hatte »WELT« eine Leseraktion gestartet: 200 Wörter zum Thema Amerika. Die ersten drei Preisträger reisten nach New York. Ein Text beeindruckte Axel Springer besonders – er schrieb am 22. Oktober an Cramer: »Durch Zufall bin ich in den Besitz einer Arbeit der ersten drei Preisträger gekommen. Das, was Dr. med. Patricia Aden, geborene Schlegelberger, geschrieben hat, finde ich so unglaublich gut, dass es in der »WELT« kurz vor der Präsidentenwahl mindestens auf Seite 3 seine Veröffentlichung finden sollte. Keiner, dem ich bisher diesen 200 Worte langen Aufsatz der Patricia Aden vorgelesen habe, hat sich des ungeheuren Eindrucks erwehren können. Bitte, finden Sie doch einen Weg.« Cramer fand ihn, denn der Text von Patricia Aden entsprach seinen tiefsten Überzeugungen.

Er hatte folgenden Wortlaut: »Berlin, Herr Präsident, schützen Sie Berlin! Wachen Sie über den Prüfstein der Entspannung, hüten Sie das Mahnmal der Freiheit. Berlin geht uns Deutsche an aus nationalen Gründen. Berlin geht das amerikanische Volk an aus Gründen seiner Geschichte, seiner Selbstachtung und seiner Bestimmung. Berlin ist die geteilte Hauptstadt eines geteilten Landes in einer jämmerlich geteilten Welt. Solange Deutsche ein freies Vaterland wünschen, ist Berlin das Schlüsselwort. Solange kommunistische Gewaltherrschaft Deutschland geteilt hält, ist die Berliner Mauer Mahnmal und Beweis der Unfreiheit. Sie sind Amerikaner. Als Präsident der Amerikaner tragen Sie das höchste Amt, das Gott einem Menschen in der freien Welt öffnet. Sie sind daher nicht nur Amerikaner. Sie tragen Verantwortung für die ganze freie Welt. Wagemut und Hoffnungen unserer gemeinsamen Vorfahren begründeten das Land der Freiheit. Die beste Idee, die Europa gebar, knüpfte sich in der Hoffnung der Enttäuschten an den Namen Ihres Landes: Freiheit in Religion und im Staat. Amerikas Selbstachtung nährte sich seit 1776 aus dieser Hoffnung der Unfreien. Die Abschaffung der Sklaverei, seine Kriege waren Taten amerikanischen Selbstbewusstseins. Sähe Amerika seine Bestimmung nicht – welch Betrug der Geschichte. Amerika hat Größe empfangen, um das Eigenste seiner Geschichte und der Menschheit zu wahren – Freiheit. Schützen Sie ihr heutiges Symbol: Berlin.«

Am 30. Oktober 1976, drei Tage vor der Präsidentschaftswahl, druckte »WELT« den

Aufruf der 26-jährigen Ärztin an das künftige US-Staatsoberhaupt. Damit nicht genug: Am 11. Januar 1977, neun Tage vor der Amtseinführung des Wahlsiegers Jimmy Carter, schaltete der Verlag im »Wallstreet Journal«, der »New York Times«, der »Washington Post«, der »Los Angeles Times« und im »Atlanta Constitution« ganzseitige Anzeigen mit dem übersetzten Text Patricia Adens sowie einem Foto des Verlagshochhauses an der Mauer unter der an den berühmten Satz Kennedys bei seinem Besuch 1963 angelehnten Überschrift: »Sind Sie ein Berliner, Mr. President?« Die Gesamtauflage der fünf Zeitungen betrug rund vier Millionen. Bemerkenswert auch: Der Verleger und Chefredakteur der Zeitung »The Palm Beacher«, David Field, veröffentlichte die Anzeige auf eigene Initiative und unentgeltlich. Sein Freund, der ehemalige US-Stadtkommandant in Berlin, General Frank Howley, hatte ihn auf die Anzeige aufmerksam gemacht, die Field beeindruckte: »Ich kenne Berlin. Ich habe am Checkpoint Charlie gestanden. Ich weiß, was Berlin bedeutet.« Und: »Ich glaube an Berlin!«

Ernst Cramer stellte eine Liste mit Persönlichkeiten in den USA zusammen, die den Aufruf zusätzlich per Post erhielten – Manager, Professoren und Publizisten, außerdem die Mitglieder der auswärtigen Ausschüsse von Senat und Repräsentantenhaus in Washington D.C. sowie ausgewählte Mitglieder der neuen Carter-Administration. Springer-Mitarbeiter in Washington sorgten dafür, dass in mehr als 700 Lokalradiostationen die Anzeige in den US-Zeitungen erwähnt wurde. Die Reaktion auf die Anzeigenaktion wie auf den Inhalt von Patricia Adens Text waren überwältigend. Ernst Cramer schrieb am 25. Januar 1977 an eine Bekannte in Kalifornien, Hunderte Amerikaner hätten an »WELT« und den Verleger geschrieben; einige Dutzend dieser Briefe sind im Unternehmensarchiv erhalten geblieben. Die meisten begrüßten die Aktion, bedankten sich bei Axel Springer und lobten die Autorin Aden. Berlin sei auch für Amerikaner das »Symbol des Konflikts zwischen der freien und der unfreien Welt«; gelobt wurde, »dass das deutsche Volk fest entschlossen ist, sein Land und seine Freiheit gegen alle Übergriffe zu verteidigen«. Hans Steinitz, der Chefredakteur der New Yorker deutsch-jüdischen Wochenzeitung »Aufbau«, erklärte, es habe in Amerika imponiert, dass Axel Springer dem künftigen Präsidenten kurz vor der Amtsübernahme das Berlinproblem »einfach auf den Tisch gelegt hat«.

Doch nicht nur die Systemkonfrontation bedrohte Freiheit und Rechtsstaatlichkeit. Auch den Angriff der Terrorgruppe Rote Armee Fraktion (RAF) auf die Bundesrepublik sah Ernst Cramer mit großer Sorge. Am 19. Mai 1972 waren im Springer-Verlagsgebäude in Hamburg zwei Bomben detoniert. Bei dem Anschlag, zu dem sich die RAF bekannte, wurden 23 Verlagsmitarbeiter verletzt, einige davon schwer. Axel Springer und Ernst Cramer besuchten die Verletzten in der Klinik. Von April 1977 an zog dann die zweite Generation der Linksextremisten eine regelrechte Blutspur durch Deutschland – von Karlsruhe über Singen und Frankfurt am Main bis nach Oberursel. Im Herbst kulminierte die Situation nach der Entführung von Arbeitgeberpräsident Hanns Martin Schleyer in Köln und dem Hijacking einer Lufthansa-Boeing auf

US-Präsident Jimmy Carter mit dem Ehepaar Springer und Ernst Cramer, 1978

dem Rückflug von Mallorca. Unmittelbar nachdem das entführte Flugzeug gewaltsam befreit worden war (Bundeskanzler Helmut Schmidt hatte mit seiner Strategie Erfolg gehabt, hart zu bleiben und der Erpressung jener Palästinenser nicht nachzugeben, die der RAF beigesprungen waren), bezog Cramer in einem langen Leitartikel Position:

> Der Rechtsstaat hat einen Sieg errungen. Die freiheitliche deutsche Republik hat gezeigt, dass sie zum Schutze ihrer Bürger handeln kann, ohne den Boden des Rechts und der Verfassung zu verlassen, und dass sie gewillt ist zu handeln. Das Wort vom Nachtwächterstaat, das voreilige Kritiker in den vergangenen Tagen immer wieder ausgestreut haben, ist vom Tisch gefegt. Ebenso wie bei früheren Gelegenheiten der Staat Israel hat diesmal die Bundesrepublik gezeigt, dass Polit-Gangster dann wachsame Demokratien nicht erpressen können, wenn diese gewillt sind, falls es keinen anderen Ausweg gibt, Gewalt mit Gewalt zu begegnen.

Doch beim Lob für die geglückte Politik der Bundesregierung beließ es Cramer nicht; er erinnerte an das Schicksal Schleyers, der ungefähr zu der Zeit von der RAF ermordet wurde, als dieser Leitartikel erschien, und formulierte die nächsten Aufgaben der Gesellschaft:

Schließlich muss in diesem Land auch die Diskussion um den Nährboden des Terrorismus, um das leider zu oft unklar definierte Sympathisantentum weitergeführt werden. Dabei geht es nicht – wie oft behauptet wird – darum, jeden, der irgendwann für Reformen plädierte oder solche einführte, oder gar jeden Intellektuellen als bewussten oder unbewussten Wegbereiter des Terrorismus zu definieren. Es geht hier weniger um die Bewältigung der Vergangenheit als um die Klärung der Zukunft. Man sollte kühl und leidenschaftslos untersuchen, welche Fehler – gleichgültig von wem – gemacht wurden, die in letzter Konsequenz junge Menschen zu Verbrechern werden ließen. Und daraus sollte man lernen, was besser gemacht werden kann. (WELT v. 19. Oktober 1977)

Im Sommer 1980 setzte sich Michael Meisner, 1945 ehrenamtlicher Landrat in Würzburg, bei der Regierung von Unterfranken dafür ein, Ernst Cramer den Bayerischen Verdienstorden zu verleihen. Auch wenn dieser inzwischen seinen Lebensmittelpunkt im Norden Deutschlands hatte, im Herzen hing er unverändert sehr an Bayern. Meisner und er kannten sich aus gemeinsamen Würzburger Tagen, als Cramer für die US-Militärregierung tätig gewesen war. Einen ersten Versuch hatte Meisner 1975 gestartet. Nun sollte es gelingen. 1979 hatte Cramer bereits das Bundesverdienstkreuz erster Klasse erhalten. Später wurde er mit weiteren Ordensstufen geehrt, 2001 sogar mit

Ernst Cramer beim Bierzapfen, 1970er-Jahre

dem Großen Bundesverdienstkreuz mit Stern und Schulterband. Auf die Gratulation eines früheren »WELT«-Kollegen antwortete er auf typische Art und Weise – mit ironischem Abstand und einem Verweis auf die eigene Biografie. Natürlich könne man sehr gut ohne eine derartige öffentliche Anerkennung leben. Besonders berührt habe ihn, dass er das Bundesverdienstkreuz »fast auf den Tag« 40 Jahre nach seiner erzwungenen Ausreise erhielt. Damals sei ein Heimweh in ihm geweckt worden, das nie wieder aufgehört habe, »denn wem die Heimat einmal genommen wurde, der findet sie nie wieder, auch wenn er das Glück hat, in sie zurückkehren zu können«.

Auf Meisners Vorstoß hin schrieb Cramer seinem alten Bekannten am 9. Juli 1980 und ordnete seine »Verdienste« für Bayern auf ganz persönliche Weise und augenzwinkernd ein:

Lieber Michel,
ich habe mir lange, lange überlegt, weshalb gerade ich einen Bayerischen Verdienstorden bekommen soll. Denn die Tatsache, dass ich ihn gerne hätte, genügt ja wohl nicht. Was genügt eigentlich? Die Liebe zu der bayerischen Heimat? Die Tatsache, dass ich mich nirgendwo in der Welt so wohl fühle wie im Alpenvorland zwischen Iller und Inn? Dass die Wies, Steingaden, Rottenbuch und Ottobeuren für mich das Paradies auf Erden sind? Oder dass ich schon mehr als sechzigmal auf das Schachenfeld im Werdenfelser Land gewandert bin, auf dem selbst der Schachenhaus-Erbauer Ludwig II. nur zweimal war?

Wenn ich offen bin, genügt all das eben nicht. Sowie ich beginne aufzuzählen, was ich eigentlich für Bayern getan habe, stocke ich. Was ich getan habe, tat ich – verzeih' das Pathos! – für Deutschland. Die Liebe zu diesem Land, aus dem ich ja freiwillig nie ausgewandert wäre, hat mir auch Hitler nicht austreiben können; oder ich tat es – verzeih' die Anmaßung! – für die Menschen, mal den einen, mal den anderen. Aber beginnen wir. In der Kinderzeit ist da nichts. 1933, als Zwanzigjähriger, war ich nach der »Machtübernahme« Mitbegründer des Landesverbandes Bayern des

Ernst Cramer erhält das Bundesverdienstkreuz, 1979

Bundes Deutsch-Jüdischer Jugend und wurde Ortsleiter in Augsburg und Nürnberg-Fürth sowie bis zur Auflösung Landesverbandsleiter; illegale Weiterarbeit, auch Zusammenarbeit mit verbotenen Jugendgruppen der Bayerischen Volkspartei bis zum 9. November 1938.

Als Soldat 1945 nach Deutschland zurückgekehrt, meldete ich mich zur Mitarbeit bei der Militärregierung und bat um Arbeit in Bayern, was mir eingeräumt wurde. So kam ich nach Würzburg. Dort habe ich versucht, den Heiligen Bürokratius, dem auch die amerikanischen Dienststellen huldigten, so oft wie möglich zu übertölpeln, und es ist mir oft gelungen. Dadurch konnten die kleinen Musikanten in den Dörfern und Städten »bei uns« in Mainfranken schon viel früher wieder Freude in den Alltag bringen als anderswo. Und auch bei der Lizensierung der Zeitungen, einiger Verlage, des Orchesters und des Theaters ging es relativ schneller als an vergleichbaren anderen Punkten.

Bei der Lizensierungsarbeit geriet ich mit einigen meiner Vorgesetzten, die sich strikt an die schon während des Krieges verfassten Vorschriften halten wollten, in Konflikt. Ich weigerte mich von Anfang an, Kommunisten in Schlüsselpositionen zu bestätigen. Ich war eben schon damals der Meinung, dass jemand, der die Demokratie ablehnt, nicht Führungsfunktionen in einer Demokratie ausüben darf; ganz besonders meinte ich, dass eine Besatzungsmacht, deren Aufgabe es war, die Wiederauferstehung einer besiegten totalitären Herrschaft zu verhindern, nicht Menschen lizensieren dürfe, die wieder ein totalitäres Regime, wenn auch anderer Art, errichten wollen. In dieser Auseinandersetzung, bei der Leute wie Colonel McMahon, Hans Habe und Hans Wallenberg auf meiner Seite waren, vertrat ich zunächst eine kleine Minderheit innerhalb der Militärregierung; erst Ende 1946 hatten wir uns ganz durchgesetzt.

Ich war in diesen ersten Jahren nach dem Krieg als »Amerikaner« in der glücklichen Lage, vielen Menschen helfen zu können, durch Rat, durch Herstellung von Kontakten, aber auch durch für mich kleine Geschenke, die für die Empfänger oft viel größer waren: Zigaretten, Konserven, Speiseeis und Schokolade für die Kinder, aber auch Kleidungsstücke, Arzneimittel und einmal ein Dutzend Nähnadeln. Da ich in Bayern lebte, waren die »Begünstigten« Bayern. Nur: Ich schäme mich eigentlich, Selbstverständliches aufzuführen, um, wie es im Jiddischen heißt, mich »zu berühmen«.

Schon in Würzburg pflegte ich, wie Du weißt, Amerikaner und Deutsche (trotz des dummen Fraternisierungsverbots) zusammenzubringen, und der herrliche Frankenwein half dabei. In München wurde das dann in eine organisatorische Form gebracht. Ich war Gründungsmitglied eines ersten amerikanisch-deutschen Gesprächskreises, dem Leute wie Hoegner, der »Ochsensepp«, Stadtrat Fingerle und der Ex-Botschafter Gaffron-Prittwitz angehörten und zu dem auch der junge Franz Josef Strauß einige Male stieß. Dieser Gesprächskreis organisierte ab 1947 auf dem Rheinthaler Hof deutsch-amerikanische Gesprächswochen. Es waren, wie ich glaube, die ersten ihrer Art. Bei der ersten Rheinthaler-Hof-Tagung betätigte ich mich sowohl als Referent wie als Jeep-Fahrer. Aus diesem Münchener Gesprächskreis sind später die verschiedensten deutsch-amerikanischen Clubs hervorgegangen, die es noch heute gibt.

Als die »Neue Zeitung« ihre Hauptredaktion von München nach Frankfurt verlegte, war ich offiziell und inoffiziell damit befasst, das bayerische Element in dem Blatt nicht verkümmern zu lassen. Auch in meinen verschiedenen Funktionen beim Axel Springer Verlag, besonders in der Chefredaktion der »WELT«, habe ich es mir immer zur Aufgabe gemacht, meinen meist sehr nach dem Norden Deutschlands ausgerichteten Kollegen den Blick für den Süden zu öffnen.

Lieber Michel, wie Du siehst, ist da nicht sehr viel, das nach einem Orden schreit. Es bleibt nur das eine: Ich hätte ihn so gern.

Sehr herzlich, Dein Ernst (NL Cramer)

Sieben Jahre später erhielt Cramer den höchsten Orden des Freistaates Bayern, den immer nur 2000 lebende Menschen gleichzeitig tragen dürfen.

Die Überzeugung, dass Demokratie und Rechtsstaat in der Bundesrepublik stabil seien, war ein wesentlicher Grund für Cramer, in West-Berlin und Deutschland zu bleiben. Er versuchte, auch Skeptiker davon zu überzeugen. Am 7. Mai 1981 schrieb er an Menachem Begin, den nationalkonservativen Ministerpräsidenten Israels, einen sehr persönlichen Brief:

Sie könnten fragen (und viele meiner Freunde fragen verständlicherweise): Angesichts Deines Hintergrundes – warum lebst und arbeitest Du wieder in Deutschland? Die Antwort ist einfach und kompliziert zugleich. Es hat zu tun mit meinem unerschütterlichen Glauben in das Gute im Menschen (im Gegensatz zu Martin Luther, aber, wie ich glaube, in absoluter Übereinstimmung mit jüdischem Denken); es hat zu tun mit meiner kategorischen Ablehnung jeder Art von Kollektivschuld; und es hat zu tun mit meiner festen Überzeugung, dass es die Mission der Juden von Moses' Zeiten an bis zum Ende unserer Tage ist zu versuchen, Frieden und Verständnis in diese Welt zu bringen, jeder Jude an seinem Platz. Meine persönliche Erfahrung seit der Niederlage Nazi-Deutschlands bestätigen mich. Und ich glaube, dass meine Eltern und mein Bruder mir zustimmen würden. (NL Cramer)

Begin antwortete unnachgiebig: Auch er lehne zwar Kollektivschuld ab, aber für jede Regel gebe es eine Ausnahme. Er halte mit wenigen Ausnahmen alle Deutschen seiner Generation für verantwortlich für das, was 1933 bis 1945 den Juden in und durch Deutschland widerfahren war. »Wenn Sie eine andere Auffassung haben, ist das Ihr gutes Recht; allerdings glaube ich, Sie werden mir zustimmen, dass ich dasselbe Recht habe, wie Sie zu glauben, was ich mit meinem ganzen Herzen, meiner Seele, meinem

Geist und meinen Gewissen glaube.« In diesem Fall hatte Cramers Überzeugungsversuch keinen Erfolg.

Seinen Standpunkt behielt Cramer trotzdem bei. Seit 1981 amtierte er als Vorsitzender der Axel Springer Stiftung, deren Vorstand er schon seit 1973 angehört hatte. DDR-Flüchtlingen half die Stiftung unter Cramers Regie mit Darlehen, um im Westen Fuß fassen zu können. Zum Beispiel der Familie eines christlich eingestellten Arztes. Er hatte in der DDR massive Probleme wegen seiner Überzeugung; im Alltag wie im Beruf hatte er mit Gewissenskonflikten zu kämpfen, ebenso wie seine Kinder in der Schule, weil sie das SED-Regime ablehnten und die verlangten Loyalitätsbeweise nicht erbringen wollten. Die Lage der Familie spitzte sich zu, als ein Schwager in den Westen floh – ihre Bespitzelung wurde intensiviert. Die Familie wusste sich nicht weiter zu helfen, als selbst eine Fluchthilfeorganisation zu beauftragen, sie ebenfalls in den Westen zu bringen. Der Preis von 80 000 Mark für die fünfköpfige Familie musste nach der Ankunft abgezahlt werden. Der riskante Plan gelang, die fünf wurden in zwei Autos, versteckt in den Kofferräumen, über die Grenze geschmuggelt. Beim durch die hohen Schulden für die Kosten der Flucht belasteten Neustart half Cramer mit Mitteln der Stiftung; er blieb mit der Familie in Kontakt. Sie bilanzierte in einem Brief einige Jahre später: »Gerade aus dem Vergleich wissen wir zu schätzen, in der Bundesrepublik leben zu können.«

Am 30. September 1982, einen Tag vor dem konstruktiven Misstrauensvotum im Bonner Bundestag, das die Kanzlerschaft Helmut Schmidts beenden und Helmut Kohl zum Regierungschef machen sollte, begrüßte Cramer die Mitglieder eines Automobilklubs im Berliner Verlagshaus. Er nutzte die Gelegenheit für eine politische Mahnung:

Am Vorabend einer eminent wichtigen Entscheidung in der Geschichte der Bundesrepublik Deutschland kann wenigstens ich den Gedanken an die Politik nicht ganz verdrängen. Wir werden ab morgen vermutlich eine neue Bundesregierung haben. Und ich kann nur hoffen und wünschen, vielleicht sogar beten, dass dieser Regierung zweierlei gelingt: Einmal das schlingernde Staatsschiff wieder auf klaren Kurs zu bringen, und zum anderen den demokratischen Grundkonsens wiederherzustellen, der in letzter Zeit teils in Vergessenheit geriet, teils zerschlagen wurde. Nur weil die demokratischen Kräfte dieses Landes es zuließen, dass dieser consensus omnium kaputtging, konnten sich politische Sumpfblüten bilden, die teils in den Parlamenten, teils auf der Straße und teils im Hinterhalt am Abbau der demokratischen Rechte und am Abbau des demokratischen Selbstverständnisses der Bürger dieses Staates mitwirken.

Ich bin alt genug, meine Damen und Herren, mich 50 Jahre zurückerinnern zu können. Damals, im Herbst 1932, begann die Agonie der Weimarer Republik, die schließlich zum Untergang des Deutschen Reiches führte. Die erste deutsche Republik ging hauptsächlich an vier Ursachen zugrunde:

1. das Parlament versagte, weil die staatstragenden Parteien mehr an ihre eigenen Interessen dachten als an das Ganze. So konnten antidemokratische Kräfte dem Volk ihre Schein-Heilslehren mit Erfolg verkaufen.

2. Die Weimarer Verfassung hatte keine Möglichkeiten geschaffen, wie das Reich demokratisch regiert werden könne, wenn es im Parlament nicht zu regierungsfähigen Mehrheiten käme.

3. Die Reichsregierung vermochte es nicht, Deutschland aus dem Strudel der Weltwirtschaftskrise herauszuarbeiten. Und die Welt half nicht, sondern stürzte die Wirtschaft nur immer tiefer in den Abgrund. Die Folgen: Mehr und mehr Firmen gingen in Konkurs; die Zahl der Arbeitslosen stieg ins Gigantische; der Staatsbankrott drohte. Auch hier versprachen antidemokratische Kräfte Besserung, ein Versprechen, dass sie aus den verschiedensten Gründen sogar eine Zeit lang einhalten konnten – ehe es dann zur großen Katastrophe kam.

4. Es gab eine politische Radikalisierung. Politische Gegner wurden zum politischen Feind. Die Auseinandersetzungen fanden auf der Straße statt. Schlagring und Schusswaffen ersetzten die Argumente. Gespräche zwischen Gruppen mit verschiedener Meinung fanden so gut wie nicht mehr statt.

Was bei alledem herauskam, wissen wir alle. Und ich möchte nicht missverstanden werden: Die Zeit von heute ist mit der von damals nicht zu vergleichen. Aber nachdenklich macht das alles doch. (NL Cramer)

Seine Sorgen änderten nichts an seinen Grundüberzeugungen. Standhaft blieb Ernst Cramer der Ablehnung jeder Kollektivschuld treu. An Bernhard »Bernie« Wallheimer, einen zwölf Jahre jüngeren »Groß Breesener«, der Auschwitz überlebt hatte und 1948 nach Israel ausgewandert war, schrieb er am 13. Dezember 1985:

Jeder hat das Recht zu seiner eigenen Auffassung. Dafür stehe ich ein. Aber ich halte es für grundfalsch, alle Deutschen (von heute) mit den Nazis und ihren Mitläufern (damals die Mehrheit der Deutschen) in einen Topf zu werfen. Sind alle Russen heute menschenverachtende Kommunisten, alle – auch Sacharow oder Scharanski? Sind alle Chilenen wie Pinochet? Alle Israelis wie Rabbi Kahane?
Wir müssen differenzieren. »Willst Du den Gerechten mit dem Gottlosen umbringen?«, fragte Abraham den Herrn. »Willst Du die Nichtschuldigen, sogar die Nachgeborenen mit den Verbrechern verdammen?«, frage ich Dich.

Cramer zeigte zugleich, dass er sein eigenes Prinzip umzusetzen gewillt war. Obwohl er die Meinung seines Bekannten ablehnte, sagte er ihm zu, sie in der nächsten erreichbaren Nummer des Rundbriefs an die »Groß Breesener« zu verbreiten:

Gerne will ich Teile Deines Briefes in den Rundbrief nehmen, der noch rechtzeitig vor dem Treffen im nächsten Jahr hinausgehen soll. Ich musste die Arbeit daran zurückstellen, da mir durch den Tod von Axel Springer zu viel andere Arbeit zugewachsen ist. (NL Cramer)

Axel Springer war am 22. September 1985 im Alter von nur 73 Jahren gestorben. Cramer war nun einer seiner Testamentsvollstrecker und kümmerte sich weiter um die Axel Springer Stiftung. An den Herbst 1985 erinnerte sich Cramer zwei Jahrzehnte später: »Direkt nach seinem Tod ging zwar alles so weiter wie bisher, auch wenn ›Väterchen‹ fehlte, wie ihn einer seiner Vertrauten zu nennen pflegte.« Doch in den kommenden Jahren änderte sich das: »Axel Springers geistiges Erbe schien zu verschwinden.« Cramer hielt dagegen und versuchte, die Überzeugungen des Verlegers über dessen Tod hinaus in seinem Unternehmen lebendig zu halten.

Springers sehnlichster Wunsch erfüllte sich im Herbst 1989, vier Jahre nach seinem Tod: Die Menschen in der DDR stürzten das SED-Regime, überwanden die innerdeutsche Grenze und machten so den Weg frei für die Wiedervereinigung. So zwangs-

Marianne und Ernst Cramer, 1982

läufig die Entwicklung im Rückblick scheinen mag – die Zeitzeugen der friedlichen Revolution sahen es nicht so. Am 23. Oktober 1989, Erich Honecker war schon fast eine Woche als SED-Generalsekretär abgesetzt, hielt Cramer bei der Vorstellung der Memoiren des früheren US-Botschafters in Bonn George McGhee eine Laudatio. Er lobte die Rolle des Autors und der USA, sagte aber nichts zur jüngsten Entwicklung in der DDR:

> Die Deutschen haben nach dem Krieg das Glück gehabt, dass alle neun Administrationen, die seither in Washington das Sagen hatten, hervorragende Vertreter als Militärgouverneure, Hohe Kommissare und bald schon als Botschafter nach Bonn entsandten. George McGhee ist dafür ein herausragendes Beispiel […] Ich danke all den vielen Männern und Frauen aus den USA, die wie McGhee aktiv mitgeholfen haben, dass nach dem Zweiten Weltkrieg nicht die Fehler wiederholt wurden, die man nach dem Ersten gemacht hatte. Dass man den Deutschen die Chance gab, ihr Land – oder besser gesagt: den nicht von den Sowjets besetzten Teil ihres Landes – wieder als eine Gesellschaft zu formieren, die auf Recht und Selbstbestimmung basiert. (WELT v. 24. Oktober 1989)

Im Anschluss an diese Würdigung ging Cramer auf eine herbstliche, »erlebnis- und farbenreiche« Rundreise durch Andalusien. Am 9. November 1989 saß er in der Abendmaschine von Malaga nach Frankfurt am Main mit Anschluss nach West-Berlin und fühlte sich »hundeelend«, denn er hatte sich den Magen verdorben:

> Sowieso war meine Stimmung nicht die beste, denn das Datum erinnerte mich an frühere 9. November, besonders den im Jahr 1938. Damals war ich zwei Tage nach der sogenannten Kristallnacht einer der etwa 30.000 deutschen Juden gewesen, die zur »Schutzhaft« in ein Konzentrationslager kamen. […] Das ging mir durch den Sinn, als mich plötzlich der Bordlautsprecher aus meinen Gedanken riss: »Wir haben soeben erfahren, dass Ost-Berlin allen Bürgern der DDR die volle Reisefreiheit gewährt.« Zuerst waren alle im Flugzeug mucksmäuschenstill. Dann wurde erregt geredet, gefragt. Man wollte mehr wissen, aber es gab keine weiteren Informationen. Einige begannen zu feiern, alle waren aufgeregt.
> Mein Magenkrümmen schien vergessen. Mir war klar: Reisefreiheit würde automatisch die anderen Freiheiten nach sich ziehen, die den Menschen im Osten bisher verwehrt wurden. Es würde wahr werden, was sich Axel Springer immer gewünscht hatte, dass auch dort »jeder sagen und lesen darf, was er will, und wählen kann, wen er möchte«. Und dass es wieder Rechtssicherheit in ganz Deutschland geben würde, was die Menschen im Osten Deutschlands länger als fünf Jahrzehnte entbehren mussten.
> Aufgewühlt kam ich in Berlin an und sah im Fernsehen die ersten Wagemutigen

auf der entschärften Mauer. Am nächsten Morgen las ich im Wartezimmer meiner Ärztin in der Zeitung die fast kühle und doch so wunderbare Überschrift: »DDR öffnet ihre Grenzen zur Bundesrepublik«. Endlich hatte es wieder einen positiven 9. November gegeben. (Hertle / Elsner: Der Tag, an dem die Mauer fiel, S. 47f.)

Gleich danach fuhr er in sein Büro, um für die kommende »WELT AM SONNTAG«, deren Herausgeber er seit 1981 zusätzlich zu seinen anderen Aufgaben im Verlag war, einen Leitartikel über Axel Springer und den Fall der Mauer zu verfassen:

Daran, dass den Menschen im anderen Teil Deutschlands eines Tages die Möglichkeit gegeben werde, solche und andere Entscheidungen frei zu treffen, hat Axel Springer nie gezweifelt. Für seinen Optimismus wurde ihm einmal – es war im Oktober 1972 – von einer Zeitschrift der Titel »Brandenburger Tor« gegeben.

Als man ihn ein andermal einen Träumer nannte, zitierte er statt einer Antwort die Buchwidmung eines israelischen Freundes: »Nur die Träumer großer Träume sind die Schöpfer der Zukunft.« Vielleicht war Axel Springer in diesem Sinn ein Träumer. Ein Traumtänzer war er nicht. Er hatte immer die Realitäten im Visier. Nur sah er sie sehr oft anders als andere und – wie sich jetzt herausstellt – richtiger.

Es gibt kaum eine Rede Springers, in der er nicht an die Seelennot der Menschen im zweiten deutschen Staat erinnert. Besonders lag ihm immer das Schicksal derer am Herzen, die aus politischen Gründen in Gefängnissen saßen. Er war es auch, der zusammen mit dem damals zuständigen Bundesminister Rainer Barzel den Freikauf von politischen Gefangenen einleitete. Um viele dieser Menschen hat er sich später persönlich gekümmert.

Wie wenige andere hatte Springer auch früh erkannt, dass Berlin die Schicksalsstadt Deutschlands und Europas ist. Wie bewegt wäre er wohl gewesen, wenn er die jetzigen Tage in der alten Hauptstadt miterlebt hätte. (WELT AM SONNTAG v. 12. November 1989)

BERLIN

Mit der friedlichen Vereinigung der beiden deutschen Staaten in Freiheit am 3. Oktober 1990 war eines jener Ziele erreicht, für deren Verwirklichung Ernst Cramer sich eingesetzt hatte. Ohne dass er umgezogen war, hatte sich sein Lebensmittelpunkt verändert: Aus der in West und Ost geteilten Stadt war wieder ein Berlin geworden, die Metropole des einigen Deutschlands. Den Erfolg der friedlichen Überwindung des Kalten Krieges zu verstetigen, wurde fortan sein neues großes Anliegen – ganz im Sinne seines im April 1945 nach der Rückkehr ins befreite KZ Buchenwald formulierten Motivs, »ein wenig dabei mitzuhelfen, dass in Deutschland wieder Vernunft, Anstand und Gerechtigkeit herrschen«. Für eine »BILD«-Serie mit prägnanten Statements prominenter Gastautoren mit dem Titel »Wie ich mir Deutschland wünsche« formulierte er wenige Tage nach der Vereinigung:

> Axel Springer hat vor 24 Jahren gesagt, wie er sich Deutschland wünsche; es war am 6. Oktober 1966 bei der Einweihung der von ihm in das Herz von Berlin – und damit direkt an die Mauer – gebauten Zentrale seines Unternehmens. Eine Nation sollten die Deutschen werden, meinte Springer, »friedlich wiedervereint, getragen von jenem Respekt vor den Völkern dieser Erde, die nur die Frucht des richtig verstandenen Selbstrespekts sein kann«.
> Die friedliche Einigung ist erreicht, und das ganze Deutschland hat sich freiwillig eingebunden in die Gemeinschaft der westlichen Welt. Die Siegermächte des Zweiten Weltkrieges haben ebenso zugestimmt wie unsere europäischen Nachbarn. Die meisten Völker dieser Erde begleiten die deutsche Einigung mit erwartungsvollem Wohlwollen. Ich möchte dem Gedanken Axel Springers nur die Hoffnung hinzufügen, dass wir immer dem Schwur der Nationalhymne treu bleiben: Einigkeit und Recht und Freiheit. Möge es nie wieder eine Zeit geben, in der das Recht mit Füßen getreten und so die Freiheit verspielt wird. (BILD v. 9. Oktober 1990)

Dabei war ihm immer klar, dass die staatliche Vereinigung nicht automatisch die Einigkeit unter den Menschen mit sich brachte. Im April 1993 hielt Ernst Cramer in Weimar vor den Journalistenbildungsinstituten Sachsen-Anhalts, Sachsens und Thüringens eine Rede. Die Debatten nach dem Mauerfall im Umgang mit den alten Eliten in Politik, Bildung, Universitäten und Verwaltungen aus der früheren DDR waren noch nicht abgeklungen; der Streit über die Anerkennung von Berufsabschlüssen und die Auseinandersetzung über den Umgang mit den Tätern und Mitläufern des SED-

Ernst Cramer
mit US-Präsident
Ronald Reagan
und seiner Frau
Nancy, 1991

Systems hielt an. Zugenommen hatten nicht nur fremdenfeindliche Übergriffe im Osten, sondern auch Klagen gegenüber der Ignoranz vieler Westdeutscher, was ostdeutsche Biografien im Allgemeinen und die Spielräume des Einzelnen in einer Diktatur betrafen. Alles Fragen, die Ernst Cramer schon lange umtrieben. Mitunter stellte er sich die Frage, ob der Osten Deutschlands so etwas wie eine Reeducation braucht. Zumindest um die Befindlichkeiten der Ostdeutschen wusste er:

> Ich kann mir sehr wohl vorstellen, wie schwierig es ist, nach 40 Jahren erduldeter SED-Herrschaft jetzt auch ganz anders mit der früheren Geschichte konfrontiert zu werden, für die Buchenwald ein Symbol ist, mit dem Weimar fertig werden muss, ähnlich wie Dachau, Ravensbrück und Oranienburg. Es lebt sich nicht leicht, wenn die Erinnerungen immer wieder an Untaten gemahnen, sei man Opfer oder Täter oder auch nur Nachkomme der Generation, der die Opfer ebenso wie die Täter angehörten.

Die Deutschen hätten jedoch die Chance zur Wiedergutmachung genutzt. »Im Westen wurde eine Demokratie mit bürgerlichen Freiheiten und sozialen Auffangnetzen aufgebaut, wie es das früher auf deutschem Boden noch nie geben hatte.« Seit 1990 habe auch die ostdeutsche Bevölkerung die Möglichkeit dazu ergriffen:

> Sie im Osten, die Sie vier Jahrzehnte lang auf der Schattenseite des deutschen Schicksals leben mussten, Sie haben durch die unblutige Revolution vom Herbst 1989, durch Ihr Bestehen auf dem Recht des Volkes zur eigenen freien Entscheidung einen einmaligen Beitrag zum Demokratie-Verständnis in Deutschland erbracht.
> Was die Studenten 1832 auf dem Hambacher Fest von den deutschen Fürsten forderten – und nicht erhielten – Volkssouveränität und Einheit, Sie haben es bei den Machthabern in Ost-Berlin und in Moskau gefordert, und Sie hatten Erfolg. Seit jenen denkwürdigen Tagen gelten Einigkeit und Recht und Freiheit für alle Deutschen. Sie, die demonstrierenden Bürger in der ehemaligen DDR, haben das weitgehend dank Ihres Mutes, auch dank ihrer Haltung erreicht. Das ist weltweit anerkannt worden.

Bei allem Lob ging Cramer auch auf die Stimmen ein, die einen Vergleich der beiden Diktaturen ablehnten, um das SED-Regime in einem milderen Licht erscheinen zu lassen. Cramer leugnete selbstverständlich die Unterschiede zum NS-Regime nicht; warum auch? Seine Aufzählung der Gemeinsamkeiten jedoch war ein schlagendes Argument gegen alle Verneiner – und ein Lehrbeispiel für politische Bildung:

> Gemeinsam ist beiden Diktaturen:
> - die Lahmlegung der Parlamente, die Ablehnung der Gewaltenteilung, die Unterstellung von Volksvertretung und Justiz unter eine übergeordnete Instanz – dem Führer hier, der Partei dort;

- die Entrechtung des Einzelnen und die Schaffung von geheimen Polizeieinheiten, gegen die es keine Rechtsmittel gibt und die ungestraft foltern, ja töten können;
- die Unterordnung der Justiz unter die Staats- bzw. die Parteiführung;
- die direkte Beeinflussung und Kontrolle aller Medien, der Kulturveranstaltungen, ja sogar der Wissenschaften;
- die willkürliche Verschickung in Straflager oder Gefängnisse. (WELT AM SONN-TAG v. 25. April 1993)

Gern würzte Ernst Cramer seine zahlreichen Vorträge und Reden mit Anekdoten, um die Zuhörer zwischen seinen ernsten Botschaften aufzulockern. Aus Anlass des 50. Jahrestags des Kriegsendes 1945 sprach er im Münchner Amerikahaus, dessen Entstehen er direkt erlebt hatte, über die Anfänge der Pressepolitik in Bayern. Dabei erfreute er das Publikum mit einem speziellen und persönlichen Erlebnis – seiner Rückkehr nach München in US-Uniform:

Wir – mein Fahrer Timm und ich – kamen im Jeep von Fürstenfeldbruck auf einer Seitenstraße. Ich wollte absichtlich Gegenden abseits der Autobahn zu Gesicht bekommen, wollte sehen, wie die Dörfer aussahen, in denen ich als Kind so oft gespielt hatte. Kurz vor München fanden wir uns auf einem besseren Feldweg. Die Hauptstraße wies zu viele Bombenkrater auf. Vor uns zog ein Mann einen Leiterwagen mit Brennholz, das er irgendwo gesammelt hatte.
Mein Fahrer hupte. Der Mann drehte sich um, lächelte und zog seinen Karren unbeirrt weiter. Er dachte nicht daran, Platz zu machen. Erneutes Hupen. Wieder schaute der Mann zurück, feixte ein wenig und rief uns – immer lächelnd – einen Fluch zu.
Bald kam eine Ausbuchtung der engen Straße. Wir konnten leicht vorbeifahren. Als wir auf gleicher Höhe mit der Brennholz-Fuhre waren, hielten wir auf mein Bitten an. Der Mann mit dem Leiterwagen grinste uns freundlich zu und überhäufte uns gleichzeitig, immer devot lächelnd, mit bayrischen Flüchen, von denen er überzeugt war, dass wir sie nicht verstünden. »Dreckige Amerikaner, vermaledeite«, war noch einer der mildesten Ausdrücke.
Ich ließ den klapprigen Mann reden, bis er – immer weiter freundlich lächelnd und sich unterwürfig verbeugend – ganz außer Atem war. Dann antwortete ich in ähnlichem Stil. Als ich meine, ebenfalls nicht druckreife Suada mit den Worten »Du saudummer Mistkerl« begann, wurde der Mann plötzlich kreidebleich, sperrte den Mund auf und begann, am ganzen Körper zu zittern.
Dass ein amerikanischer Soldat seine bayerischen Schimpfworte verstand und ihm mit ähnlichen Invektiven antwortete, das hatte er nicht erwartet und befürchtete nun das Schlimmste. Wir aber fuhren weiter. (NL Cramer)

Kritiklosigkeit war Ernst Cramer ebenso fremd wie jede Form von Alarmismus. In einer Rede beim University Club in New York betonte er zum Beispiel 1995 die Leistung des zusammenwachsenden Deutschlands:

Ich bin überzeugt davon, dass die politischen und die sozialen Infrastrukturen, die für die alte Bundesrepublik erschaffen wurden, sich auch für ein vereinigtes Deutschland als stabil und wertvoll erweisen. Den Test der ersten fünf Jahre haben sie überstanden. Und die Deutschen von heute – sowohl im Westen als auch im Osten – sind völlig anders als die Deutschen früherer Perioden, und da schließe ich meine eigene Jugend mit ein. Deutschlands Verpflichtung gegenüber den Idealen des Westens und die deutsche Partnerschaft mit den Nationen des Westens ist unveränderbar und unumkehrbar. (NL Cramer)

Weitere fünf Jahre später hielt er jedoch eine deutliche Mahnung für angebracht, die gemeinsame Leistung der Vereinigung zu würdigen und nicht zwischen Ost und West oder zwischen den Parteien zu zerreden:

Auf die Frage »Wem gehört die deutsche Einheit?« gibt es nur eine Antwort: »dem deutschen Volk«. Die Deutschen haben sich in ihrer Gesamtheit dieses Glücksgeschenk des Schicksals verdient.
Das wird besonders evident, wenn man an die vielen einfachen Bürger in der damaligen DDR denkt, die trotz möglicher Repressalien der lokalen Sicherheitsorgane oder auch der sowjetischen Militärmacht immer wieder auf die Straßen zogen, Freiheit als ihr Lebensrecht verlangten und mit der Losung »Wir sind das Volk«, die schnell in »Wir sind ein Volk« mutierte, die Einheit Deutschlands einforderten.
Diese gleichzeitig mutigen und besonnenen Frauen und Männer aller Altersgruppen haben durch ihre unblutige, friedfertige Revolution Geschichte gemacht, großartige neue deutsche Geschichte.
Doch auch die Bürger der alten, von Bonn regierten Bundesrepublik trugen dazu bei, dass es zur Einheit kam. Die freien Deutschen haben den Gedanken eines vereinten Landes von Anfang an wach gehalten, haben den Wunsch und das Recht auf Wiederherstellung einer solchen Einheit sogar in ihrem Grundgesetz verankert: »Das gesamte deutsche Volk bleibt aufgefordert, in freier Selbstbestimmung die Einheit und die Freiheit Deutschlands zu vollenden.«
Und diese Deutschen haben in Hunderten von Wahlen über die Jahrzehnte hinweg klug reagiert und dabei den Verlockungen der politischen Rattenfänger von rechts und links mehrheitlich die kalte Schulter gezeigt. So schufen sie eine weltweit geachtete Demokratie, die es in solcher Selbstverständlichkeit in Deutschland vorher nie gegeben hatte. Dieserart haben also alle Deutschen die Voraussetzungen dafür

geschaffen, dass es zur deutschen Einheit kommen konnte. (WELT AM SONNTAG v. 1. Oktober 2000)

Als Überlebender der nationalsozialistischen Verfolgung konnte Cramer aus eigenem Recht Wegweiser für den Umgang mit der jüngsten deutschen Vergangenheit setzen. In einer Rede zum Abschluss der »Woche der Brüderlichkeit« tat er 1999 genau das:

> Das Erinnern an üble Zeiten, wie etwa die Jahre des Nationalsozialismus oder die Zeiten der SED-Herrschaft im Osten Deutschlands, bringt auch automatisch die Frage der Vergebung auf die Tagesordnung. Da sind wir, da bin vor allem ich gespalten. Denen, die mir persönlich Unrecht angetan haben, kann ich, will ich gerne verzeihen und habe das längst getan. Aber denen, die meine Eltern, meinen Bruder und Millionen anderer gequält, vertrieben und getötet haben, denen kann, ja darf ich nicht vergeben. Deren Vergebung liegt allein in Gottes Hand, und ich kann nur hoffen, dass Er auch für sie – denen ich nicht verzeihen kann und nicht verzeihen darf – einen Weg findet, sie aus der Verstrickung in ihre furchtbare Schuld zu erlösen.

Die Woche der Brüderlichkeit in Deutschland diene, verständlich angesichts der Vergangenheit, hauptsächlich dem Dialog, dem Zusammenfinden von Christen und Juden, schrieb Cramer weiter. Doch zugleich erweiterte er die Perspektive und bezog die dritte große monotheistische Religion ein:

> Wer den mohammedanischen Glauben vereinfachend als eine monolithische Religion des Fanatismus abtut, begeht ebensolches Unrecht wie der, welcher das Judentum mit dem Mörder Rabins gleichsetzt oder das Christentum nur nach katholischen oder protestantischen Extremisten in Nordirland beurteilt. Die Wirklichkeit ist anders, viel komplizierter, und um sie müssen wir uns kümmern. Genauso, wie Wege des Nebeneinanders und des Miteinanders von Christen und Juden gefunden wurden, sollte man unverzagt und ohne Scheuklappen auch nach Gemeinsamkeiten mit dem Islam suchen. (WELT v. 22. März 1999)

Die Weltpolitik beobachtete Cramer auch mit inzwischen 87 Jahren immer noch wach und mit der professionellen Skepsis des erfahrenen Journalisten. Gegenüber dem neuen starken Mann Russlands Wladimir Putin mahnte er im Juni 2000 Vorsicht an:

> Wer in den vergangenen Tagen neben den Fußballseiten noch andere Teile in deutschen Zeitungen gelesen hat, muss sich erstaunt die Augen gerieben haben. Der Arbeitsbesuch des russischen Präsidenten Wladimir Putin wuchs sich zu einem richtigen Verbrüderungsspektakel aus.
> Natürlich ist es gut, dass der Kreml-Chef und Bundeskanzler Gerhard Schröder »ei-

nen Draht« zueinanderfanden. Und selbstverständlich ist Deutschland als Kernland des freien Europas daran interessiert, dass Russland bald einen Weg zu wirklicher Demokratie und den damit verbundenen Freiheiten für seine Bürger findet.

Doch hat auch Putin dieses Ziel vor Augen? Wird es in Russland zum ersten Mal in seiner Geschichte Rechte geben, die auch dem Bürger dienen statt nur den Obrigkeiten? Darüber schwieg sich der redselige Präsident auch in Berlin lächelnd aus. Trotzdem wurde er mit lobpreisender Herzlichkeit empfangen. Vielleicht sollen ihn die deutschen Vorschusslorbeeren auf den rechten Weg lenken? Ernstes wurde nur besprochen, wenn es um die Wirtschaft ging. Doch auch die kann nur gedeihen, wenn Rechtssicherheit besteht.

Kann dies ein Mann garantieren, der im sowjetischen Geheimdienst Karriere machte – auch in der DDR? Wird es in Russland Pressefreiheit geben? Wird Moskau das internationale Recht anerkennen? Zu viele Fragen, zu wenig Antworten. Mehr Sachlichkeit beim Besuch in Berlin wäre vernünftiger gewesen. (WELT v. 20. Juni 2000)

Doch nicht nur die Sorge vor einem Wiederaufflammen des Kalten Kriegs beschäftigte Cramer zu Beginn des 21. Jahrhunderts. Im Frühjahr 2001 warnte er vor einem Rückfall der deutschen Demokratie in selbstgewisse Gleichgültigkeit gegenüber Extremisten:

Denkt man an den in dieser Woche begangenen ersten 1. Mai des dritten Jahrtausends zurück, so überwiegt ein unangenehmes Gefühl. Gewiss sah man vielerorts Veranstaltungen, die an die früheren, dem Wohl der Arbeiter gewidmeten Maifeiern erinnerten. Auch kirchliche Feste gab es, mit Maibaum und Maikönigin.

Überschattet aber wurden diese friedsamen Ansammlungen von Demonstrationen linker und rechter Extremisten; von Kundgebungen, die erlaubt worden waren, und von solchen, die man verboten hatte.

Unerträglich ist, dass in Berlin ein rechtsradikaler Aufmarsch – im unausgesprochenen Gedenken an den Hitlerschen »Tag der Nationalen Arbeit« – stattfinden durfte, während eine von dem linken »Revolutionären 1. Mai-Bündnis« geplante Demonstration verboten wurde. Gemeinsam hätten Politik und Justiz Wege finden müssen, um beides zu untersagen. Denn natürlich rotteten sich auch die Linken trotz Verbots zusammen, mit den üblichen Ergebnissen.

Bonn ist nicht Weimar, hieß es viele Jahre lang. Auch das vereinte Deutschland ist anders, als es das Reich in den 1920er-Jahren war. Aber es gibt eingefleischte Feinde dieses Staates. Sorglosigkeit ist nicht gestattet. (WELT AM SONNTAG v. 6. Mai 2001)

Der Terroranschlag auf die USA, seine zweite Heimat, am 11. September 2001 erschütterte Ernst Cramer natürlich. In einer ersten Reaktion formulierte der 88-Jährige unmissverständlich, was er von seinen deutschen Landsleuten nun erwartete:

Nach den schrecklichen Terrorszenen von vorgestern gibt es für die ganze gesittete Welt nur eine Antwort: Was auch geschieht, wir stehen unverbrüchlich an der Seite Amerikas. Das gilt für alle Freunde der Vereinigten Staaten, aber ganz besonders für Deutschland, dessen wirtschaftlicher Aufstieg nach dem Krieg, dessen Neuaufnahme in den Kreis demokratischer Länder und schließlich dessen Wiedervereinigung ohne amerikanische Hilfe nicht möglich gewesen wären. (BILD v. 13. September 2001)

In den folgenden Jahren, in denen sich Ernst Cramer weiter publizistisch äußerte, konzentrierte sich die Aufmerksamkeit stärker auf seine Person und sein Lebenswerk, was kein Wunder war, denn Cramer konnte noch seinen 90. und 95. Geburtstag feiern und war angesichts seiner jahrzehntelangen Arbeit in und für nationale wie internationale Institutionen ein angesehener Akteur. Zu seinem 90. Geburtstag, wie er selbst schrieb: »methusalemischen Geburtstag« am 28. Januar 2003 erhielt Ernst Cramer die höchsten nur denkbaren Glückwünsche. US-Präsident George W. Bush schrieb einen persönlichen Brief und nannte ihn »ein motivierendes Vorbild«. Cramer habe »für die demokratischen Werte und das internationale Verständnis gekämpft«.

Bundespräsident Johannes Rau lobte den Jubilar als »Mann der Erinnerung und der Versöhnung« und umriss die drei Schwerpunkte, die sein Leben geprägt hatten: »die Einheit Deutschlands, die nirgendwo so schmerzlich vermisst wurde wie in Berlin, der Stadt, in der Ernst Cramer seit über 30 Jahren lebt und arbeitet – wenn er nicht in New York, Hamburg oder in Israel ist.« Zweitens die »deutsch-amerikanische und die transatlantische Partnerschaft. Wie nur wenige andere setzte sich Ernst Cramer, der nach seiner Emigration aus Hitler-Deutschland selbst US-Bürger geworden und als Mitglied der US-Army in seine deutsche Heimat zurückgekehrt war, für die Hinwendung Deutschlands zum Westen und für die deutsch-amerikanische Freundschaft ein. Er tat das besonders auch in Zeiten, in denen diese Freundschaft nicht selbstverständlich erschien«. Schließlich die »Aussöhnung zwischen Deutschland und Israel, zwischen Juden und Christen – vielleicht der wichtigste und der prägendste Schwerpunkt im Wirken Ernst Cramers. Wer Jüngeren etwas über das Verhältnis zwischen Juden und Christen in Deutschland nahebringen will, der muss historische Erfahrung und Erinnerung vermitteln«. Der Bundespräsident zitierte eine prägnante Formulierung Cramers: »Die Zahl von sechs Millionen Toten ist für jeden Menschen unfassbar, unbegreiflich, nicht nachvollziehbar, auch für mich. Wenn ich aber an meine Mutter, meinen Vater, meinen Bruder denke, weiß ich genau, wovon ich rede.«

Altbundeskanzler Helmut Kohl hielt die Laudatio auf Cramer, einen »herausragenden Journalisten, der die Publizistik der Bundesrepublik Deutschland fast ein halbes Jahrhundert lang wesentlich mit geprägt und mit gestaltet« habe: »Ernst Cramer ist ein Mann, der Vertrauen schafft, weil er Vertrauen verdient. Er ist ein Mann, der großartig schreiben und sprechen kann, der aber – was für einen Journalisten wie auch für

Ernst Cramer mit 90 Jahren in seinem Büro, 2003

Ernst Cramer mit seiner Tochter Claire (2. v. re.) zu Besuch bei Bundespräsident Johannes Rau und Ehefrau Christina, 2003

einen Politiker gleichermaßen bedeutsam ist – auch zuhören kann. Er ist ein Mann der leisen Töne. Er ist ein nachdenklicher Mann, einer, der die Dinge auch vom Ende her betrachtet.«

Klaus Schütz, der frühere Regierende Bürgermeister von West-Berlin und nachmalige Botschafter der Bundesrepublik in Israel, nannte Cramer einen »Mahner wider das Vergessen«. Denn Gedenken sei eben nicht allein rückwärtsorientiert: »Allein deshalb schon dürfen wir nicht vergessen – nicht nur der Opfer wegen, sondern gerade um der Generationen willen, die nach uns kommen. Das heißt: ›Das Gedenken an die Nachfahren verbietet uns, das Gedenken an die Vorfahren auszublenden.‹« Schütz fügte eine persönliche Facette hinzu: »Bleibt noch zu sagen, dass Freundschaft bei Ernst Cramer einen ganz besonderen Rang hat. Ich muss gestehen, dass ich noch heute stolz an den Moment zurückdenke, an dem er mir das Du angeboten hat. Wir waren schon vorher vertraut. Wegen unserer Sorge um die Zukunft Israels. Zum anderen, weil wir beide entschlossen sind, alles zu tun, damit der Antisemitismus nie wieder in Deutschland eine Rolle spielen wird. Und wir waren uns immer darin einig, dass Deutschland fest im Westen verankert sein muss, an der Seite unserer amerikanischen Freunde.«

Cramer dankte für die Ehrungen in der für ihn typischen Art – augenzwinkernd:

Wie das bei Geburtstags-Laudationes, besonders für Jubelgreise, üblich ist, habe ich heute in den Reden über mich manche Übertreibung entdeckt. Eigentlich müsste ich darüber erröten oder zumindest abwinken und alles auf das richtige Maß zurückstutzen. Aber ich gebe zu: Ich habe diese Elogen mit Vergnügen gehört, darüber aber nicht vergessen, was die Wirklichkeit ist. Und ich verspreche, auch in Zukunft mit Gottes Hilfe auf dem Teppich der Tatsachen zu bleiben und weder übermütig zu werden noch auszuflippen.

In maximaler Verkürzung zog der Journalist Cramer dann zum Abschluss seines Dankes eine Bilanz der Entwicklung Deutschlands seit 1945 und kam zu dem Ergebnis:

In Deutschland sind die Begriffe Einigkeit und Recht und Freiheit heute unbestritten und bilden eine unauflösbare Ganzheit. Politischer Radikalismus, gleich welcher Färbung, hat keine Chance mehr. Ich habe nicht umsonst gelebt.
(WELT v. 1. Februar 2003)

Sehr wichtig blieb Cramer seine Heimatstadt. Deshalb war es eine besondere Freude für ihn, als er am 15. Oktober 2003 die höchste Auszeichnung erhielt, die Augsburg vergeben kann: die Ehrenbürgerwürde. Die Zeremonie im Goldenen Saal des Rathauses nutzte er für eine nachdenkliche Rede:

Am liebsten würde ich ganz einfach »Danke« sagen. Denn in diesem Wort, das eng verwandt ist mit Denken und Gedenken, ist unausgesprochen alles enthalten, was ich sagen möchte und sagen kann.

Trotzdem werde ich diesen Dank nicht nur aussprechen und erläutern, sondern ihm auch ein Gedenken anfügen: ein »Memento Mortuorum« hauptsächlich, ein Erinnern an ganz bestimmte Tote, das mich ebenso bei all meinem Tun begleitet hat wie das »Memento mori«, das Wissen um die Vergänglichkeit unseres Seins.

Ehrenbürger der Stadt Augsburg! Das ist etwas ganz Besonderes.

Die Römer nannten das civitate donatus, ein »mit der Bürgerschaft Beschenkter«. In meinem Fall müsste es wohl redonatus, »Wiederbeschenkter«, heißen. Der deutsche Bürger, der in der Demokratie das Rückgrat des Staates bildet, ist mehr oder weniger ein Produkt der alten Reichsstädte. Gerade hier in Augsburg, das vor über 2000 Jahren von den Römern als Heerlager gegründet wurde, hat das Bürgertum eine alte feste Tradition.

Rückschauend frage ich mich: Habe ich eigentlich genug für diese Stadt getan, in der mir die Grundsätze beigebracht wurden, die mein Leben bestimmt haben?

Er erinnerte an jene Augsburger, die entrechtet, verfolgt und zum Teil ermordet wurden. Oder die sich, um dem Mord zu entgehen, selbst das Leben nahmen:

Das waren Deutsche, deren Vorfahren über Generationen hier gelebt hatten und die in dieser Stadt nicht nur zu Hause waren, sondern sich zu ihr wie zu allem Deutschen überhaupt – selbstverständlich bekannten. »Die Geschichte Augsburgs war unsere Geschichte, die Größe dieser Stadt war unsere Größe«, habe ich als geborener Augsburger dazu vor Jahren einmal gesagt. In ihrer großen Mehrheit waren vor 1933 die deutschen Juden treue und loyale Bürger dieses Landes und liebten ihre Heimat.

Der neue Ehrenbürger gab seiner wiedergewonnenen Heimat seine Lebensziele mit auf ihren weiteren Weg:

Der Stadt Augsburg, die jetzt ganz auch wieder meine Stadt ist, wünsche ich eine glückliche Zukunft in einem in jeder Hinsicht gesunden, fest in Europa eingebundenen und ebenso fest mit den USA verknüpften Deutschland.
(WELT v. 16. Oktober 2003)

Vor der bei Nachgeborenen oft zu findenden Bereitschaft, frühere Generationen pauschal zu verdammen, warnte Cramer. In einem Text genau 100 Jahre nach der Geburt des dritten Bundeskanzlers Kurt Georg Kiesinger (1904–1988), der 1933 in die NSDAP eingetreten war, schrieb er:

Dieser Geburtstag regt an, erneut über die Anfangsjahre der wiedererstandenen Demokratie in Deutschland nachzudenken; die Frage zu ergründen, ob der Aufbau des Landes – wirtschaftlich ebenso wie moralisch – ohne die Mitwirkung derer überhaupt möglich gewesen wäre, die in der einen oder anderen Weise mehr oder weniger mit dem System verquickt waren, das Deutschland in die größte Katastrophe seiner Geschichte geführt und dabei Millionen Menschen umgebracht hatte.

Dann schilderte Cramer eine Begebenheit, die er selbst erlebt hatte, obwohl er von sich selbst dabei in der dritten Person sprach:

Es war am 8. Mai 1945, dem Tag der deutschen Kapitulation, dem endgültigen Ende des Tausendjährigen Reiches. Die Städte lagen in Trümmern, die Menschen waren verwirrt. Es gab so gut wie keine Züge, keine Zeitungen, keine Post und vielerorts auch keine Elektrizität und kein fließendes Wasser. Die Besatzungsbehörden hatten die Macht und die Verantwortung übernommen.
In einer süddeutschen Großstadt fand sich just an diesem Tage ein ehemaliger jüdischer Bürger dieses Ortes als US-Sergeant wieder. Er wurde vom Militärgouverneur der Stadt, einem Oberst, gebeten, sich die Namen der Kandidaten anzusehen, die zur Mitwirkung am Wiederaufbau der Stadt ausgesucht worden waren.
Der Soldat stutzte, als er in der Liste einen Mann entdeckte, der sich schon in der Spätzeit der Weimarer Republik als hinterlistiger Antisemit hervorgetan hatte und später ein lauter nationalistischer Bramarbas geworden war. »Aber er war kein Mitglied der Nazi-Partei«, meinte der verdutzte Oberst. »Um Nazi zu sein«, war die Antwort des Sergeanten, »brauchte man nicht in die Partei einzutreten.«
Er schlug dann als geeigneten Kandidaten einen bekannten Anwalt vor. Aus Begeisterung war dieser zwar der NSDAP schon 1928 beigetreten, hatte sich aber nach dem Röhm-Putsch 1934 enttäuscht zurückgezogen und viele angebliche Parteigegner vor Gericht verteidigt. »Den können wir unmöglich nehmen«, entschied der Oberst, »schließlich war er ein Mitglied der NSDAP.« Wenige Jahre später war dieser Mann einer der führenden Köpfe der kommunalen Verwaltung.
Ähnlich war es überall in Deutschland. Unter den vielen Frauen und Männern, die am Wiederaufbau mitwirkten, waren nicht wenige, die auch während der nationalsozialistischen Zeit öffentlich tätig waren oder irgendwelchen Parteiorganisationen nahegestanden hatten. Die meisten von ihnen haben sich dann als Demokraten bewährt.

Cramer erklärte, warum Differenzierung beim Urteilen über frühere Generationen ebenso nötig war wie die Bereitschaft, ihre Leistungen zumindest ergebnisoffen zu prüfen:

Neben den Leichtgläubigen, die trotz ihrer Verstrickungen mit dem nationalsozialistischen Gewaltsystem irgendwie anständig geblieben waren, gab es natürlich in den Jahren der Nazi-Diktatur auch viele solcher, die alles bedenkenlos mitgemacht hatten und sich dann 1945 in eine künstliche Amnesie flüchteten. Nicht zufällig waren in den Spruchkammerentscheidungen vor 50 Jahren sowohl die absolut Guten als auch die absolut Bösen rar. Die größte Gruppe bildeten die »Mitläufer«, ohne die Hitler und seine Gesellen ihre Verbrechen nicht hätten begehen können.

Aber als die Herrschaft des Schreckens vorbei war, als es darum ging, so weit wie möglich wieder gut zu machen, da hat sich dieses Volk bewährt. Der Aufbau nach dem Krieg, die Grundlage unserer nationalen Existenz, war eine Gemeinschaftsarbeit. Ohne die Mitwirkung der verschiedenen Kiesingers in allen Schichten der Gesellschaft wäre das nicht möglich gewesen. (WELT v. 6. April 2004)

Doch neben Rückblicken beobachtete Cramer weiter die ganz aktuelle Politik und warnte, wo es ihm nötig erschien. Als am 19. September 2004 bei den Landtagswahlen in Brandenburg und Sachsen extreme Parteien starke Gewinne erzielten und die Demokraten in die Zange nahmen, kommentierte er:

Die Wahlen am Sonntag haben gezeigt, dass viele an diesen Freiheiten nicht interessiert sind, besonders nicht an der Freiheit der Andersdenkenden. Parteien, die sich der Demokratie bedienen, die ihr aber nicht dienen, haben in Brandenburg 35 von insgesamt 88 und in Sachsen 43 von insgesamt 124 Sitzen erobert. Wieder einmal sind sich Rechte (NPD und DVU) und Linke (PDS) einig in ihrer Feindschaft gegen den bestehenden Staat. Das Ergebnis, dass in beiden Bundesländern mehr als ein Drittel der Wähler für Parteien stimmten, die – links oder rechts – den heutigen demokratischen Parlamentarismus bekämpfen, wird noch erschreckender, wenn man erkennt, dass sowohl in Brandenburg als auch in Sachsen besonders Jungwähler zu den Fahnen der antidemokratischen Parteien liefen: fast 40 Prozent in beiden Ländern.

Dazu kommt noch etwas anderes: Die Zahl der Nichtwähler beläuft sich in beiden Ländern auf über 40 Prozent. Es fällt schwer, nicht daran zu erinnern, dass es zwischen 1931 und 1933 fast ausschließlich den Kommunisten und den Nationalsozialisten gelang, viele der früheren Nichtwähler für sich zu rekrutieren.
(WELT v. 22. September 2004)

Genau 60 Jahre nach der Befreiung des Konzentrations- und Vernichtungslagers Auschwitz hielt Ernst Cramer am 27. Januar 2005 vor dem Landtag von Thüringen in Erfurt die Ansprache zum offiziellen Tag des Gedenkens an die Opfer des Nationalsozialismus:

Ich bin glücklich, heute in der Hauptstadt des Landes Thüringen, also im grünen Herzen des wiedervereinigten Deutschlands, reden zu dürfen, erinnern zu dürfen an die Befreiung von Auschwitz vor 60 Jahren. Solches Gedenken dient nicht nur der Erinnerung, der Ehrung der Toten, wenn es so etwas überhaupt gibt, sondern soll uns auch wappnen für das Heute und das Morgen. Das Wissen, was war und, vielleicht auch, wie es dazu kam, stärkt auch für die Zukunft. Das ist nötig, denn die Zeit fließt schnell.

Nur ein kleiner Prozentsatz der heute Anwesenden hat die Jahre des Nationalsozialismus noch mitbekommen. Das Wissen um diese Vergangenheit darf aber nicht vergessen werden. Ich denke gleichzeitig an die vielen anderen Opfer, natürlich auch an die deutschen, die im Laufe des 20. Jahrhunderts umgekommen sind, umgebracht wurden, in dem Jahrhundert, in dem mehr Menschen von anderen Menschen getötet worden waren als in der gesamten Geschichte vorher. Opfer sind Opfer, gleich, wer die Täter gewesen sein mögen. Vor allen Toten und Geschädigten verneige ich mich in Demut.

Cramer ließ die Abgeordneten und Gäste teilhaben an seiner eigenen Ratlosigkeit und illustrierte sie mit einem Erlebnis aus seiner eigenen Tätigkeit als Zeitzeuge in Schulen:

Wie es dazu kam, wie es dazu kommen konnte, dass gerade im aufgeklärten deutschen Volke die Moral völlig außer Kraft gesetzt werden und brutalstes Verbrechertum sich austoben konnte, ja wie unbescholtene, einfache Männer, etwa Polizeibeamte, über Nacht zu Verbrechern, zu Unholden werden konnten, darüber wurde schon intensiv nachgedacht, und dennoch gibt es dafür keine Erklärung. Für Mord gibt es keine auch nur irgendwie annehmbare Begründung.

Bei einem Gespräch in einem Gymnasium fragte mich vor einiger Zeit eine ernsthafte und verstörte Schülerin: »Mein Großvater war Freiwilliger bei der Waffen-SS. Meine Großmutter gestand mir einmal, auch er habe Juden umgebracht. Ich kannte meinen Opa als gutmütigen alten Mann. Ich kann mir ihn als Mörder einfach nicht denken. Können Sie mir das erläutern?« Ich konnte nicht, denn ich kann mir nicht vorstellen, wie man, in unserer aufgeklärten Kultur aufgewachsen, Menschen umbringen kann.

Gleichzeitig vermied er jede falsche Selbstgewissheit und jeden Moralismus:

Dabei muss ich einschieben, was ich aus gegebenem Anlass schon öfter geäußert habe: Ich weiß nicht, wie ich mich verhalten hätte, wenn ich auf der anderen Seite gestanden hätte, das heißt, wenn ich nicht Jude, sondern nichtjüdischer Deutscher gewesen wäre. In diesem Zusammenhang sagte ich immer, ich hoffte, dass ich mich anständig – also normal – verhalten hätte und nicht zum Verbrecher geworden wäre;

aber gewiss weiß ich es nicht. Und gewiss wissen es auch diejenigen aus den jüngeren Generationen nicht, die so oft vorschnell und dünkelhaft ihre Großväter verurteilen.

Abschließend erklärte er, warum die Erinnerung an die NS-Verbrechen auch sechs Jahrzehnte später noch wichtig war:

Der Holocaust, im Hebräischen die Shoah, dieser bösartige Genozid, dessen unzweideutiges Symbol Auschwitz geworden ist, gilt als die größte Katastrophe, welche die Juden je erleiden mussten. Das war schlimmer als die Zerstörung des Tempels durch die Römer; schlimmer als die Bluttaten zu Beginn der Kreuzzüge; und schlimmer als die Vertreibungen aus Spanien im Zusammenhang mit der Inquisition.
Was aber bedeutet der Holocaust für die Deutschen? Der Zivilisationsbruch, den die Nazis vollführten und an dem viele Deutsche in den verschiedensten Formen mitwirkten, war die größte Katastrophe in der deutschen Geschichte. So tief war Deutschland vorher noch nie gesunken.
Ohne Opfer und Täter zu verwechseln oder gar gleichzusetzen, kann man also sagen: Die größte Heimsuchung in der Geschichte der Juden war also auch – spiegel- und deshalb schicksalsverkehrt – das größte Desaster in der Geschichte der Deutschen. Ich weiß, wovon ich spreche, denn als deutscher Jude gehöre ich zu beiden Gruppen. Hoffentlich ziehen wir alle aus dieser Erkenntnis die richtigen Lehren.
(WELT v. 27. Januar 2005)

Genau ein Jahr später, am 27. Januar 2006, sprach Ernst Cramer im Bundestag in Berlin zum Holocaust-Gedenktag. Diese Einladung war für ihn besonders wichtig, schon wegen des Ortes, an den sie ihn führte:

Niemand von Ihnen kann auch nur im Entferntesten ermessen, was es für mich bedeutet, hier zu stehen. Das von Paul Wallot vor 120 Jahren errichtete Reichstagsgebäude war für mich, den im Kaiserreich Geborenen und in der Weimarer Republik Aufgewachsenen, in meinen jungen Jahren so eine Art Tempel der Nation, ein Dom der Demokratie, ein Garant der Aufklärung. In diesem Palast glaubte ich Freiheit, Liberalität, Toleranz, Menschenwürde und wahres Deutschtum fest verankert.
Ich war betroffen, als sich in diesem Haus in den Tagen von Weimar Reichstagsabgeordnete der extremen Rechten und der äußersten Linken darin überboten, die deutsche Republik schlechtzumachen. Ich war entsetzt, als dieser ehrwürdige Bau am 27. Februar 1933 von Gegnern eben jenes Weimarer Staates in Brand gesetzt wurde, was andere Feinde der ersten deutschen Republik für ihre eigenen, üblen Zwecke nutzten. All das war ein böses Omen. […]
Heute nun, ein biblisches Menschenalter später, stehe ich hier im Reichstag, stehe vor den hohen Organen des nochmals erstandenen und wiedervereinten, freien Deutsch-

lands und darf an die Untaten erinnern, die zwischen 1933 und 1945 von Deutschen begangen wurden. Mit Ihnen allen gemeinsam darf ich um die vielen Millionen Opfer trauern, die von Deutschen oder auf deutschen Befehl umgebracht wurden. Dass diese totale Veränderung möglich wurde, dass Deutschland als freier, freiheitlicher und zutiefst verantwortungsbewusster Staat noch einmal erstehen konnte [...] dafür danke ich allen Beteiligten.

Cramer zitierte Gabriel Riesser, den ersten jüdischen Richter in Deutschland und Abgeordneten der Nationalversammlung in der Frankfurter Paulskirche 1848 / 49: »Wer mir den Anspruch auf mein deutsches Vaterland bestreitet, der bestreitet mir das Recht auf meine Gedanken, meine Gefühle, auf die Sprache, die ich rede, auf die Luft, die ich atme« und stellte anschließend fest: »Obwohl es immer wieder auch antisemitische Auswüchse gab, fühlte ich mich nicht nur als Deutscher, ich war Deutscher, wie alle meine Schulkameraden und anderen Mitbürger neben mir.« Ernst Cramer ging kurz auf seine Biografie ein, auf seine Zeit in Buchenwald 1938 und auf die Rückkehr dorthin im April 1945, dann kam er auf die Rolle der Kirchen im Nationalsozialismus zu sprechen:

Am meisten hat mich in jener Zeit das weitgehende Verstummen der christlichen Kirchen bestürzt. Indem ich das feststelle, verbeuge ich mich in großer Dankbarkeit vor den wenigen leuchtenden Ausnahmeerscheinungen. [...] Ich fragte mich damals und ich frage Sie heute: Wo blieb in der Zeit zwischen 1933 und 1945 die christliche Liebe zu den Juden, Sinti und Roma und vielen anderen? Wie nötig wäre damals eine Enzyklika über die Liebe gewesen, von der wir in diesen Tagen in den Zeitungen lesen konnten!

Die Kirchen also bewährten sich damals in diesem so wichtigen Punkt ebenso wenig wie der Großteil der deutschen Bevölkerung, und das trotz der vorbildlichen Haltung Einzelner. Dieses allgemeine Versagen der Deutschen ist unverständlich im Hinblick auf das, was sich vor den Augen jedes Einzelnen abspielte. Gewiss, nur eine Minderheit konnte wissen, was in den Vernichtungslagern wirklich geschah. Das wurde bewusst geheim gehalten. Aber jeder konnte sehen, was zu Hause ablief. Man sah, wie Behinderte schikaniert wurden, wie man Homosexuelle misshandelte oder Roma und Sinti entrechtete. Man sah ganz besonders, wie man den Juden zuerst die Lebensmöglichkeit nahm, dann ihre Gotteshäuser schändete, sie später vertrieb, abholte und in eine ungewisse Zukunft verschickte. All das konnte man sehen. Doch allzu viele haben einfach weggeschaut.

Dann wechselte der Redner in die Gegenwart, lobte das einige Monate zuvor eingeweihte Berliner Holocaust-Mahnmal und verwies auf das Wachstum jüdischer Gemeinden in der Bundesrepublik. Es sei ein »großes Zeichen des Vertrauens«, aber kein Grund, Wachsamkeit schwinden zu lassen:

> In Deutschland leben also wieder Juden. Leider gibt es – nicht deshalb, sondern völlig unabhängig davon – auch hier wie in anderen Teilen Europas wieder Antisemitismus. Dieser ist da, auch wenn sich Judenfeindschaft heute weitgehend versteckt oder als Kritik an Israel tarnt, wobei man manchmal die sinnwidrige These hören kann, die Israelis seien die Nazis von heute.
> Auch der Antiamerikanismus ist dem Antisemitismus recht oft sehr nahe. In leichter Abänderung einer hitlerschen These hört man oft, die Juden hätten in den USA zu viel Einfluss, sie bestimmten vor allem hauptsächlich wegen Israel die amerikanische Außenpolitik. All das ist Humbug, aber es wird geglaubt.
> Neonazis sind in diesem Lande wieder aktiv. Dabei handelt es sich nicht um alte Parteigenossen von früher (die sind tot), sondern weitgehend um junge Menschen, bei denen die bekannten alten Vorwürfe und Vorurteile wieder einen Saatboden finden.

Seine knapp 40-minütige Ansprache beendete Ernst Cramer mit der Bitte um gemeinsames schweigendes Gedenken.

> Anstelle einer Beifallsbekundung werde ich Sie um eine Minute des dem Angedenken gewidmeten Schweigens bitten: zunächst zum Gedenken an die sechs Millionen getöteten Juden, zu denen auch meine Eltern gehörten, an die ermordeten Sinti und Roma und an alle Opfer des Nationalsozialismus, aber darüber hinaus an alle, die im 20. Jahrhundert irgendwo auf der Erde wegen ihres Glaubens, ihrer Rasse, ihrer Abstammung, ihres Geschlechts oder auch völlig grundlos ermordet wurden. Auf diese Weise, durch gemeinsames Schweigen, ehren wir sie alle. (NL Cramer)

Auch mit deutlich mehr als 90 Jahren kam Ernst Cramer an fast jedem Wochentag in sein Büro im 18. Stock des Verlagshochhauses. Er leitete weiterhin die Axel Springer Stiftung und entschied sehr bewusst, welche Förderanträge er dem Vorstand zur Bewilligung vorlegte. So finanzierte die Stiftung Projekte zur Entwicklung des transatlantischen Bündnisses, wozu die Unterstützung der wissenschaftlichen Arbeit des Leo-Baeck-Institutes oder der »Hans Wallenberg Vortragsreihe« des Aspen Institutes in Berlin gehörte. Das Thema Völkerverständigung fand Cramer beim Peres Center for Peace in Israel, das gemeinschaftliche arabisch-israelische Projekte förderte, und bei der Gorbachev Foundation in Moskau gut aufgehoben. Dissidenten aus der einstigen Sowjetunion behielt Cramer ebenfalls im Blick. So erhielt die Andrej-Sacharow-Akademie in Köln ebenso eine Zuwendung wie zuvor Lew Kopelew für sein »Wuppertaler Projekt« an der Bergischen Universität oder die Familie des Schriftstellers Wladimir Maximow.

Außerdem schrieb Cramer regelmäßig, im Schnitt alle zwei Wochen, auf den Meinungsseiten von »WELT«, »WELT AM SONNTAG« und »BILD«. Längst erhielt er, traditionell im Dezember eines Jahres, »ein symbolisches Honorar« – 1 DM, später dann 1 Euro – für seine journalistische Tätigkeit und die Beratung der Chefredaktion von »WELT AM SONNTAG« der zurückliegenden zwölf Monate. Die letzte Zahlung erfolgte im Dezember 2009, verbunden mit den Wünschen für »besinnliche und entspannte Weihnachtstage und ein gesundes Jahr 2010«. Wenige Wochen später, am 19. Januar 2010, starb Ernst Cramer mit fast 97 Jahren. Seinen 100. Geburtstag hätte er gern erlebt, wie er dem Vorstandsvorsitzenden der Axel Springer SE, Mathias Döpfner, einmal anvertraut hatte, allerdings mit der Einschränkung: »Aber Mathias, Sie wissen schon, in meinem Alter kann es jederzeit zu Ende sein.«

Sein Themenspektrum als 90-Jähriger war noch immer fast so weit wie 45 Jahre zuvor als stellvertretender Chefredakteur der »WELT«: Israel und der Nahe Osten, die deutsch-amerikanischen Beziehungen, der Umgang mit der NS-Zeit in der Bundesrepublik und aktuelle Fragen der Politik wie der Skandal um Korruption in der EU-Kommission, der zu Cramers Missfallen vom zuständigen Gericht nicht geahndet wurde, oder den Wandel Russlands zu einer Autokratie.

Viele seiner Texte erinnerten an herausragende Gestalten der deutsch-jüdischen Geschichte, etwa an Gabriel Riesser, Walter Rathenau und Leo Baeck, an große Journalisten wie Hans Zehrer, Hans Habe oder Hans Wallenberg, dazu immer wieder an Axel Springer. Hinzu kamen Nachrufe, etwa auf Jerusalems langjährigen Bürgermeister Teddy Kollek, auf Russlands ersten postsowjetischen Präsident Boris Jelzin oder auf den langjährigen »FAZ«-Journalisten Friedrich Karl Fromme.

Am 28. Januar 2008 konnte Ernst Cramer seinen 95. Geburtstag begehen. Die Glückwünsche waren so zahlreich, dass er zu Standard-Antworten greifen musste, denen er allerdings oft handschriftlich einige Bemerkungen anfügte. Kollegen und Freunde gratulierten, Weggefährten aus fast allen Phasen seines Lebens, Minister, Kommunalpolitiker und Vertreter von Organisationen.

Bundestagspräsident Norbert Lammert erinnerte an Cramers Ansprache im Bundestag: »Es ist gerade zwei Jahre her, dass Sie in unserem Haus am Tag des Gedenkens an die Opfer des Nationalsozialismus eine beeindruckende Rede gehalten haben. Was Sie damals sagten, hat jeden im Plenarsaal zutiefst berührt. Auch nach diesem zeitlichen Abstand klingen Ihre bemerkenswerten Worte nach.« Cramer antwortete: »Das war – ich wiederhole das gern – einer der Höhepunkte meines Daseins. Das heutige Parlament bedeutet für mich die Garantie, dass Deutschland eine demokratische Zukunft haben wird, dass sich der Irrweg des Nationalsozialismus nicht wiederholen kann. Weil das damals eine der Sternstunden meines Lebens war, danke ich nochmals für die ungewöhnliche Gelegenheit, welche mir am 27. Januar 2006 geboten wurde.«

Bundeskanzlerin Angela Merkel nannte »Menschlichkeit, Idealismus und Toleranz« die prägenden Grundhaltungen in Cramers Lebensweg. Seine Biografie sei das beeindruckende Zeugnis eines Menschen, der Versöhnung und Integrität beispielhaft gelebt habe. »Mit Ihrer politischen Vision von Aussöhnung und Frieden in Freiheit haben Sie in allen wichtigen Funktionen, die Sie im Hause Axel Springer innehatten und haben, bedeutende Denkanstöße für Politik und Gesellschaft gegeben.«

Cramer stimmte Merkel in ihrer Einschätzung zu, dass der Begriff Aussöhnung für ihn wichtig sei, machte aber eine Einschränkung:

> Zugeben muss ich allerdings, dass das nicht immer so war. Als mich die Nazis zwangen, Deutschland zu verlassen, habe ich anders gedacht; und auch wieder, als ich gewahr nehmen musste, dass meine Mutter, mein Vater und mein jüngerer Bruder umgebracht worden waren. Damals kam Hass hoch, der sich glücklicherweise bald in Verachtung wandelte. Heute weiß ich, dass nur eine Welt, in der sich die Menschen versöhnen, eine Zukunft haben wird. Nicht von ungefähr heißt der höchste jüdische Feiertag »Versöhnungstag«. (NL Cramer)

Mehr als bei allen Ehrungen, die Cramer bescheiden akzeptierte und sichtlich genoss, blühte der 95-Jährige bei Begegnungen mit jungen Menschen auf. Immer wieder nahm er sich Zeit für Gespräche mit Volontären des Axel Springer Verlags. Die Axel Springer Stiftung förderte auf seinen Vorschlag hin das von US-Botschafter William Timken und seiner Frau angeschobene Projekt »Windows of America«, das Jugendlichen aus Migrantenfamilien in Deutschland, hauptsächlich mit islamischem Hintergrund, eine Studienreise nach Amerika ermöglichte. Beim Empfang in der Berliner US-Botschaft sagte Cramer: »Eine unserer wichtigsten Aufgaben ist es, Menschen mit unterschiedlichem Hintergrund zusammenzubringen.« Und an die Jugendlichen gewandt: »Nach 1945 öffneten hauptsächlich die Amerikaner den Deutschen ihre Herzen. Gebt Euren Freunden Eure Eindrücke von dieser Reise weiter. Ihr seid jetzt die Botschafter der USA in Deutschland.«

Trotz seines Alters reiste Ernst Cramer im Mai 2008 nach Washington D. C. Anlass war der Studienabschluss seiner Enkelin Nicole an der Georgetown University. Der 95-Jährige erfüllte bei dieser Gelegenheit die Bitte seiner Nichte in Houston, Texas. Die Schulklasse der zehnjährigen Hannah Plantowsky, Enkelin der Nichte, arbeitete gerade an einem Projekt zum Holocaust – und Ernst Cramer kam vorbei, um den Kindern aus seinem Leben zu erzählen. Seine Verwandten in Houston kümmerten sich rührend um Cramer. Vor der Abreise erhielt er einen Fragebogen »uncles like's & dislikes« zu seinen Essensgewohnheiten. Eier zum Frühstück waren nicht sein Fall, Fisch wünschte er »lieber nicht«. Ansonsten äußerte er keine besonderen Vorlieben oder Abneigungen, außer natürlich: »kein Schwein«. Äpfel als Abendsnack fand er wunderbar. Die abschließende Frage: »Additional comments (i. e. avoid spicy)« beantworte Cramer knapp: »no comments«.

Sein Auftritt in der Schule hinterließ großen Eindruck. Jeder Schüler schrieb einen

Brief an Cramer, um sich zu bedanken. Cramer antwortete am 16. Juli 2008 jedem, mit einem Standardtext, aber individuellem handschriftlichem Zusatz. Einen Jungen, der geschrieben hatte, er habe sich gefühlt, als sei er »dabei gewesen«, mahnte er, er solle froh sein, nicht dabei gewesen zu sein. Bei einem anderen bedankte er sich für dessen Grüße an Cramers Frau. Tragisch daran: Nur zwei Tage nach der Antwort starb Marianne Cramer im Alter von 92 Jahren.

Der Brief einer Schülerin stach aus der Sammlung heraus – das empfand auch Ernst Cramer so, denn er antwortete Talya Morris einen Tag nach den anderen und mit einem eigenen Text. Offenkundig hatte das Mädchen ihn berührt. Die Fünftklässlerin schrieb:

> Sehr geehrter Herr Cramer,
> ich danke für Ihren Besuch in der fünften Klasse. Ich weiß, dass es schwierig ist, über Ihre Erfahrungen im Zweiten Weltkrieg zu sprechen. Hannah und ich haben ein Referat über den Holocaust gehalten, und es war schwer zu verstehen, warum das alles passiert ist. Mir ist besonders aufgefallen, dass Sie geschafft haben, das Land, das Sie als Heimat bezeichnet haben, zu verlassen und dann bei der Armee gegen dieses Land zu kämpfen. Meine Frage ist: Warum sind Sie zurückgegangen? Meine Adresse steht oben rechts in der Ecke.
> Vielleicht kann ich noch ein wenig mehr von Ihrer Zeit beanspruchen. Ich habe ein Gedicht beigefügt über das, was ich über den Holocaust weiß.
> Mit freundlichen Grüßen, Talya Morris

Ihr Gedicht trug die Überschrift »Wenn der Hass außer Kontrolle gerät« und lautete:

> Warum sind so viele Menschen gestorben?
> Warum hat Hitler Juden gehasst?
> Warum haben die Leute auf ihn gehört?
> Warum hat es niemanden gekümmert?
> Was hat er versucht zu erreichen?
> Was haben wir falsch gemacht?
> Was hätte passieren können, wenn Hitler gewonnen hätte?
> Wie konnten die Menschen so blind für das sein, was passierte?
> Wie konnte Hitler das tun?
> Wie konnte er Leben wegwerfen?
> Was hat er sich dabei gedacht?
> Warum ist der Hass außer Kontrolle geraten?
> Alle diese Fragen sind auch heute noch unbeantwortet, aber die Wichtigste ist:
> Wird es wieder passieren?

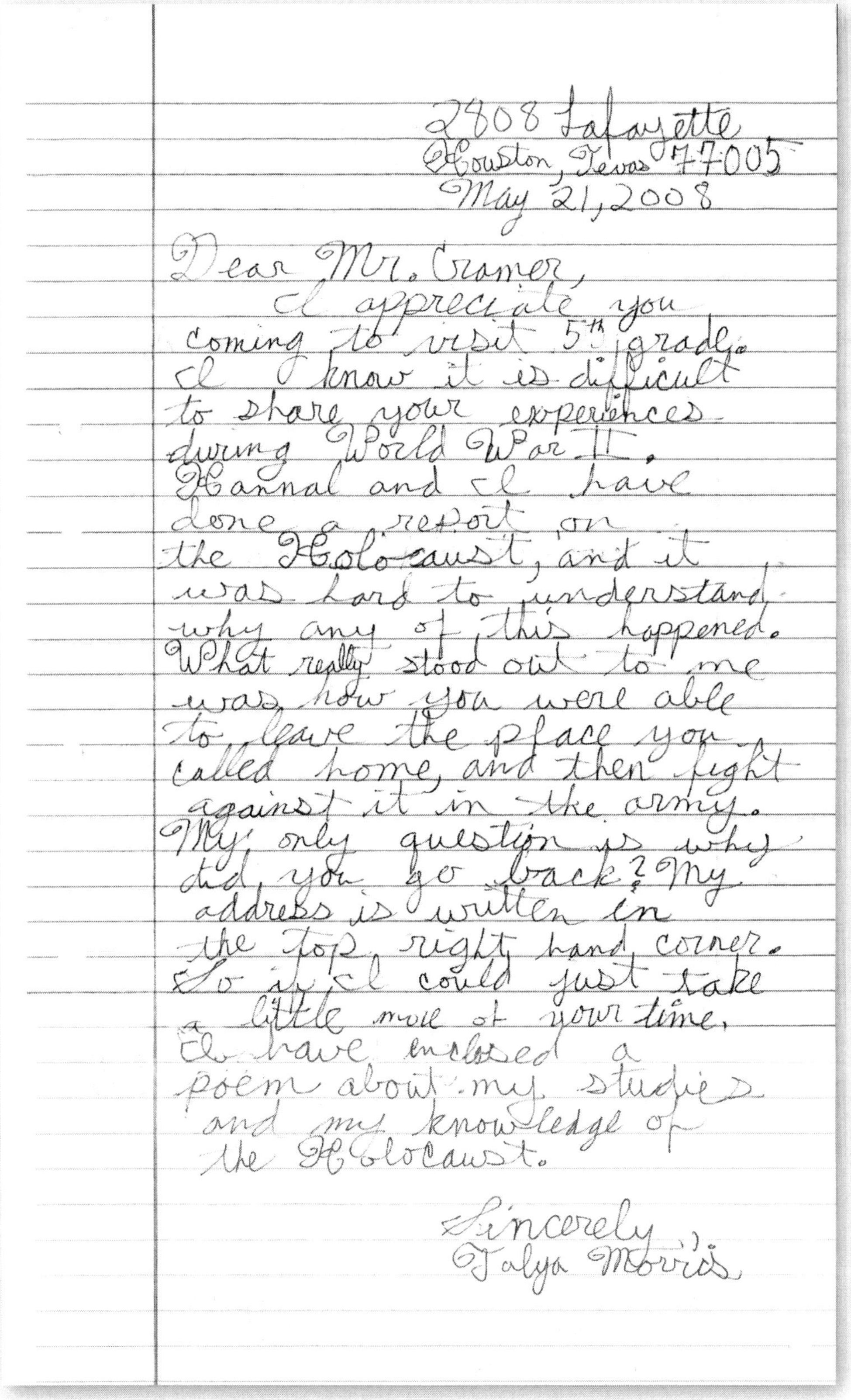

2808 Lafayette
Houston, Texas 77005
May 21, 2008

Dear Mr. Cramer,
I appreciate you coming to visit 5th grade. I know it is difficult to share your experiences during World War II. Hannah and I have done a report on the Holocaust, and it was hard to understand why any of this happened. What really stood out to me was how you were able to leave the place you called home, and then fight against it in the army. My only question is why did you go back? My address is written in the top right hand corner. So if I could just take a little more of your time, I have enclosed a poem about my studies and my knowledge of the Holocaust.

Sincerely,
Talya Morris

Der Originalbrief von Talya Morris an Ernst Cramer, 2008

Ernst Cramers Antwort zeugte von großer Zuneigung:

Liebe Talya,
danke für Deinen lieben Brief. Es war mir eine Freude, einige meiner Erfahrungen mit Deiner Klasse zu teilen. Und die Fragen haben gezeigt, dass die meisten Schüler verstanden haben. Du stellst eine Frage, die ich im Laufe der Jahre mir selbst, Freunden und auch Kritikern immer wieder beantworten musste. Zuerst wollte ich der amerikanischen Militärregierung Deutschlands einfach nur helfen, nicht die vielen schweren Fehler zu wiederholen, die nach dem Ersten Weltkrieg gemacht wurden. Später wurde es dann persönlich.
Adolf Hitler und seine Anhänger wollten, dass Deutschland (und möglicherweise ganz Europa) »judenfrei« (ohne Juden) wird. Ich und der gesunde Menschenverstand waren anderer Meinung. Hitler wollte auch mich aus Deutschland hinauswerfen. Ich wollte nicht, dass er seinen Willen bekommt und entgegen seinen Wünschen, die er sogar in seinem Testament niedergelegt hat, bin ich nach Deutschland zurückgekehrt. Heute leben wieder mehr als 200.000 Juden in Deutschland. Das ist Hitlers posthume und letzte und größte Niederlage.
Mit Interesse habe ich auch Dein »Gedicht« gelesen, das ja aus einer Reihe sehr relevanter Fragen besteht. Wenn ich das nächste Mal nach Houston komme, müssen Du und Hannah mir diese Fragen stellen. Ein paar Antworten habe ich für Euch. Aber Du hast recht: Die meisten dieser Fragen werden niemals beantwortet werden.
Nochmals vielen Dank für deine Worte, mit freundlichen Grüßen
Ernst Cramer

Handschriftlich setzte er hinzu:

und: Es wird <u>nicht</u> und nirgendwo wieder passieren.

Mehr als elf Jahre später kann sich Talya Morris noch deutlich an Cramers Besuch erinnern, was sie selbst, wie sie schreibt, »schockiert«. So sei ihr noch immer unbegreiflich, »dass Herr Cramer in der Lage war, auf eine Art und Weise über seine Erfahrungen von einem so traumatischen Ereignis zu sprechen, dass es für einen Fünftklässler zu verstehen« ist. Die heute 23-Jährige weiß, dass Cramer anderthalb Jahre nach dem Besuch verstarb, doch sie habe nie daran gezweifelt, dass »seine Lektionen, Weisheiten und Erinnerungen noch über Generationen weitergegeben werden«.

Noch immer findet Talya Morris es genauso bewundernswert, dass Ernst Cramer sich die Zeit nahm, einem Kind mit minimalem Verständnis für das, was er durchgemacht hatte, zu antworten. Ein Erlebnis, das nicht nur eindrücklich, sondern auch nachhaltig war:

ERNST CRAMER
IM HAUSE
AXEL SPRINGER

10888 BERLIN
AXEL-SPRINGER-STRASSE 65

TELEFON (030) 25 91-7 22 03
TELEFAX (030) 25 91-7 22 02

July 17, 2008
ec-bs

Dear Talya,

Thank you for your nice letter. It was a pleasure to share some of my experiences with your class. And the queries showed that most students understood.

You ask a question which I had to answer many times over the years, to myself, to friends and to critics. At first I simply wanted to help the American Military Government of Germany, not to repeat the many serious mistakes that were made after World War I. Later it became personal.

Adolf Hitler and his followers wanted Germany (and possibly all of Europe) to be "judenfrei" (without any Jews). I and common sense were of a different opinion. Hitler wanted also me out of Germany. I did not want for him to have his will thereon, and contrary to his wishes, which he even layed down in his testament, I returned to Germany. Today more than 200.000 Jews live in Germany again. This is Hitler's posthumous and final and greatest defeat.

With interest I also read your "poem", which actually is a set of very pertinent questions. Next time I come to Houston, you and Hannah will have to pose them to me. I'll give you some answers. But you are right, most of them will never be answered.

Thank you again for your words,

kind regards

Ernst Cramer

and: it will not and nowhere happen again.

Talya Morris
2808 Lafayette
Houston, Texas 77005
USA

Cramers Antwort an Talya Morris, 2008

Herrn Cramers Worte, wonach im Leben manchmal schlimme Dinge ohne Grund passieren, haben mich in mehrfacher Hinsicht geprägt, nicht nur in Bezug auf die grausame Zeit des Holocaust. Ich arbeite derzeit für eine gemeinnützige Organisation, den New Israel Fund, der sich für die Förderung von Demokratie und Allianzen zwischen Israelis und Arabern in Israel, im Westjordanland und im Gazastreifen einsetzt. Ich arbeite mit daran, Israel zu einem Staat zu machen, dessen Politik nachdrücklich die jüdischen Werte repräsentiert – Akzeptanz und Freundlichkeit als goldene Regel. Wahrscheinlich hätte ich mich nie für Israel und seine Politik interessiert, wenn ich nicht solche Erfahrungen wie mit Herrn Cramer gemacht hätte. […] Dass ich Herrn Cramer kennengelernt habe, war sowohl für mich persönlich als auch für meine Berufswahl eine Lektion von unschätzbarem Wert.
(Mails Talya Morris v. 20. September und 18. Oktober 2019)

Ernst Cramer im Gespräch mit Mathias Döpfner, 2003

»ICH GEHÖRE HIERHIN«

Ernst Cramer im Gespräch mit Mathias Döpfner (Januar 2003)

Ernst Cramer: Ich bin etwas, was es eigentlich gar nicht geben kann. Ich bin deutscher Jude, auch wenn es die Nazis nicht wollten. Aber ich bin mit gleicher Selbstverständlichkeit auch Amerikaner.

Mathias Döpfner: Das nenne ich journalistischen Instinkt, dass Sie mir schon eine Antwort auf die erste Frage gegeben haben, die ich stellen wollte, nämlich, ob Sie sich eher als Amerikaner oder eher als Deutscher fühlen?

Cramer: Für mich ist es eine Einheit. Ich weiß, diese Einheit gibt es nicht, aber in meiner Person ist diese Einheit trotzdem richtig.

Döpfner: Haben Sie sowohl die amerikanische als auch die deutsche Staatsbürgerschaft?

Cramer: Ich habe beide Staatsbürgerschaften. Die deutsche wurde mir genommen, aber ich habe sie wieder zurückbekommen. Und da ich nie aufgehört habe, mich als Deutscher zu fühlen, war das für mich nur selbstverständlich … Ich habe sie allerdings erst beantragt, nachdem ich keine Exekutivfunktionen mehr innehatte. Ich wollte nicht, dass mir irgendeiner vorwerfen könnte, ich möchte die Bürgerschaft zurückhaben, nur weil mir das mein Berufsleben erleichtert.

Döpfner: Aus welcher Zeit datieren Ihre schönsten Erinnerungen an Deutschland – sind es eher jüngere Erinnerungen oder sind es Erinnerungen aus der Kindheit?

Cramer: Die meisten aus der Jugendzeit. Aber es gibt keine Erinnerung, die die Freude am Tag nach der Öffnung der Mauer übersteigen könnte – keine – so schön, wichtig und interessant es früher war.

Döpfner: Der 9. November 1989 war Ihr glücklichster Tag?

Cramer: Ja! Es war ein deutsches Erlebnis, das ich selbst nicht mit geschaffen habe …

Döpfner: … aber doch lange dafür gearbeitet haben …

Cramer: … dem ich vollen Herzens zugestrebt bin. Es ist das in meinem Gedächtnis prominenteste Erinnerungsereignis in Deutschland. Der Fall der Mauer. Menschen, die über die Mauer gestiegen sind. Ich muss zugeben, mit Tränen in den Augen stand ich dabei.

Döpfner: Wie kann ein Mensch so patriotisch über Deutschland denken und fühlen, der so schreckliche Erlebnisse in Deutschland gehabt hat?

Cramer: Ich kann nur von mir selber reden. Das eine hat bei mir mit dem anderen überhaupt nichts zu tun. Würde ich anders denken, hätten die Nazis Recht behalten.

Döpfner: Heute Patriot sein zu können, ist für Sie auch ein Triumph über die Nazis?

Cramer: Natürlich.

Döpfner: Hatten Sie eine glückliche Kindheit in Augsburg?

Cramer: Ja. Ich hatte herrliche Eltern. Sie sind beide umgebracht worden. Ich hatte einen jüngeren Bruder, der auch ermordet wurde. Ich war ein fauler Schüler und habe nur das gelernt, was mich interessiert hat – und das war nicht immer das, was die Lehrer wollten. Ich bin Schwimmen gegangen, bin Skilaufen gefahren mit meiner Mutter. Ich habe eine wunderbare Kindheit gehabt, die Kindheit einer deutsch-jüdischen Familie, wie man sie damals als selbstverständlich erlebt hat.

Döpfner: Spielte die jüdische Tradition, die jüdische Kultur oder die jüdische Religion in Ihrer Familie eine große Rolle?

Cramer: Nein, sie war als Selbstverständlichkeit da, aber sie war nicht dominierend.

Döpfner: Wann haben Sie zum ersten Mal den Rassismus der Nazis am eigenen Leib erlebt und gespürt?

Cramer: Ich habe es erlebt – und ich hätte daraus sogar meine Konsequenzen ziehen müssen – im Fasching 1933. Da war ich beim Skilaufen in Oberstaufen, wie jedes Jahr;

ich bin in Oberstaufen seit Kindesbeinen Ski gelaufen. Es war auf einer Faschingsfeier. Abends um elf Uhr kamen plötzlich drei Jungens, von denen ich mit zweien am selben Tag beim Skilaufen gewesen war, zu mir und haben gesagt: »Ernstle, wir sind Nationalsozialisten, wir müssen dich 'nausschmeißen.« Dann sagte ich: »Gut, aber freiwillig gehe ich nicht.« Dann haben sie mich halb rausgetragen. Und der eine sagte noch: »Aber morgen früh treffen wir uns wieder zum Skilaufen.« Hätte er das nicht gesagt, hätte ich mir vielleicht gesagt: »Mensch, da ist ein Schlusspunkt.«

Döpfner: Können Sie heute überhaupt über das sprechen, was Sie danach erlebt haben, die Zeit im Konzentrationslager, über die Dinge, die Ihnen zugefügt wurden? Oder ist das etwas, was Sie verdrängen müssen?

Cramer: Nein, ich will nicht verdrängen. Man fragt sich natürlich immer, warum lässt der liebe Gott einen so alt werden? Und für mich ist eine Antwort: Damit ich Rechenschaft gebe über das, was war, und nicht verdränge und vergessen lasse. Rechenschaft auch mir gegenüber, immer wieder, denn ich frage mich natürlich sehr oft: »Ist das, was du getan hast, auch nach dem Krieg, ist das richtig?« Wenn Sie jetzt gleich fragen: »War es richtig?«, würde ich sagen: »Ja!« Ich glaube, dass ich den für mich richtigen Weg gegangen bin, habe überhaupt nicht an irgendeinen anderen gedacht.

Döpfner: Was war für Sie subjektiv, nicht im Sinne eines historischen Datums, aber vom persönlichen Empfinden und Erleben her der dunkelste Moment in dieser dunklen Zeit in Deutschland?

Cramer: Als ich Anfang Mai 1945 als amerikanischer Soldat nach Augsburg zurückkam und feststellte, dass meine Eltern tatsächlich weggebracht worden sind; damals schon habe ich befürchtet, dass sie tot sind.

Döpfner: Haben Sie Deutschland als ein homogenes Land von Nazis erlebt?

Cramer: Die große Mehrheit der Bevölkerung war 1933 angetan von dem, was geschah. Angetan heißt überhaupt nicht, dass die Mehrheit etwa dafür war, alle Juden umzubringen. Das ist es nicht. Aber es gab eine Riesenbegeisterung. Und es war eine lähmende Angst, die von Anfang an nicht nur über den Verfolgten, sondern auch über den anderen hing. Ich hatte, obwohl ich damals ein junger Spund war, immer unterschieden zwischen dem, was ich das wahre Deutschland nannte, und dem, was um mich herum passierte. Das ist vielleicht auch ein Grund, weshalb ich viel zu spät ausgewandert bin, denn ich habe mir gesagt, dass, was da jetzt geschieht, das ist alles …

Döpfner: … nur ein Betriebsunfall? Es wird schon wieder besser?

Cramer: Ja, ich dachte, es wird sich schon wieder geben. 1935 arbeitete ich bei Schocken; dort wurde mir eine Möglichkeit eröffnet, nach Südafrika auszuwandern. Nicht nur auszuwandern, sondern dort einen Job zu kriegen. Etwas Besseres, Schöneres kann man sich als Flüchtling gar nicht vorstellen. Aber ich dachte: »Ich gehöre hierhin, ich bleibe hier.« Wäre ich damals ausgewandert, hätte ich höchstwahrscheinlich meine Eltern und meinen Bruder nachkommen lassen können, und sie hätten überlebt.

Döpfner: Was hat Sie veranlasst, aus Amerika als Soldat nach Deutschland zu gehen?

Cramer: Am Tag nach Pearl Harbor habe ich mich freiwillig zur amerikanischen Armee gemeldet. Das heißt, das stimmt natürlich technisch nicht ganz, denn als Nichtbürger, der ich damals war, konnte ich mich gar nicht freiwillig melden. Alle altersmäßig richtigen Menschen wurden in einem Musterungsamt registriert, und da wurde ich ziemlich weit nach hinten geschoben, weil ich Landwirtschaft studiert habe. Ich schrieb der Einberufungsbehörde am Tag nach Pearl Harbor: »Ich möchte jetzt – am nächsten Tag kam ja die deutsche Kriegserklärung – dabei sein.« Das war für mich selbstverständlich mitzuhelfen, dass in meinem Geburtsland der Freiheit wieder eine Gasse freigemacht wurde.

Döpfner: Sie waren dann in der amerikanischen Armee?

Cramer: Richtig, aber ich gehöre nicht zu den Helden. D-Day war der 6. Juni 1944, ich kam zwei Tage später an die Nordküste Frankreichs. Da war es immer noch nicht freundlich, Krieg ist nie freundlich. Wir kamen an Land, und es gab einen entsetzlichen doppelten Lärm. Erstens einmal Schießerei von alliierter Seite, von den Schiffen, und dann von deutscher Seite, ein unaufhörliches, schreckliches Getöse. Und da war etwas noch viel Lauteres. Es war ein Milchland. Die Kühe waren drei Tage nicht gemolken worden, und ehe wir uns auch noch einen Schützengraben graben konnten, ein Zelt aufbauen oder sonst etwas Ähnliches, kam die Frage, »Kann einer von Euch Kühe melken?« Da ich das gelernt hatte, meldete ich mich: »Yes, Sir«. Und für die ersten 24 Stunden meiner Befreiungstätigkeit habe ich die Kühe von den Schmerzen befreit, die sie haben, wenn sie nicht rechtzeitig gemolken werden.

Döpfner: Wie lange waren Sie 1938 in Buchenwald?

Cramer: Sechs lange Wochen; aber dennoch – es waren nur sechs Wochen. Andere waren jahrelang dort. Als amerikanischer Soldat kam ich übrigens noch einmal nach Buchenwald, quasi als Befreier. Nachdem die ersten amerikanischen Truppen dort angekommen waren, fragte mich mein damaliger Chef, ein Oberst: »Ernie, morgen fahre ich nach Buchenwald. Sie waren früher mal dort. Wollen Sie mitkommen?« Ich antwortete mit einem knappen: »Ja.« Übrigens war kurz vor diesem Gespräch die Frage an mich gerichtet worden, ob ich nach dem Ende des Krieges bei der geplanten Militärregierung in Deutschland arbeiten wollte. Da ich mein Studium endlich beenden wollte, hatte ich da etwas gezaudert.

Das Konzentrationslager Buchenwald wieder zu sehen, war furchtbar. Was ich damals vorfand, war viel entsetzlicher als alles, was ich selbst sieben Jahre vorher erlebt hatte. Nach dem Besuch in dem Lager ging es in unser damaliges Quartier in Eisenach zurück. Ich fuhr den Jeep, weil unser Fahrer von dem Gesehenen einen unstillbaren Weinkrampf erlitten hatte. Der neben mir sitzende Oberst meinte während der Fahrt: »Ernie, nachdem ich das gesehen habe, kann ich verstehen, dass Sie in Deutschland nichts mehr zu tun haben wollen.« Meine Antwort aber war: »Colonel, ich muss Sie überraschen. Heute habe ich beschlossen, das Angebot, in der Militärregierung zu arbeiten, anzunehmen.«

Und ich erklärte, wie ich im Jahr '38 im Dezember aus dem KZ entlassen und morgens in aller Frühe in einen Personenzug bugsiert wurde. Der Zug war voll mit Arbeitern, die zur Schicht fuhren. Und wie wir da reinstiegen, wir waren zu dritt, fragte einer, »Kommt ihr aus dem KZ?«. Dann ein anderer, »Halt's Maul«. Nichts mehr wurde gesprochen, nur das. Als ich in Halle ausstieg, rief ich meine Mutter an und erfuhr, dass mein Vater im KZ Dachau war. Als ich ausstieg, fand ich in meiner Tasche ein Stück Butterbrot, eingewickelt, und eine Reichsmark. Das große Erlebnis. Dann kam ich in Breslau an und musste auf die Toilette. Ich ging dorthin, glatzköpfig, verdreckt usw. Wie ich reinkomme, stand da eine Klosettfrau und fragt: »Sind Sie ein Jid?« Da fürchtete ich: »Mensch, also hier darf man auch nicht« und antwortet: »Ja.« Daraufhin rief die Wärterin ganz laut, obwohl Dutzende von Leuten da waren: »Dann dürfen Sie heute umsonst 'rin.« Das erzählte ich dem Colonel und ergänzte: »Es gibt auch solche Leute in Deutschland, und ich möchte solchen Leuten helfen.«

Schweigendes Gedenken für die Opfer des 20. Jahrhunderts: Ernst Cramer am Schluss seiner Rede im Bundestag am 27. Januar 2006. Die Rede als Video unter: axelspringer.com/de/ernst-cramer

DANK

Ernst Cramer hat uns tief beeindruckt. Einige Jahre lang hatten wir – wie vor uns andere Journalisten des Axel Springer Verlags – das Privileg, regelmäßig mit ihm zusammenarbeiten und von ihm lernen zu können. Deshalb waren wir sehr erfreut, als Ernst Piper uns vorschlug, in Abstimmung mit Andreas Heusler (Stadtarchiv München), Ursula Eymold (Stadtmuseum München) und Alexander Strathern (Allitera Verlag) im Rahmen der Reihe »Münchner Beiträge zur Migrationsgeschichte« einen Band über den Remigranten Ernst Cramer zu publizieren. Friede Springer, Mathias Döpfner und Edda Fels haben die Idee aufgegriffen und ihre Realisierung ermöglicht. Claire C. Jebsen und Tom Cramer, die Kinder Ernst Cramers, unterstützten das Projekt, ohne zu zögern, und überließen uns private Unterlagen.

Annalena und Leonore Piper waren bei den Recherchen und der Vorbereitung des Bandes unverzichtbar. Peter Ortgies, David Adolph und ihre Kollegen bei AS Syndication haben wichtige Unterstützung geleistet, Franziska von Haaren half bei der Korrektur. Wir danken Erik Lindner von der Axel Springer Stiftung, der uns mit Material und gutem Rat unterstützte, ebenso den Mitarbeiterinnen und Mitarbeitern des Hauptstaatsarchivs München und der Arolson Archives Bad Arolsen. Rainer Laabs trug aus einem schier unerschöpflichen Gedächtnis wichtige Facetten bei. Bärbel Kesternich danken wir für ausführliche Gespräche über ihren langjährigen Chef. Juliane Berndt beriet uns und gab Hinweise auf manches Fundstück, das uns sonst entgangen wäre. Susanne Netzer steuerte Informationen aus der Zeit ihres Vaters bei der »Neuen Zeitung« bei. Talya Morris schließlich teilte ihre Erinnerungen mit uns. Dem Team des Allitera Verlags danken wir für die stets konstruktive Betreuung des Projekts.

BILDNACHWEIS

S. 158: Unternehmensarchiv Axel Springer SE (2)
S. 165: Unternehmensarchiv Axel Springer SE (2)
S. 177: NL Cramer
S. 179: NL Cramer
S. 182: Unternehmensarchiv Axel Springer SE
S. 188/189: Unternehmensarchiv Axel Springer SE
S. 196: Martin U.K. Lengemann

QUELLEN UND LITERATUR

UNGEDRUCKTE QUELLEN

Archiv des Bundesbeauftragten für die Stasiunterlagen Berlin:

BStU MfS ZA ZAIG 10040.

Arolsen Archives (International Center on Nazi Persecution) Bad Arolsen:

Unterlagen zu Martin Cramer, Clara Cramer, Ernst Cramer und Erwin Cramer.

AS Syndication Berlin:

Artikelsammlung Ernst Cramer.

Axel Springer Stiftung Berlin:

Vorstandsakten.

Bayerisches Hauptstaatsarchiv München

Bestand OMGB: 10/066-1/040; 10/071-1/008; 10/084-1/076; 10/084-2/007; 10/084-2/029; 10/085-1/002; 10/089-2/002; 10/089-2/003; 10/116-2/016; 10/116-3/006; 10/117-1/003; 10/117-1/006; 10/117-2/004; 10/117-2/016; 10/124-1/004; 10/124-1/006; 10/124-1/025; 10/124-2/001; 10/124-2/013; 10/124-2/014; 10/124-2-2/001; 10/124-3/003; 10/124-3/009; 10/125-1/004; 10/125-1/006; 10/125-2/017; 10/126-1/018; 13/110-1/021.

Leo-Baeck-Institute New York:

Ernst J. Cramer Collection.

Unternehmensarchiv Axel Springer SE Berlin:

Nachlass Ernst Cramer.

Rundbriefe an die alten Groß Breesener (1936–2005).

GEDRUCKTE QUELLEN

BILD (1952–2019).

Cramer, Ernst: Erfahrungen. Einsichten. Zeugnisse. Berlin 1992.

Ders.: Germany and the Jews at the turn of the millennium. The Leo Baeck Memorial Lecture 43. New York 2000.

Ders.: »Ich habe es erlebt«. Berlin 2008.

DIE WELT (1946–2019).

Habe, Hans: Our love affair with Germany. New York 1953.

Ders.: Im Jahre Null. Ein Beitrag zur Geschichte der deutschen Presse. München 1966.

Ders.: Ich stelle mich. Meine Lebensgeschichte. Wien – München – Basel 1954.

Ders.: Erfahrungen. Olten – Ascona 1973.

Ders.: Leben für den Journalismus. 4 Bde. München 1976.

Hertle, Hans-Hermann / Elsner, Kathrin (Hrsg.): Der Tag, an dem die Mauer fiel. Die wichtigsten Zeitzeugen berichten vom 9. November. Berlin 2. Aufl. 2009.

Heym, Stefan: Nachruf. München 1988.

History, Publicity and Psychological Warfare 12th Army Group January 1943 – August 1945. Washington D. C. o. J.

Kolbenhoff, Walter: Schellingstraße 48. Erfahrungen mit Deutschland. Frankfurt am Main 1984.

Netzer, Hans-Joachim: Die Neue Zeitung. In: Deutsche Rundschau 89 (1963), H. 10, S. 37–46.

Neue Zeitung (1945–1954).

WELT AM SONNTAG (1948–2019).

Wolff, Arthur: Damit es nicht vergessen wird. Ein Bericht in zwei Teilen. Mit einem Beitrag von Ernst Cramer. o. O. 1991 (Privatdruck).

LITERATUR

Arnim, Till von: »Und dann werde ich das größte Zeitungshaus Europas bauen«. Der Unternehmer Axel Springer. Frankfurt am Main 2012.

Backhaus, Fritz / Dmitrij Belkin / Gross, Raphael (Hrsg.): Bild dir dein Volk. Axel Springer und die Juden. Göttingen 2012.

Balfour, Michael: Vier-Mächte-Kontrolle in Deutschland 1945 / 46. Düsseldorf 1959.

Barden, Simone: Hans Habe. Journalist ohne Heimat – »Lehrmeister der Deutschen«, Diplomarbeit Katholische Universität Eichstätt. Eichstätt 2000.

Benz, Wolfgang: Von der Besatzungsherrschaft zur Bundesrepublik. Stationen einer Staatsgründung 1945–1949. Frankfurt am Main 1984.

Biller, Marita: Exilstationen. Eine empirische Untersuchung zur Emigration und Remigration deutschsprachiger Journalisten und Publizisten. Münster – Hamburg 1994.

Bungenstab, Karl-Ernst: Umerziehung zur Demokratie? Reeducation-Politik im Bildungswesen der US-Zone 1945–49. Düsseldorf 1970.

Döpfner, Mathias (Hrsg.): Axel Springer – Neue Blicke auf den Verleger. Eine Edition aktueller Autorenbeiträge und eigener Texte. Berlin 2005.

Ders. (Hrsg.): »Berlin ist das Herz Europas, ich kenne kein anderes«. Axel Springer und seine Stadt. Berlin 2015.

Eddy, Beverley Driver: Camp Sharpe's »Psycho Boys«. From Gettysburg to Germany. Bennington (Vermont) 2014.

Eschenburg, Theodor: Jahre der Besatzung 1945–1949. Stuttgart – Wiesbaden 1983.

Fischer, Heinz-Dietrich: Reeducation- und Pressepolitik. Die Zonenzeitung »Die Welt« 1946–1950. Konzeption, Artikulation und Rezeption. Düsseldorf 1978.

Frei, Norbert: Amerikanische Lizenzpolitik und deutsche Pressetradition. Die Geschichte der Nachkriegszeitung Südost-Kurier. München 1986.

Gienow-Hecht, Jessica C. E.: Art is democracy and democracy is art: Culture, propaganda, and the Neue Zeitung in Germany. In: Diplomatic History 23 (1999), S. 21–43.

Dies.: Transmission impossible. American Journalism as Cultural Diplomacy in Postwar Germany, 1945 bis 1955. Baton Rouge 1999.

Gimbel, John: Amerikanische Besatzungspolitik in Deutschland 1945–1949. Frankfurt a. M. 1968.

Hurwitz, Harold: Die Stunde Null der deutschen Presse. Die amerikanische Pressepolitik in Deutschland 1945–1949. Köln 1972.

Jacobi, Claus: Der Verleger Axel Springer. Eine Biografie aus der Nähe. München 2005.

Kim, Kyong-Kum: Die Neue Zeitung im Dienste der Reeducation für die deutsche Bevölkerung 1945 – 1946. Phil. Diss. Ludwig-Maximilians-Universität München. München 1974.

Knödler, Torsten (Hrsg.): Augsburger Lebenswege. Augsburg 2006.

Koszyk, Kurt: Pressepolitik für Deutsche 1945–1949. Berlin 1986.

Krohn, Claus-Dieter / Schildt, Axel (Hrsg.): Zwischen den Stühlen? Remigranten und Remigration in der deutschen Medienöffentlichkeit der Nachkriegszeit. Hamburg 2002.

Kruip, Gudrun: Das »Welt«-»Bild« des Axel-Springer-Verlags. Journalismus zwischen westlichen Werten und deutschen Denktraditionen. München 1999.

Laurien, Ingrid: Politisch-kulturelle Zeitschriften in den Westzonen 1945–1949. Ein Beitrag zur politischen Kultur der Nachkriegszeit. Frankfurt a. M. – Berlin – New York – Paris 1991.

Mettler, Barbara: Demokratisierung und Kalter Krieg. Zur amerikanischen Informations- und Rundfunkpolitik in Westdeutschland 1945–1949. Berlin 1975.

Schoeller, Wilfried F. (Hrsg.): Diese merkwürdige Zeit. Leben nach der Stunde Null. Ein Textbuch aus der »Neuen Zeitung«. Frankfurt am Main 2005.

Schwarz, Hans-Peter: Axel Springer. Die Biografie. Berlin 2008.

Staadt, Jochen / Voigt, Tobias / Wolle, Stefan: Feind-Bild Springer. Ein Verlag und seine Gegner. Göttingen 2009.

Stern, Susan (Hrsg.): Speaking out. Jewish voices from united German. Chicago – Berlin – Tokio – Moskau 1995.

Weisz, Christoph (Hrsg.): OMGUS-Handbuch. Die amerikanische Militärregierung in Deutschland 1945–1949. München 1994.

Wuerstlein, Georg: Zur Problematik der deutschen Presse nach 1945. Phil. Diss. Friedrich-Alexander-Universität Erlangen-Nürnberg. Erlangen 1971.

LEBENSDATEN

1913	Am 28. Januar in Augsburg als Sohn von Martin und Clara Cramer, geb. Berberich, geboren
1930	Nach Volksschule und Realgymnasium, das er aufgrund der Wirtschaftskrise vorzeitig verlassen muss, beginnt er eine kaufmännische Lehre im Kaufhaus „Brüder Landauer"
1933	Mitbegründer des nichtzionistischen Bundes Deutsch-Jüdischer Jugend (BDJJ)
1934/35	Tätigkeit im Kaufhaus Schocken in Augsburg und Nürnberg
1937–1939	Praktikant und „Hausvater" auf dem landwirtschaftlichen Lehrgut für jüdische Auswanderer Groß Breesen in Schlesien
1938	Nach dem Novemberpogrom sechs Wochen Haft im KZ Buchenwald
1939	Emigration über Holland und England in die USA. Auch seine Schwester Helene kann noch aus Deutschland flüchten
1939–1941	In den USA Arbeit auf Farm in Virginia; Studium am Mississippi State College
1942	Februar: Eintritt in die US Army
1942	Im April werden die Eltern und sein Bruder Erwin deportiert und ermordet
1944	Landung in der Normandie. Cramer erhält den Bronze Star und das Croix de Guerre.
1945–1954	Mitglied der US-Behörden in Deutschland, Dienstorte Würzburg, München und Frankfurt am Main
1948	Heirat mit Marianne Untermayer; der Ehe entstammen Zwillinge
1948–1954	Stellvertretender Chefredakteur der „Neuen Zeitung" in München, später in Frankfurt am Main
1954–1958	Mitarbeiter der Nachrichtenagentur UP (United Press) in Frankfurt am Main

1958	Eintritt in den Axel Springer Verlag, zunächst als stellvertretender Chefredakteur der Zeitung »DIE WELT«
1964–1966	Vorsitz der Geschäftsführenden Redaktion »DIE WELT«
1966	Beauftragter für elektronische Medien des Axel Springer Verlages
1969–1971	Leiter des Verlegerbüros
1971–1985	Geschäftsführer der Axel Springer Gesellschaft für Publizistik KG
1973	Mitglied des Vorstands der Axel Springer Stiftung
1979	Bundesverdienstkreuz I. Klasse
1981–1995	Mitherausgeber bzw. Herausgeber der »WELT AM SONNTAG«
1981–2010	Vorsitzender des Vorstands der Axel Springer Stiftung
1985	Einer der Testamentsvollstrecker Axel Springers
1987	Bayerischer Verdienstorden
1988–1999	Stellvertretender Vorsitzender des Aufsichtsrats der Axel Springer Verlag AG
1988	Professor e. h. der Stadt Berlin; Honorary Fellow der Bar Ilan Universität, Israel; Großes Bundesverdienstkreuz
1994	Ehrendoktor der Bar Ilan Universität, Israel
1999	Leo-Baeck-Medaille des Leo Baeck Instituts, New York
2001	Großes Bundesverdienstkreuz mit Stern und Schulterband
2003	Ehrenbürger der Stadt Augsburg
2004	Heinz-Galinski-Preis der Jüdischen Gemeinde Berlin
2006	Rede im Bundestag zur Holocaust-Gedenkstunde
2008	Verdienstorden der Stadt Berlin
2010	Am 19. Januar stirbt Ernst Cramer in Berlin

28. Januar 1913 – 19. Januar 2010

ÜBER DIE HERAUSGEBER

Lars-Broder Keil, geboren 1963 in Bad Dürrenberg, hat Journalistik und Zeitungsgeschichte in Leipzig studiert. Seit 1989 als Journalist, seit 1994 für Axel Springer tätig, leitet er seit 2019 das Unternehmensarchiv des Medienhauses. Er beschäftigt sich seit Jahren mit zeit- und mediengeschichtlichen sowie literaturhistorischen Themen. Er hat zahlreiche Bücher zur deutschen Geschichte im 20. Jahrhundert veröffentlicht, davon sechs gemeinsam mit Sven Felix Kellerhoff.

Sven Felix Kellerhoff, geboren 1971 in Stuttgart hat Geschichte und Alte Geschichte vorwiegend an der Freien Universität Berlin studiert. Seit 1993 als Journalist, seit 1997 für Axel Springer tätig, verantwortet er seit 2003 bei der »WELT«-Gruppe die Themen Zeit- und Kulturgeschichte. Er hat zahlreiche Bücher zur deutschen Geschichte im 20. Jahrhundert veröffentlicht, vor allem zur NS-Zeit und zur DDR, davon sechs gemeinsam mit Lars-Broder Keil.

MÜNCHNER BEITRÄGE
ZUR MIGRATIONSGESCHICHTE

Herausgegeben von Ursula Eymold, Andreas Heusler und Ernst Piper

Band 1

Andreas Heusler, Ursula Eymold (Hg.):

MIGRATION BEWEGT DIE STADT

Perspektiven wechseln

Gerade der urbane Raum mit seiner sozialen und kulturellen Vielfalt ist ohne die Phänomene Mobilität, Fluktuation und Zuwanderung nicht vorstellbar. Die Herausgeber Ursula Eymold (Münchner Stadtmuseum) und Andreas Heusler (Stadtarchiv München) wollen mit dem vorliegenden Ausstellungskatalog sichtbar machen: Migration muss als selbstverständlicher Bestandteil von Stadtgeschichte und als prägende Kraft urbaner Realität im Wandel der Zeiten definiert werden.

252 S., Hardcover, ISBN 978-3-96233-060-6

Band 2

Philipp Zölls:

REGIEREN DER MIGRATION

Von Einwanderungsprozessen und staatlichen Regulierungsproblemen

Schon 1972 verkündete der damalige Oberbürgermeister Hans-Jochen Vogel: »München ist […] eine Einwandererstadt.« Mit dieser Einschätzung war er seiner Zeit weit voraus und stand im Widerspruch zur Bundesregierung, die daran festhielt, dass die BRD genau dies nicht sei. Wie kam es zu dieser unterschiedlichen Einschätzung? Welche Konsequenzen wurden daraus gezogen?

Philip Zölls untersucht einen Teil der westdeutschen Einwanderungsgeschichte, die bis heute nicht abgeschlossen ist. Er beleuchtet die unterschiedlichen Migrationskonzeptionen am Beispiel verschiedener Formen des »Regierens der Migration«. Dabei beschränkt sich seine Analyse nicht allein auf die Untersuchung staatlicher Politik, sondern bezieht Migrant_innen als Akteur_innen der Geschichte mit in die Analyse ein. Dabei wird deutlich, dass Politik häufig nur eine Reaktion auf migrantische Forderungen darstellte.

228 S., Paperback, ISBN 978-3-96233-061-3

Band 4

Vivien Marquart, Clara Sterzinger-Killermann (Hg.):

ZWEI KUGELN SÜSS-SAUER MIT SCHARF!

Münchens migrantisch geprägte Gastronomie

München bietet eine große Auswahl an internationalen Restaurants, Cafés und Imbissen. Vorreiter des vielfältigen Angebots weltweiter Speisen und Restaurants sind meist Migrantinnen und Migranten. Sie bringen verschiedenste Esskulturen nach München und passen sie dem hiesigen Geschmack an. Diese gastronomischen Betriebe tragen wesentlich zur Entwicklung einer neuen Urbanität in München bei.

Der Sammelband gibt Einblicke in die verschiedenen Aspekte migrantisch geprägter Gastronomie in München unter Berücksichtigung unterschiedlicher zeitlicher als auch räumlicher Blickpunkte. Neben einer theoretischen Einführung werden mit italienischer, türkischer, griechischer und jugoslawischer Gastronomie die am stärksten vertretenen Akteurinnen und Akteure der Migration in München repräsentiert. Aber auch die Bedeutung gastronomischer Räume zur politischen Agitation und die Auswirkungen der amerikanischen Besatzungszeit rücken in den Fokus.

ca. 200 S., Hardcover, ISBN 978-3-96233-207-5 (Frühjahr 2020)